德育馨香育人路
桃李芬芳争艳歌

——潞安职业技术学院德育工作的实践研究

贺丰年 著

山西出版传媒集团
山西人民出版社

图书在版编目（CIP）数据

德育馨香育人路　桃李芬芳争艳歌：潞安职业技术学院德育工作的实践研究 / 贺丰年著. —太原：山西人民出版社，2014.12

ISBN　978-7-203-08844-8

Ⅰ. ①德…　Ⅱ. ①贺…　Ⅲ. ①高等职业教育—德育工作—研究—长治市　Ⅳ. ①G711

中国版本图书馆 CIP 数据核字(2014)第 278311 号

德育馨香育人路　桃李芬芳争艳歌:潞安职业技术学院德育工作的实践研究

著　　者：贺丰年
责任编辑：高美然
助理编辑：郭向南
装帧设计：郭晓庆

出版发行：山西出版传媒集团·山西人民出版社
地　　址：太原市建设南路 21 号
邮　　编：030012
发行营销：0351-4922220　4955996　4956039
　　　　　0351-4922127（传真）　4956038（邮购）
E－mail：sxskcb@163.com　发行部
　　　　　sxskcb@126.com　总编室
网　　址：www.sxskcb.com

经 销 者：山西出版传媒集团·山西人民出版社
承 印 厂：山西嘉祥印刷包装有限公司

开　　本：880mm × 1230mm　1/32
印　　张：10.25
字　　数：200 千字
印　　数：1-500 册
版　　次：2014 年 12 月　第 1 版
印　　次：2014 年 12 月　第 1 次印刷
书　　号：ISBN　978-7-203-08844-8
定　　价：23.60 元

序　言

德育教育是一项需要精雕细刻的浩大工程。随着改革开放和社会主义市场经济的深入发展,全社会对加强德育的重要性和紧迫性有了全新的认识。21世纪初期,我们的国家领导人就明确提出了“以德治国”的目标和理念。新时期,国家主席习近平针对青年学生的思想政治教育工作在不同场合都提出了新的具体要求。习总书记提出的“立德树人”的要求对于高职院校来说具有非常现实的意义。职业院校在高校发展中已占据半壁江山,职业院校培养的学生大多数是社会主义事业的直接建设者和接班人。他们的素养和素质深刻影响着我们国家的进步和发展,也直接体现着我党培养和教育人才的能力。因此,研究高职学生的德育工作是每位职业教育工作者义不容辞的责任。

潞安职业技术学院是一所由山西大型煤炭企业潞安集团创办的高职高专院校。1958年建校,历经50余年,已发展成为名副其实的“潞安黄埔”院校。本书从潞安职业技术学院发展简史,潞安黄埔的诞生与发展,学院以德为本学做人、以能为本学做事的德育工作总体思路及德育工作的阵地和渠道, 以情感人、以德服人的学生管理工作,校企结合的校园文化,各类德育主题教育实践活动,学院德育工作的成效与成果,进一步加强潞安黄埔德育工作,从而实现使命管理和价值引领的思路等几块内容进行了详细总结;并阐述了我多年从事职业教育管理工作的一些深刻思考。旨在交流学习,共同提高。

2014年11月6日

目　录

第一章　与天为党　艰苦奋斗

——潞安职业技术学院发展简史

潞安职业技术学院坐落在环境优美、风光旖旎、古迹众多的山西省长治市，是全国著名煤炭工业企业——全国500强大型企业之一的潞安矿业集团公司投资兴建的。校园占地面积298亩，建筑面积12万平方米，校园内花木葱茏，绿荫环抱，是莘莘学子理想的学习园地。学院拥有雄厚的师资队伍。现有教职工322人，其中具有中、高级职称的教师占教师总数的70%，“双师型”教师占教师总数的30%以上。在潞安集团的直接领导和省教育厅的大力支持下，现已发展成为一所集高职高专、企业党校、企业安全技术培训、中专技校、成人教育为一体的综合性院校。

建校以来，潞安集团始终高度关注学院的发展，对学院倾注了大量心血，给予了大力支持和帮助。受集团委托，学院进行各级各类人才的订单培养、联合培训，全面开展各类员工的岗前、岗中、岗后培训，积极推行员工的继续教育工程。20世纪80年代曾被原矿务局局长尚海涛同志誉为“潞安黄埔”。

学院原名为潞安矿务局职工大学，创建于1975年。1975年1月为响应毛主席“七·二一”指示，成立了“潞安矿务局七·二一工人大学”，至1980年10月，经山西省人民政府第36次常务会议批准，国家教育部备案，正式成立“潞安矿务局职工大学”，当时校址设在宋村。1985年，校址迁至潞安矿务局机关所在地侯堡,同时合并了潞安安全技术培训中心、职工中专、山西矿院潞安函授站;1986 年 8 月合并了潞安党校;1989 年 9 月,技工学校与职工大学并校,从而形成了集技校、中专、党校、干校、函授、安全培训为一体的多层次办学格局。1991 年 3 月,为适应发展形势需要,经国家教育委员会批准,学院与汾西矿务局职工大学、阳泉矿务局职工大学、西山矿务局职工大学实行联合办学,成为山西煤炭职工联合大学潞安分校。2001 年开始招收普通高职生。2004 年 3 月经山西省人民政府批准,教育部备案,组建为潞安职业技术学院。至此,学院将职业教育与职工培训七校合一。其中安全技术培训中心于 2001 年 12 月通过国家煤矿安全监察局评估验收,被评为国家一级安全技术培训中心。

多年来,学院始终把德育建设作为提升学院办学水平的核心工作,把技能训练作为学院教学改革的核心内容,把学生就业创业作为衡量学院办学质量的核心指标。2010 年学院顺利通过了山西省教育厅对我院的人才培养评估工作;2011 年,顺利通过了省教育厅对学院思想政治理论课建设的评估工作;2014 年顺利通过了全省的大学生思想政治教育测评工作、形势与政策教育评估及全院人才培养评估工作。学院的整体工作得到了评估专家的肯定和好评。德育成果显著,已成为学院思政工作的一大亮点。

潞安集团的强大实力,是学院发展的坚强后盾;打造一流培训基地,锻造职业精品教育是我们孜孜以求的目标;培养专业技能型人才,是学院对潞安和社会的回报。一直以来,潞安职业技术学院都坚持以社会主义核心价值体系为导向,"育人为本、德育为先",注重通过各种德育实践活动来提升学生的素养和品质。并将潞安的企业文化和企业精神融入课堂教学,提升了学生的职业素质,为企业培养了一批批具有吃苦耐劳精神、奉献精神、感恩精神及纪律性强、责任心强的后备军。

一、艰苦创业，呕心开校史

1954年7月潞安煤矿筹备处成立。1957年第一个社会主义国民经济发展五年计划胜利完成，我国基本上医治了战争带来的创伤，国民经济也有了初步的发展。1958年，毛主席提出了总路线、“大跃进”、人民公社三面红旗，在全国迅速掀起了各行各业齐头并进的狂热浪潮。在这样一种形势下，潞安矿务局的煤炭事业发展势头良好，提出了建设现代化矿井的洪亮口号。根据全国的形势，为了尽快建设现代化矿井，生产更多的煤炭以适应祖国飞跃发展的需要，培养一支强大的又红又专的技术干部和技术工人队伍，潞安煤矿筹备处依照勤俭办学、勤工俭学的方针，于1958年7月10日决定成立“潞安煤矿技工学校”。技工学校系半工半读性质的初级技术学校，招收具有高小（相当于现在的小学）文化程度的青年参加。修业年限定为两年，有采煤、矿山机电、机械制造三个专业。7月份决定成立技工学校后，8月份就开始了招生工作，9月1日正式开了学，当时报到的学生有781名，大都来自晋东南各县的农村。

技工学校的校址起初设在潞城县宋村一所早已停用的旧兵工厂。学校只有两排破旧的平房和六个教室、一个破礼堂、一个食堂、一个操场。由于条件差、设备简陋，学生上课采用上大课的形式，上课时最多达到190人。也没有课桌和板凳，搬几块砖往屁股下一放就是板凳，自己的膝盖只好用来当课桌了。住宿条件也很差，除个别学生住在学校内，其余大部分住在宋村老百姓家里，也没有什么床和床板，就睡在地上，夏天蚊子臭虫叮，冬天生一个小煤火，也常常是三天两头熄，难熬得很。伙食也很差，整天玉米面窝窝头。由于是半工半读性质的学校，所以一年中有一半时间是参加集体劳动。既帮助石圪节煤矿和霍家沟煤矿，又帮助宋村大队。技工学校成立后刚半年多时间，为了进一步加强党在学校中的全面领导，便于集中管理和克服师资不足、干部缺乏、仪器较少的现象，矿务局党委就于 1959 年 4 月 3 日将原潞安煤矿中等技术学校与技工学校合并，成立了潞安矿务局煤矿学校(即潞安煤校)，下设中技部和初技部，并于 4 月 4 日召开了煤校成立大会。

1960 年，国家又号召大办各级各类学校，矿务局党委根据中央教育会议和山西省煤矿系统教育会议精神，进行了反复的讨论研究，最后决定成立一所新技工学校，计划设两个专业，其中电钳专业招生 300 名，机制专业招生 100 名，并积极抽调专人进行筹备工作，并于 8 月 1 日启用新章。新技工学校的筹备工作才刚刚开始，国家就遇上了三年困难时期，苏联撕毁合同大量撤工，我国的国民经济面临着空前的困难，国家的许多高等院校、中等专业学校相继停办，潞安矿务局也不例外。鉴于国家面临的困难，根据山西省煤矿管理局及地、市委与局党委的指示，1961 年 7 月 20 日，潞安停办煤矿学校和技工学校，开始筹办潞安矿务局干部学校。

潞安矿务局煤矿学校被停办后，279 名初技班应届毕业生于 8 月上旬按期毕业，由矿务局分配工作。101 名技工中，绝大部分被动员回农村参加劳动，少数人在符合煤矿录用条件的前提下，由局统一分配为机电学徒工人。煤校、技校的 92 名教职员工，除少数人员被保留转入矿务局干部学校外，绝大部分回矿务局由其统一安排工作。离任的山西省省委书记胡富国同志就是潞安煤校的毕业生。1960 年 6 月 2 日，由潞安矿务局与北京矿院协商，经山西煤管局批准，正式成立了北京矿院潞安函授辅导站，地址设在宋村潞安煤校内。

1961 年 10 月 15 日矿务局根据山西煤管局的决定，将北京矿院潞安函授辅导站改为山西矿业学院函授部潞安矿务局函授站，地址仍在宋村。矿务局离任副局长王盛堂同志就是函授第一届毕业生，之后的王成学副局长以及很多的潞安集团公司的矿长都毕业于潞安函授站。

三年困难时期后，国民经济有所好转，矿务局又于 1963 年 9 月 7 日向上级报告请求恢复煤矿技工学校，并计划设采煤、机电两个专业，每年招生 150 名，校址仍设在宋村。但由于种种原因，技工学校一直未能恢复。技工学校在风风雨雨的颠簸中艰难地度过了三个春秋，后又逢“文化大革命”十年浩劫。技工学校长期停办，在潞安矿务局的历史上有了 17 年的空白。

二、百业待兴，早期谋发展

1975 年 1 月 8 日到 10 日，周恩来总理主持召开了党的十届二中全会，全会主要讨论了第四届全国人民代表大会的准备工作，并选举邓小平同志为中共中央军委副主席兼中国人民解放军总参谋长。1975 年 1 月 13 日到 18 日，第四届全国人民代表大会第一次会议在北京举行，全会确定了以周恩来、邓小平为领导核心的国务院人选，重申了全面实现工业、农业、国防和科学技术的现代化，使我国国民经济走在世界前列的宏伟目标。党中央的一系列英明举措，受到举国上下各条战线广大干部职工的热烈拥护，人人精神振奋，个个发奋工作，呈现出振兴经济、发展教育的大好形势。因“文化大革命”所造成的人才断层，使各行各业建设人才十分短缺，煤炭战线尤为明显。据统计，20 世纪 70 年代中后期，全国煤矿工程技术人员平均仅占全体职工的 2%（在山西仅占 1.3%），煤矿文盲占 11%，小学水平占 42%，高中水平占 6%，足见职工文化技术水平何其低下。按社会主义现代化建设发展的需要计算，1985年之前仅煤炭系统就需20万工程技术人员，而现有的煤矿高等院校（原有8所加新建5所共13所）仅能培养出5万人，多达15万人无校可供。众所周知，在当今科技飞速发展的时代，工程技术人员和从业人员的质量与数量起着愈来愈重要的决定作用，企业的竞争说到底是人才的竞争。针对这种实际状况，中共中央多次指出，发展教育，培育人才，要坚持"两条腿走路"、多种形式办学的方针。而提高国民素质，重在发展教育。

（一）着力建校

1968年7月21日，毛主席在《人民日报》关于《从上海机床厂看培养工程技术人员的道路》的编者按清样中加写了两段话，即："大学还是要办的，我这里主要说的是理工科大学还要办，但学制要缩短，教育要革命，要无产阶级政治挂帅，走上海机床厂从工人中培养技术人员的道路。要从有实践经验的工人农民中间选拔学生，到学校几年以后，又回到生产实践中去。"这段话后来被称为"七·二一"指示。为响应毛主席的"七·二一"指示，各地大办各级各类红专大学，促进了祖国煤炭生产飞速发展，仅潞安矿务局就办了近25所各类红专大学，由于这类学校没有固定的校址和教师，且学员大都是利用业余时间学习，既影响生产，又常常因一天的劳累而忘记所学知识。因而矿务局从1974年开始就积极筹备创办一所具有一定规模和师资力量的正规大学。校址拟设在潞安局机关所在地，由于经费吃紧，不可新投资建校，于是校址就选定潞城县宋村原潞安煤校旧校址。

潞安煤校当时只有一栋三层楼房，集教室、宿舍、办公楼于一体，另有一个旧食堂。校址确定以后，就开始积极组建领导班子及选调教师。矿务局党委常委会1975年2月23日正式研究决定成立“潞安矿务局七·二一工人大学”，校址设在宋村。学校占地 28000m²，建筑面积为 4200m²。

“七·二一工人大学”成立后，就积极着手开展招生工作，从局内各单位招收了 50 名综合机械化采煤专业学员，于 1975 年 3 月入校，并于 21 日上午召开了“潞安矿务局七·二一工人大学综采班开学典礼暨纪念毛主席‘七·二一’指示发表七周年大会”。

（二）注重学习和实习

1975 年 7 月 3 日，全体师生到石圪节煤矿参观学习，参观了窝铺万人坑和 40 名老弱病残职工开办的更新厂，聆听了矿上老工人师傅和老领导作的“继承革命传统”和“发扬勤俭矿风”的报告及对日本鬼子灭绝人性、残杀矿工的滔天罪行的控诉，使全体师生受到了深刻的革命传统教育和勤俭节约、艰苦奋斗、自力更生、开拓进取的优良矿风教育。

同年 9 月 24 日到 26 日，学员参加石圪节矿的高产劳动竞赛，21 位师生在 5 天内产煤 527 吨，超额完成了预定 450 吨的产煤任务，受到了矿党委的表扬。同时此次活动使学员得到了生产技能训练，按期完成了对学员的生产技能教育计划。

根据综合机械化采煤专业教学计划安排，在授完“采掘机械——液压支架”之后，为了让学员真正掌握有关知识和实际操作技能，学院决定走出校门，开门办学，组织学员到机械化程度较高的西山矿务局西铭矿进行实习，而后再到大同、阳泉两个矿务局参观学习。

1976 年 9 月 19 日，学校召开了开门办学师生动员会，1976 年 9 月 21 日，实习队伍从学校出发，24 日到达西山矿务局西铭矿。西铭矿领导热情地接待了大家，并安排了实习计划，委派德高技精的工人师傅做具体实习指导教师。

在近一个月的实习中,学员们拆卸支架70余个,占工作面的90%,组装了32架,占工作面的35%,拆洗组装各种阀门160多个。他们白天劳作,晚上查看有关教材,从实践到理论,又从理论到实践,反反复复,使学员们真正理解了液压控制的原理,了解了机组的机械传动,掌握了泵站的构造与使用方法及维护知识,熟练掌握了有关设备的拆卸、组装技能。同时还学到了工人师傅的好思想、好作风,受到了西铭矿广大干部职工的好评。

10月21日实习师生与西铭矿领导、职工举行了总结座谈会,并向他们赠送了锦旗,以表感谢之情,希望友谊长存;10月22日实习师生离别了西铭矿, 于23日到达大同煤校,25日参观大同矿务局阶级教育馆和凭吊万人坑,27日到红二矿井下参观国产支架;10月29日实习师生离开了大同,11月1日到达阳泉矿务局,2日到3日参观了阳泉矿务局的一、三、四矿;11月9日实习队返回学校。

从9月21日离校到11月9日返校, 近50天的实习使学员们扩大了视野、增长了知识、熟练了技术、弄通了理论,还提高了思想觉悟、养成了良好作风、增强了学习信心。

(三)蓓蕾初绽

学校根据各矿对人才的需求, 采取灵活多样的办学形式,按需开设专业,时间长、中、短结合。1975年5月份招收的代培财会训练班25人,经过一年的学习,1976年6月顺利毕业并举行了隆重的结业典礼,这是职工大学的第一批学生。1976年11月22日26名电子技术培训班学员报到入学,成为"七·二一工人大学"招收的第三个班级。该班为了使理论联系实际,自力更生,自备材料,自己动手设计了交流变直流、电机单向运转过流保护、电缆断路探测仪等实验装置。1977年8月下旬,综采班

45 名学员毕业，潞安集团的离任党委书记王安民同志就是本班的毕业生。

“七·二一工人大学”成立未满三年，尽管许多教学设施欠缺，但由于领导和师生团结协作，发扬石圪节煤矿艰苦奋斗、勤俭办校的作风，充分利用企业内部各矿的有利条件，取得了显著成绩，多次受到上级表扬。

1975 年 10 月 16 日到 20 日，长治市在潞安矿务局召开全市创办“七·二一工人大学”现场会，我校在会上介绍了办学经验；1976 年 1 月 13 日到 14 日，潞安矿务局政治部召开全局通讯工作会议，我校在会上介绍了经验，并被评为先进单位；1976 年 7 月 17 日到 21 日，长治市市委、市政府召开表彰大会，授予我校先进单位称号。1976 年 8 月 4 日到 10 日，山西煤管局在潞安矿务局召开全省煤炭系统“七·二一工人大学”现场会，我校在会上介绍了五个方面的经验：将转变学生思想放在首位；坚持教育与生产劳动相结合，为推动社会主义经济发展而服务；两条腿走路，厂来厂去，矿来矿往；自力更生，勤俭办学；加强党的领导。这些经验受到与会同志的好评，当时的山西省煤管局副书记胡富国、省教育局副处长郭跃洲等领导同志出席了会议。1977 年 4 月中旬，我校参加了山西省举办的 21 所先进工人大学座谈会。

三、历史波折后，恢复重建

1976 年 10 月，祖国的教育事业又迎来了春天。1977 年，国家恢复了中断十余年的高考制度，三年困难时期被停办的一些学校又相继恢复，高中等技工教育事业如雨后春笋，破土而出。1978 年 3 月 20 日，国务院批转了教育部关于办好七·二一大学的几点意见，意见指出：“七·二一大学是高等教育的一个组成部分，是培养技术人员的一个重要途径。希望各部门和厂矿企业，对现有的七·二一大学要加强领导，认真进行整顿，提高教育质量。有办学条件的，应该积极发展，努力培养更多的专业技术人才，以适应社会主义建设的需要。”潞安矿务局也转发了这个意见，对工人大学的发展起到了积极的推动作用。

（一）学历教育起步

根据教育部办好职工教育工作的意见，以适应煤炭生产建设发展的需要，潞安矿务局确定 1978 年开办矿山机电专业，招收 40 名学生，学制为三年，培养相当于专科水平的技术人才。通知发出之后，报名职工很多，最后通过考试录取了 40 名学习优秀的学生。这是潞安矿务局招收的第一批正式承认专科学历的班级。

1978 年，国家的政治经济形势基本有了好转，原 1958 年成立、1961 年撤销的技工学校，按晋劳计(78)156 号和晋高教计(78)51 号联合通知，经山西省革命委员会 1978 年 9 月 2 日批准，决定恢复“潞安矿务局技工学校”。局领导随即专门召开会议，决定将技工学校设在潞城县宋村，并与 1975 年 1 月 23 日成立的“七·二一工人大学”同住一院，同宿一处，实行一套班子、两块牌子的办学道路。同时，技工学校井下电钳和机械制造两个专业新招的 80 名新生于 10 月下旬入校。进行了一周入学教育后，11 月 4 日举行了“开学典礼”和“技工学校成立大会”。

（二）正规教育开始

1978 年 12 月，党的十一届三中全会在北京胜利召开，会议确定了把全国的中心工作转移到以经济建设为主的轨道上来。国家工作重点的转移，为教育事业的发展和腾飞奠定了坚实的基础。潞安矿务局“七·二一工人大学”也如一日千里向前迈进，为潞安矿务局的发展培养了越来越多的技术干部和技术工人。

从1978年矿务局在“七·二一工人大学”举办各种类型长短期培训班开始，长短结合、脱产与不脱产学习相结合的办学新路得到开拓。

1979年2月23日，学校领导班子得到了全面调整，1979年5月7日到8日，省局检查验收团对学校工作进行了检查，检查后省局领导指出：局党委重视教育，措施得力；学校管理严格，师生精神面貌好；教学计划安排符合要求；教师虽少，但积极性高，能吃苦，服从分配，主动多任课；学生学习认真，作业工整，成绩不错；环境卫生较好。

结论为初步具备了办学条件。1979年工大、技校继续招生。工大煤矿机电专业开办一个班，招收40名学员。技校综采、机制专业各开办一个班，招收80名学生。工大学制为三年，成绩达到专科水平的发给毕业证书。技校学制为两年，在校期间实行人民助学金制度。

1979年12月，经煤炭部批准，恢复1966年9月6日停办的“山西矿院函授部潞安局函授站”，地址设在侯堡。

1980年7月25日，矿务局党委常委会议决定，“七·二一工人大学”改名为“潞安矿务局职工专科学校”。

1980年10月2日，由矿务局上报，经山西省人民政府第36次常务会议批准，报国家教育部备案，正式成立“潞安矿务局职工大学”，规模为240人。同时撤销“潞安矿务局职工专科学校”。12月15日，技工学校于1978年招收的第一批电钳专业的两个班77名学生举行了毕业典礼。这是技工学校恢复以来的第一批毕业生。

（三）学校发展粗具规模

“潞安矿务局职工大学”正式成立后，狠抓思想政治工作和基础管理工作，学校各方面都有了起色，呈现出良好的新局面。

1.德育为首显特色

早在1957年毛泽东同志就在《关于正确处理人民内部矛盾的问题》一文中指出："应该使受教育者在德育、智育、体育几方面都得到发展，成为有社会主义觉悟的有文化的劳动者。""德者，才之帅也""没有正确的政治观点，就等于没有灵魂"。校领导深知育人先育"心"的重要性，在德育方面采取了一系列措施。

1980年10月7日到22日，新生入校后，首先对其进行了一周入学教育，并带其参观教育基地——石圪节煤矿，请有关领导和老工人师傅讲述革命先烈的英雄事迹和优良矿风，教育学生珍惜今天的幸福生活，牢固树立共产主义理想，继承先烈遗志，为社会主义现代化建设发奋学习，努力使自己成为"有理想、有道德、有文化、有纪律"的四有新人。

同时，对全校学生进行军训，一方面对学生进行爱国主义教育、国防知识教育、严明的纪律教育；另一方面进行了实弹射击练习，及格率达66.4%。三排荣获射击优胜集体，及格率达76.9%。84名学生获优秀射手称号，2名学生获特优射手称号。

1981年3月5日，学校召开"学雷锋、树新风，开展文明礼貌月活动动员大会"，通过开展这一活动，对学生进行了社会主义精神文明道德教育。

1981年3月，组织大专班学员学习2月28日发布的《中共中央国务院关于加强职工教育工作的决定》，使学员认识到，职工教育是开发智力、培养人才的重要途径，是持续发展国民经济的可靠保证，它同现代化建设的成败有极其密切的关系。鼓励学员明确学习目的，端正学习态度，克服文化基础差的困难，争取取得好成绩。

1981年12月10日到17日，在全校学生中进行"明确学习目的，端正学习态度，振奋精神，实干进取，德智体全面发展"的教育活动。

1982 年 3 月 5 日，学校召开了“隆重纪念雷锋同志，深入开展文明礼貌月活动大会”，全校师生利用课余时间，植树种花，犁庭扫穴，清除垃圾，平整校园。第一个文明礼貌月活动后我校便获局先进单位荣誉。

1982 年 9 月，在全校职工培训会议上，路校长提出：班主任和教师要时时刻刻关心学生，加强学生思想教育工作，讲究艺术，动之以情，晓之以理，持之以恒，寓教于教学之中。坚持以疏导为主，正面教育为主。后勤方面的同志要处处想教学、为教学，以教学为中心，提供优质服务。全校职工都要以教学为中心，开展工作，做到管理育人、教书育人、服务育人，为矿务局培养出高质量的技术人才而发奋工作。

1983 年 5 月 25 日，学校召开了“深入学习张海迪动员大会”，党支部书记岳水栓同志做报告，号召全校师生员工向张海迪学习，勤奋进取，积极工作，为全面提高教育质量而奋斗。党政工团各部门的代表分别发了言、表了态。

1984 年 3 月，校长路老红同志在全校师生员工大会上提出深入开展“文明礼貌月”活动的具体要求。

2.智育为重来培养

“才者，德之资也”，也就是说：“德，靠才来发挥。”一个人如果只有德而无才，其共产主义理想也难以实现。正如列宁在《青年团的任务》一文中所强调的那样“只有用人类创造的一切财富的知识来丰富自己的头脑，才能成为共产主义者。”

智育，是授予学生以系统的文化科学知识和技能，发展他们的智力的教育。也可以说是对青年学生进行社会主义建设本领和技能的教育，它是全面发展教育的重要组成部分。

(1)加强教师队伍建设

教师的数量与质量在教学中起着至关重要的作用。潞安的局领导和学校领导一向十分重视教师队伍建设,在调动教师教书育人积极性方面,采取了五条措施:一是落实党的知识分子政策,按规定给教师家属解决农转非问题(1984 年就解决了 3 位教师的农转非问题);二是实行超课时补助,鼓励教师多代课;三是优先安排教师的家属上临时班,增加教师家庭收入,改善教师生活;四是发展党员、评选先进时,在同等条件下,教师优先;五是积极创收,增加收入,优先改善教师的工作条件。如 1984 年给每位教师发放了一个书架,还给一些老师发放了写字台、折叠椅等。分配住房,也教师优先。一系列实实在在的好事,解除了教师的后顾之忧,教师也就全身心地投入到了教学工作中。

(2)改善领导管理机构

为了加强党的领导和教学管理,1981 年 5 月 26 日矿务局党委常委会决定将职工大学原来的教导处、后勤处改设为教务科、学管科、总务科、办公室、实习工厂等二级机构。1984 年 2 月 18 日, 矿务局党委常委决定将职工大学党支部升级为职工大学技工学校党总支,下设工大支部、技校支部、总务支部三个支部。

(3)提高教学业务水平

学校针对技工学生和工大学员基础素质差的状况,定期召开教学业务研讨会,强调启发式教学法,少用或不用注入式教学法。平时要求教师相互听课,每学期组织一次大型观摩教学活动,相互切磋,共同提高。主抓教学的领导不定期检查教案,检查作业批改情况,检查晚自习辅导情况。在实验设备极为简陋的情况下,普通化学教师在给工大 83 级学员讲解"渗透压"一课时,自行设计了一个能说明"渗透压原理"的实验装置。学员反映,观察了实验,道理很快就明白了,比空头讲解好多了。讲解专业基础课或专业课时,教师们总是带领学生到矿上或机修厂参观见习生产设备，然后再讲解教材，课堂教学效果得到显著提高。

(4)加强“三基、三能”教学

对于以职业技术教育为主的职工大学和技工学校来说，教育质量就是命根子。由于十年的“文化大革命”，使得近几年招收的学员文化素质特别差。针对这一现状，学校领导提出了加强“三基”“三能”教学的口号。“三基”是指基础知识、基本理论、基本技能；“三能”是指能设计、能实验、能科研。采取的措施是，新生入学补习三个月高中课；绝对保证下矿下厂实习时间，不得随意压缩；结业统考加倍组织复习；尽快使实验设备配套；发动学员自备材料设计实验；毕业设计阶段给毕业学生改善膳食；抓住机遇，尽可能让学员参加矿厂革新活动，如让综采班参加王庄矿的新采煤设计。以上举措确保了教学质量的稳步提高。

(5)突出实习教学环节

技工学校的培养目标，是培养熟练的中级技术工人；职工大学的培养目标，是为企业培养工程技术人员，这就决定了我校必须把实习放在重要的地位。校领导班子不管怎样更换，都把创造实习环境当作最重要的工作来抓。当时从矿务局机修厂运来了许多可供教学使用的设备，大大充实了校内实习工厂的设施，使学生可以轮流在车间进行实习操作训练。同时，校外实习基地也由原来的两个扩展为四个。为了进一步提高大专生的质量，经常让学生出省到外地机械化程度高的厂矿进行再实习。如 1983 年 12 月，让大专 80 班学生到上海电机厂、煤机厂进行了实习。

(6)加强考风、学风建设

考风通常是两头严把关：一是招生关，二是毕业关。不论是工大还是技校招生，每年都成立领导组，下设招生办公室，办公室内再分若干具体承办小组。

毕业考试也同样十分严格，在考试中监考老师认真负责，发现有作弊行为者立即清除出场，取消其考试资格。如1983年10月14日大专78班的审核考试，四门课31人参加，全及格者仅12人，约占39%，三门及格者7人，约占22%，两门及格者10人，约占10%，一门及格者9人，约占29%。可见考风纪律之严格。考风正，学风也正，特别是大专班，废寝忘食，发奋读书之学员不胜枚举。

1978年入校的职工大学矿山机电专业的34名学生，经过近四年的刻苦学习，于1982年圆满完成了学业，经考试和毕业设计答辩有27名被准予毕业，7名肄业。毕业的学生由局党委组织部统一分配工作，享受国家普通高校专科毕业生的待遇，肄业者仍回原单位工作。这是经山西省人民政府批准，报教育部备案的潞安矿务局职工大学成人高等专科教育的第一批毕业生。离任的漳村煤矿矿长、潞安集团副总经理贾恩立同志，离任的五阳煤矿矿长李双路同志，现任的潞安集团副总经理郭潞兴同志都是这个毕业班的优秀代表。

3.进一步整顿提高

1977年1月8日和9月9日，学校分别召开会议，隆重纪念周恩来总理和毛泽东主席逝世一周年；展出革命领袖在各个时期的重大革命活动照片，教育广大师生员工继承革命领袖遗志，为社会主义现代化建设积极工作，努力学习，多做贡献。

1982年，职工大学、技工学校招生工作实行"三统一"，即统一组织报名、考试，统一评卷，统一录取；对提高招生质量起到了促进作用。

1983年5月，为了充分发挥学生自我教育的积极性，在全校各班开展了"革命理想演讲会"活动，畅谈共产主义理想，无产阶级的人生观、价值观、世界观，收到了良好效果。在此基础上，召开了全校性的大型演讲会，有多名学员代表先后发了言；1983年6月24日，召开了"严肃校纪国法"大会，对严重违犯校纪的学生作了公开处理，对整顿校风起到了积极的促进作用。

1984年4月1日，颁布了《技工学校学生守则》，重申"五讲四美三热爱""三优一学一创""国旗、国歌、国徽"内容，对全校学生进行遵纪守法、爱国、爱校、创文明学校教育。

1984年7月，当时的路老红校长提出"解放思想，大胆改革，开源节流，增加收入，改善办学条件，为培养适用型技术人才而奋斗"的工作方针。

1985年8月，职工大学招收81名综合机械化采煤专业学员，由于招生前开办了预科班，因而在质量与数量方面均开创了建校以来的最高纪录。经过整顿，学校的校风校纪有了极大好转，在各个方面都取得了重大成绩：大专78级入学成绩及格率仅为16.41%，1982年11月24日答辩及格率达79.4%；大专79级于1983年9月5日进行了毕业答辩，及格率达90%；1982年技工学校经评估获一类学校的好成绩；1983年1月，大专82级高等数学统考及格率为97.96%，高于全省的平均及格率91.29%。

1983年12月17日，山西省技校检查组进校进行了三天工作检查，20日的座谈会上就我校得出如下结论：有一个团结的领导班子；重视学生思想政治素质教育；突出教学，关心教师，为教学服务搞得好，教师干劲大；制度健全，机构设置较完善；有实习工厂，师资力量较强，大专以上的毕业生不少。

四、发展中不断规范

1985年3月，潞安矿务局领导班子做了重大调整，产生了新一届企业领导班子，他们十分重视职工教育工作，新任局长尚海涛同志到任不久，便到职工大学进行检查、指导，并决定增拨近200万元投资，加快职工大学的建设步伐。

(一)学校迁址与合并

1985年10月，潞安矿务局职工大学侯堡新校舍建成。新校占地面积60亩，建有一栋占地3480平方米的教学楼，一栋占地1594平方米的实验楼，一处占地794平方米的食堂，两栋占地528平方米的学生宿舍楼，一个200平方米的汽车库，一个324平方米的行政科仓库，一栋864平方米的通风试验楼，建筑总面积达13493平方米。同时，职工大学与技工学校分家，职工大学从潞城县宋村迁到襄垣县侯堡。

职工大学迁到侯堡以后，矿务局又积极着手技工学校的新建搬迁工作。在西德政府资助400万马克的基础上，局里又投资625万元，技工学校和技工培训实习中心的建设大大加快，经过两年多的建设，新的技工学校校舍和技工培训实习中心建成。新校占地116亩，其中有一栋6600平方米的教学楼，两栋星形学生宿舍楼为8560平方米，一处1890平方米的食堂，一处260平方米的汽车库，一处7918平方米的实习中心车间，一处2484平方米的体育平台，三条巷道达323米。建筑总面积28465平方米。并建有配备400米跑道的标准化体育场，体育场占地45亩。为推进煤炭生产建设的发展，抓紧人才的培养，潞安矿务局1983年4月曾以潞煤教字〔1983〕第135号文和潞煤卫字〔1983〕第137号文向山西省煤炭厅和山西省文教厅请示，开办职工业余中专学校和职工中等专业护士班，山西省人民政府〔83〕晋政函31号《关于省煤炭厅等单位举办职工中等专业学校(班)有关问题的通知》中同意潞安开办职工中等专业学校。

经局党委常委1984年2月29日会议研究决定，正式成立了潞安矿务局职工中专学校，暂由教育处代管。1985 年 5 月 12 日，经局领导研究决定，职工中专从局教育处划出，建制改为二级处级单位。

为了培养政工专业人才和管理人才，解决当时政工干部专业知识偏低的问题，1985 年 3 月 20 日，由矿务局上报，经山西省省委组织部、省计委和山西省省委党校会议通过，潞安矿务局党校增设中专班，培养中专毕业生。

1985 年 9 月 13 日，经局领导研究决定，局安全教育培训中心、局职工中专、山西矿院函授部潞安函授站同职工大学合并。1986 年 8 月 20 日，局党校也被并入职工大学。于是职工大学就成为集大专、中专、函授、党校、培训为一体的多层次、多规模综合性院校。由一套领导班子，对全校进行统一领导，对教学进行统筹安排，对内统称"潞安矿务局职工大学"，对外按系统分别对口。

（二）加强管理提信心

多块牌子集中办学后，学校升级为正处级单位，党总支升级为党委。职工大学内设立职工大专部、职工中专部、职工培训部、干部培训部、函授部，各部人员统归职工大学领导。

1986 年 8 月 20 日，局党委常委和局行政领导召开联席会议，会议充分肯定了职工大学的成绩，为了进一步加强学校的领导，对领导班子成员作了相应的调整，实行党委领导下的校长负责制。

新的领导班子于 9 月 1 日正式上任。每个领导成员都怀着一定要搞好工大的信心和决心投入工作。

学校领导十分注重加强基础管理和师资队伍建设。1986 年 8 月，机构调整之后，他们及时抓了规章制度的建立健全工作。在较短时间内，先后出台了多种规章制度，如《考勤请假制度》

《工资奖金制度》《行为规范条例》等等。各科室、各支部也相应地制定了本部门、本支部的规章制度。由此促进了工作，规范了行为，保证了教学工作的正常进行。

1987年上半年，学校在抓教学质量的提高和教师队伍的建设上花费了大量的心血。教学方面形成领导成员跟班听课制度，教务科大抓教学研究活动，组织师生深入厂矿体验生活，参观学习，理论联系实际，学习知识和技术。同时，为提高毕业生的毕业质量，及时成立了毕业设计领导组，拟订了设计课题，引导学生全身心投入设计课程。同时又成立了毕业答辩领导组，为毕业答辩做好了充分的准备工作。

针对学校教师紧缺和部分教师不安心工作的问题，领导班子将学校教师队伍的建设工作提到了议事日程。由于专业课程多，专业教师数量比较少，因而解决专业教师短缺的问题就成为首要任务。学校经过多方联系，主动和矿务局协商，先后调进了一批专业课教师，基本上解决了教师紧缺问题，同时也协商解决了几名教师家属的调入工作，解决了教师夫妻两地分居的困难，从而稳定了教师队伍，促使教师安心工作，尽全力搞好教学。

另外，为了进一步提高教学质量，学院狠抓实验楼、图书馆的建设工作。1987年7月份，实验楼竣工，学校马上请示局领导增拨实验设备购置费，并决定由副校长卢德恩同志负责尽快购置实验室设备及实验仪器、模型。经过几个月的东奔西走、艰苦跋涉，当年年底，设备、仪器陆续到齐，并随到随安装调试，建成了电子、电工、液压流体、采煤通风、材料力学、物理、电教、计算机八个实验室，随之投入教学使用。实验室的建成使用，大大促进了教学质量的提高；同时，学校还通过紧缩开支，挤出10多万元经费购置了一批图书资料，充实了教学参考用书，使我校图书馆藏书量一下子达到6万余册。

（三）精心评职与评估

1987年，省煤管局决定对省煤炭系统职工大学进行评估。评估工作是一项涉及面广、难度大的工作，对我校来讲，此类评估工作还是第一次。第一，没有评估的经验；第二，由于学校几度迁并，资料短缺，有的属于在搬迁中丢失，有的是因管理上的漏洞而没有收集起来。这给评估工作带来了一定的难度。根据评估要求，对照实际，发现我校在诸多方面存在差距，但为了搞好评估工作，学校仍成立了领导组，并抽调专人成立了评估办公室。评估工作从1987年7月正式开始。评估工作大致分为四个阶段，即摸底阶段、自测阶段、自评阶段、总结阶段。摸底阶段，即全校各部门对照评估要求，首先摸清底子，弄清学校的基本概况，包括机构设置、校舍占地、各种建筑面积、教职工情况、教学设施及图书、实验仪器设备等等；自测阶段，将摸底结果与评估要求进行对照，找出哪些已符合要求，哪些方面还有差距，并制订出改进措施并限期完成；自评阶段，根据改进后的情况再进行自我评估，并根据评估标准，打出自评分数，我校经过多方努力，自评得分为80.5分；总结阶段，将自评的所有材料分类整理，填写所有评估报表，通过领导组的集体审查，写出自评报告，上交省局领导，全面做好迎接省检查评估组的准备工作。

通过省检查评估，我校取得了较好的成绩，在全省六所煤炭成人高校中名列前茅，受到省局领导的好评。

（四）“两会”开启优良校风

1987年的“两个大会”具有现实意义，有必要作为专门一节，予以阐述。

1987年3月14日至15日，职工大学第二届职工代表大会在北院四楼阶梯教室隆重召开。参加大会的代表共计47名，其中群众代表11名,教师和管理人员代表17名,领导干部代表8名,学员代表22名,女代表11名。另外还有特邀代表4名,列席代表18名。这次大会,代表们主要听取了第一副校长贾广成同志作的行政工作报告和副校长杨景春同志作的财务工作报告。第一副校长贾广成同志所作的行政工作报告的题目是"抓教改、攻关键、创水平、再提高,把职工大学建设推向一个新阶段"。报告共分三个部分,第一部分是1986年的工作简况,第二部分是当前形势和1987年的任务,第三部分是1987年的工作安排。

副校长杨景春同志作了题为《大力开展增产节约,增收节支运动,为实现1987年经费总承包而努力奋斗》的财务工作报告。报告分析了经费开支、经费承包、经费计划情况,对1986年的经费开支做了说明,对1987年的经费开支作了安排,要求全校本着勤俭节约的原则合理使用全年经费。

代表们对两个报告进行了热烈的讨论, 大家一致认为,两个报告实事求是,符合学校实际,并举手表决通过了两个报告的决议。

这次大会是一次团结向上的大会,大会之后,全校各项工作协调发展,各方面均取得了令人欣喜的成绩。

中共潞安矿务局职工大学委员会于1987年7月15日召开了第一次党员大会。这次会议上,校党委书记郝巨宏同志作了《抓班子、正党风、抓思想、保教学,在教改中发挥党委的监督保证作用》的工作报告。报告对过去党组织的工作作了全面的总结。报告共分11个问题,对一年来校党委的工作作了评价,肯定了所取得的成绩,同时也指出了工作中存在的问题,并对今后党的工作作了安排:继续组织党员和师生员工,认真学好"两本书"; 继续发挥党员的先锋模范作用和师生员工的积极性，投身到改革中来；进一步端正党风；加强党的建设；进一步加强党委班子建设。

校纪委书记岳水栓同志代表校纪委作了题为《抓党风、正校风、促教改》的工作报告。报告主要讲了三个方面：对过去工作的回顾；目前存在的问题；今后工作的安排。报告对今后的工作提出了三点建议：真正抓好党性教育和政治思想教育；纪检工作要积极支持教学改革，促进和推动教学改革的顺利进行；坚持全党抓党风建设。参加这次会议的共有 84 名党员。当时的局党委书记赵维新同志专程到会祝贺并作了重要讲话。

（五）转轨中的不平凡

1988 年，可以说是我校不平凡的一年，当年毕业的 6 个班共计 221 名学生。而在校学生由原来高峰期的 558 名，一下子降到了 160 名。企业按照学生人数增拨的经费数额减少，使得全校人心不稳。面对这种局面，学校做了大量工作，校领导多次深入厂矿，深入基层，动员职工报考我校。由于受当时社会环境的影响，加之工大毕业生毕业后不转干，在校期间不涨工资、不发奖金，报考者寥寥无几，最后只勉强招了一个机电专业中专班，共 18 名学生。另外，招了一个函授机电专科班，仅 15 名学生。

由于生源少，学校经费就显得十分紧张，当时除能保证发放工资、奖金外，其他开支就非常困难了。从领导到职工在思想上都不同程度地产生了压抑感，感到工大的日子不好过，工大的前途很渺茫。面对困难，学校领导也想了一些办法，比如，和阳泉、西山、汾西走联合办学的道路，但是从根本上来说，仍没有走出困境，除教学工作还能基本保持正常外，其他各项工作可以说都受到了很大的影响。

全校师生的情绪十分不稳。面对这种不景气的状况，矿务局领导于1988年7月，决定公开招聘校长，让"能人"领导职工大学的工作，经过一系列招聘程序，陈重同志被聘为新校长，韩来效同志任副校长兼党委书记，贾广成、郝巨宏、赵承学三位同志相继被调离学校。陈重同志上任后，当时的尚海涛局长亲临学校，并指示：要建设"潞安黄埔"，办学方向要转轨，要把以学历教育为主转向以在职职工培训为主的轨道上来。尚海涛局长的指示，为职工大学的发展及前途指出了方向。因此，从1988年9月份以后，学校实现工作重心大转移，狠抓干部、职工的培训工作，在短短的一年时间内，举办了11期各种类型的培训班，培训学员达700余人次。

1989年5月份，长春电影制片厂《盗来天火的人》电视剧组进驻我校，学校领导热情地接待了他们。除主要场景在局各基层单位拍摄外，职工的业余文化生活、读书活动均在我校图书馆拍摄，有关室内场景也在我校拍摄。剧组的全体演职员均住在我校，其主要演员有赵子岳、陈裕德、李仁堂、马琳等。他们在校期间，与我校领导和职工结下了深厚的友谊。离校时，纷纷与我校领导和职工合影留念。

同年2月份，当时任煤炭部部长的于洪恩同志在局长尚海涛等领导的陪同下对我校进行了视察，并给予高度评价。

1989年7月份，中专企管专业861班的31名学生；中专通风专业862班的37名学生毕业离校。同月，函授专科企管专业86班20名学员也毕业离校。同时，函授站新招1个矿建专业本科班，学员25名，财会专业专科班一个，学员16名。

面对大中专生招生困难的状况，我校主动找米下锅，经局领导同意，9月份从高考落榜生中招收了42名成绩较好的高中毕业生，开设了档案专科班，在本局内承认其大专学历，择优分配。缓解了我校大专招生困难的难题。

五、联合办学新阶段

1985年10月，迁到侯堡以后，职工大学迅速发展壮大。为了加强职工学校的集中统一管理，便于成人教育教师、资金、设备的合理使用，提高办学效益，1989年9月13日，技工学校被并入职工大学，实行联合办学，对内统称潞安矿务局职工大学，对外按系统各用其名。新的职工大学成为集大专、中专、技校、党校、干校、函授、安全教育培训为一体的综合性院校。

(一)进行机构调整

合并后的潞安矿务局职工大学分南北两院，外加实习培训中心及占地45亩的标准化体育场。全校占地总面积达到170亩，拥有两栋教学楼，四栋学生宿舍楼，一栋实验楼，两个大型食堂，可同时满足2000余名学生的学习和食餐，图书馆藏书达到68000余册，形成了具有一定现代化条件的新学校。

1989年10月3日~14日，合并后的职工大学进行了大规模的调整搬迁，即原工大部分的北院与原技校部分的南院彻底对调，党政办公随工大部分迁居南院。这次搬迁工作涉及全校师生员工近千人及大部分教学设备和办公、生活用品，其涉及面之广、工作量之大是建校以来前所未有的。历时12天的搬迁工作取得了圆满成功。正如搬迁工作总结中所指出的，这次搬迁工作共有五个特点：忙而不乱，秩序井然；团结协助，通力合作；困难留给自己，方便让给别人；加班加点，不计报酬。并分析指出达到上述五点的原因：认识统一，部署周密；指挥得当，调整及时；领导带头并能适时地做好搬迁中的思想政治工作。

(二)治理整顿提高

1989年是潞安矿务局提出第二次创业的第一年，为使我局胜利跨入国家一级企业，档案管理须先行一步。经矿务局决定1989年10月我校自办“图书档案专业”大专班，招收本局高考落榜生，学制为两年，学业期满成绩合格者，由本局验印颁发内部承认学历的大专毕业证书，毕业后由局属各单位择优录用。该自办大专班，一开始就引起了局校领导的重视，经过两年的严格管理，严谨教学，学员以优异的成绩顺利毕业，并由矿务局统筹安排，分配于局属各单位的图书、档案管理部门。实践证明，这批学生为我局档案管理上等级做出了积极贡献，有不少学生已成为图书、档案管理中的骨干人才。这种为本企业服务，自主办学、自拟专业的办学形式也为我局成人职业教育提供了一条宝贵的经验。

1989 年 9 月到 1990 年 1 月，是学校合并后的第一个学期，百事待办，从机构设置、科长的聘用到各种规章制度的出台，都需要全校师生员工的共同努力、勤奋进取。在学校领导及全体教职工的努力下，各项基础管理工作稳步推进，迈向了正规办学之路。

1990 年 3 月 6 日，为做到机构合法，警力集中与统配使用，维护正常的教学秩序，根据山西省公安厅机构设置检查组的意见，结合职工大学实际，局公安处决定恢复职工大学公安科的建制，共有干警 7 人，办公地点设在工大南院教学主楼三层。

档案工作在我校是一项新的工作，档案管理被提到议事日程并真正起步，也是在两校合并成立档案科之后。1990 年，矿务局选定一批单位进行档案达标升级，在教育系统中我校是唯一一家入选单位。接到任务后，档案科全体同志加班加点，吃苦耐劳；面对不懂的地方，一是翻看档案专业书籍，二是到局档案馆请专人进行指导。经过近 3 个月的辛勤工作，并经长治市档案局受山西省档案局的委托来我校进行达标验收，我校最终以总分 93.6 分的好成绩一次达标。

环境卫生工作也是反映学校精神面貌的一个重要方面，

1990年5月1日根据上级有关环境卫生的规定的精神,我校制定了《职工大学卫生管理实施细则》。《细则》对室内、楼道、餐厅、校园等卫生标准都做了详细的规定,并定出了具体的检查方法与奖惩措施。

1990年5月22日校党委会议和6月7日校长工作会议研究决定撤销政工科、党委工作部,设立调研科、生活科、党委组宣部、党委办公室。

为使财务会计管理工作真正走上规范化、标准化、科学化的轨道,达到国家要求的等级标准,结合学校具体情况,先后制定并下发了《会计档案管理办法》《财产物资管理制度》《旅差费管理制度》《专用基金管理》《索赔制度》《材料稽核制度》等制度,使我校财务管理工作迈上了新的台阶。

学生管理工作历来是我校的一个难点,如何彻底扭转学生中的不良习气,学校历任领导和教学管理人员可谓呕心沥血。针对学生中的不思进取、吊儿郎当、打架斗殴等情况学校于1990年12月10日在北院球场召开了整顿校风校纪大会,会上严肃处分了4名违纪团员,拘留了5名违法学生,这次整顿在学生中引起了不小的震动,为重新树立良好的校风起到了积极的促进作用。

(三)突出教学工作

为加强教师职业道德教育,提倡无私奉献精神,第二教务科于1990年4月16日举办了全体教师"蜡烛精神演讲会"。副教授关俊彦、老教师宋彦生以大量的实例作了动人心弦的演讲,为广大教师上了一节生动的思想政治课,激发了广大教师教书育人的积极性。

1990年4月末,我校图书馆、阅览室在校领导和各科室的支持下,经过几周紧张的搬迁、整理工作,正式向全校师生开放，使教学服务工作又上了一个新台阶。

1990年6月，我校技工专业6个教学班228名学生参加了机械制图、电工基础、钳工工艺、矿井通风、选煤概论、双滚筒采煤机六个科目的全省统一考试，及格率达100%。

为突出学校工作的重点，稳步逐级提高教学质量，深入持久地抓好教学工作，在校领导的支持下，第二教务科进行了别具一格的赛讲活动。这次赛讲活动共有四个特点：随机性，即评委不定时、不定科目、不定班级随时进行听课打分；持久性，整个赛讲几乎贯穿于一个学期，即从1990年10月到1991年1月，便于对各位教师进行全面、正确、持久的考核和评定；综合性，竞赛包括课堂教学艺术、备课、课外辅导及作业的评讲与批阅；广泛性，除评委外，全体任课教师一律参赛。

这次赛讲活动，历时时间长，涉及范围广，领导高度重视，教师全力以赴，收到了良好的效果，为进一步提高我校教师的整体素质起到了积极的推动作用。

1991年12月10日，学校组织全体教职员工在实验楼电教室，观看了反映临汾电力技工学校办学风貌的电视专题片《光明使者的摇篮》。临汾电校是华北电力系统的楷模，是我省职业技术学校的榜样。观看此片的目的是激励全校教职工向临汾电力技校学习，树立“校荣我荣，校耻我耻”的观念，办学中在“诚、严、勤、创”四字上下功夫，为我局矿区现代化建设做贡献。

1991年，技工学校新招12个班，近500名学生，这是技工学校历史上招生最多的一次。这一年，山西矿院潞安函授站又获“优秀函授站”光荣称号，自1989年以来，潞安函授站已连续三年获此殊荣。

针对技工学生素质差的状况，1991年3月26日到4月27日，由排长张国跃同志带领长治武警支队一行10人，帮助我校技工班学生进行了为期三周的军训。

1991年春节刚过,学校为进一步扭转校风,以新的面貌迎接6月份总公司对技工学校的评估验收,于2月14日召开了第二次学生管理领导组工作会议。就学生管理工作及存在的问题进行了认真、细致的分析,并把今后工作安排的意见提交会议讨论。会议要求:进一步加强学生学籍管理;在三四个月内对学生奖学金管理办法进行认真讨论和修订,拿出新的办法;深入开展“三育人”活动,“从严过细”做好学生管理工作。从机关抽调一批经验丰富、能力强、作风硬的同志协助班主任搞好班级工作;学校内的两个食堂要开展服务竞赛,进一步提高服务质量,解决教职工和学生的后顾之忧;抓好开学的各项准备工作,利用开学的前几天对学生进行学籍管理规定和校规校纪的再教育,提高学生的劳动意识和集体意识,实行学生宿舍管理自治制度;学生领导组办公室要注重做好各项建设的落实、反馈工作,为领导提供准确信息;深入扎实开展“第二课堂”活动,不能流于形式,要让丰富多彩、有益向上的活动占领学生课余活动的阵地。

为了使我校的教学、科研与矿务局生产实际紧密结合,更好地为建设高标准现代化矿务局服务,学校决定陆续聘任在矿务局知名度较高、技术业务水平较强的高级专业技术人员担任我校客座教授,参与学校的教学工作。并请他们对学校的建设和发展、新专业的开办、课程设置、教材内容的更新等,进行经常性的指导。这一举措,对提高我校的教学质量、教学工作中的决策水平都起到了积极的作用,同时受到外界同行的高度赞扬。

教学要服务于生产,办学人员首先要了解生产。我局是全国一流的现代化煤炭企业,其安全状况、生产效率、管理水平及经济效益等方面都走在全国的前面。这些成绩的取得缘于诸多因素,其中人的因素是主要的。作为为潞安矿务局现代化建设培养人才的职工大学,应该在矿务局第二次创业,在建设“四一型”矿井的活动中做出更大贡献。然而我们的教学人员和管理人员大部分是从煤炭大、中等院校毕业直接分配来的,还有的是从非煤炭院校直接分配来从事教育工作的。他们具有较强的理论基础知识,但缺乏生产实践知识,尤其缺乏现代化煤炭生产实践知识。因此,现有教学人员的状况直接影响了我校的办学宗旨——教学为生产建设服务。为扭转这一被动局面,经校长工作会议研究,做出了《关于教学管理人员到生产实践中学习、调查研究的决定》,《决定》对教学管理人员的下矿下井时间、调查研究项目、工作质量要求以及考核措施都做了详细的规定。通过深入基层,参加生产调查研究,使学校广大教育工作者了解了现代化样板的真实内涵,为其搞好教学工作充实了第一手资料。

根据矿务局的发展形势,学校管理要跟上步伐,也要向一流迈进,而制约进步和发展的主要因素是学生管理工作。为此学校于 1992 年 2 月发出了《深入开展为教学服务的活动》的通知,通知要求学校机关干部要定向服务,每人联系一个学生班组,深入教学第一线,调查研究,督促检查,配合学生和班主任共同搞好学生管理工作。

针对技校学生管理工作,校长程鹏同志写了《谈谈我局技校的学生管理工作》一文,文章分析了技校学生管理的问题,指出:一是学生基础太差;二是学生没有学习动力;三是学校领导更迭频繁;四是教职工队伍素质跟不上;五是实习条件达不到。要彻底扭转学生管理工作的被动局面,必须抓好以下几方面的工作:第一,严把招生关;第二,加强实习基地的建设;第三,加强内部管理；第四，取得社会的广泛理解和有效支持；第五，严把毕业关。这篇文章为促进技校学生管理工作提供了一定的方向。

（四）技校评估，全面提升

1991年3月2日，学校召开了技工学校评估工作会议，在评估工作会议上程鹏校长强调："技工学校评估关系到大局，整个学校的教职工没有丝毫松懈的理由，学校要和我局的规划相匹配，一定要千方百计、扎扎实实、深入细致、一丝不苟地做好评估工作。"韩来效书记也指出："技校评估是我校现在的头等大事，要把评估当作鞭策力，促进和改善我们的工作。"

对评估工作会议做出安排之后，我校各个科室积极进行准备，尤其是第二教务科的同志加班加点，整理资料，拾遗补阙。经过几个月的认真准备，迎接省劳动局检查验收组对我校进行的评估验收。我校总得分为93.3分，名列省统配煤矿技校第二名。

在1991年12月30日技工学校评估验收总结汇报会上，省劳动局培训处处长对我校做出如下评价：潞安局领导对技校工作重视，舍得对技校投资，特别是在实习基地建设上，其设备条件最起码在全省煤炭系统是一流的；技校领导班子年龄结构合理，学历和管理水平高，重视师资队伍建设、实习基地建设，使学校有了新的起色，是一个团结战斗的、有较强事业心和责任感的领导班子；师资队伍与教学相适应；教学管理上有较完善的管理制度；能将思想政治工作摆在学校工作的首位，学习临汾电力技工学校有成效。总之，潞安技校的办学条件是一流的，很有发展潜力。

这次技校评估工作对我校影响很大，让我们认识到我校虽然具备了一流的办学设施和条件，但在教学管理及实习手段上还有待进一步加强与提高。

（五）加强考核，优化管理

1991 年 10 月，根据矿务局精简机构、提高效率的指示精神，学校撤销了调研科，宣传业务划归党委组宣部，文印业务划归校长办公室；撤销档案科，其业务及人员划归人事劳资科；撤销生活科（其实生活科一直没有配备专人负责），业务划归行政科。随后对学校领导班子也作了相应调整。为了充分调动全校教职工的积极性，便利于开展社会主义劳动竞赛，尽快将我校办成煤炭系统一流职工大学，1990 年 1 月 28 日经校长办公会议研究决定，成立了校竞赛委员会。竞赛委员会的任务是在校行政和局竞委的领导下，积极组织动员广大职工深入开展形式多样的以教学为中心的社会主义劳动竞赛，确保教学任务和各项工作的圆满完成，为我局煤炭生产和经济发展培养更多的合格人才。在全面搞好社会主义劳动竞赛的同时，要认真贯彻落实局党委关于开展“四爱”“四创”的通知，为我局第二次创业建功立业。

1991 年 8 月，由校长办公室牵头组织了全校“创全优科室”活动，这一活动极大地提高了我校的管理水平，使学校管理工作逐步科学化、规范化、制度化。调动了全校职工的积极性和创造性，提高了工作质量和效率。校党委于 10 月份也推出了党群系统创全优支部竞赛活动。

1992 年 8 月在原创全优科室的基础上，推出了新的《职工大学全优科室考核办法》，新办法对考核范围、组织机构、考核内容、考核具体方法、评比与奖励、批评与惩处等都做了详尽的规定，使我校的管理工作在以往“岗位规范”的基础上又踏上新的台阶。

根据中煤总干技字第 95 号文件和潞煤人字〔1991〕第 239 号文件精神，学校于 1991 年 6 月初成立了贯彻《关于对专业技术人员考核》的领导和考核办公室。考核办公室主要负责考核工作中的具体业务。考核工作是根据专业技术人员的不同学历、不同层次、不同岗位，按不同的侧重点，从政治思想表现、履行岗位职责能力、业务水平、工作实绩四个方面进行全面考核。

整个考核工作做到了严肃认真，历时40天。分学习认识、考核评议、总结三个阶段。对专业技术人员按优秀、称职、基本称职、不称职四个档次进行评议，经领导组审查后存入本人档案。

第一，要求教师努力学习业务，一专多能，可在外来专家教授来校上课时随堂听课，可出去进修，还可坐下来自学。教务科为教师建立了业务考核档案，主要对教师的备课、上课、辅导、作业批改及业务学习进行记述评价，以此督促教师教书育人、勤奋敬业。

第二，教务科、培训科、函授站要严格执行教学计划和教学大纲，保证教研活动经常化，教案合格率达90%以上。完善教师业务档案，建立严格的学生成绩考核制度和明确的岗位责任制。

第三，实验设备完好率必须达到90%以上，实验开出率要达到75%。图书藏量要达到每生30册，努力使借阅流通量达到要求并增设资料室。

第四，实习中心，按二班制，达到每两生一个工位，保证主要生产设备能运转、能拆装，具备实习计划、讲义、教案、成绩考核及鉴定等环节，基本操作合格率达90%，无重大人员伤亡事故。

（六）重视和凸显党群工作

思想政治工作历来是我党工作的生命线，职工大学作为教书育人的场所，思想政治工作理应是学校党委工作的重要内容。学校设置党委，下设六个党支部，且每个支部配备有一名专职支部书记。党组织除做好日常工作之外，还十分注重搞好形势教育。思想政治工作做得好，既能保证教学，又能促进教学工作的深入开展。

1990年是五四运动71周年、鸦片战争150周年，为弘扬五四精神，纪念革命先烈，适时对师生进行爱国主义教育，在校党委的支持下，校团委和教务党支部以五四运动71周年及鸦片战争150周年为题，于5月3日举行了由教师、学生班团干部、积极分子参加的座谈会。会上就如何发扬五四精神，继承先烈遗志，牢记历史重任，勤奋刻苦学习进行了热烈的讨论。经过讨论大家更加认清了形势，知道了自己肩上担子的分量，纷纷表示要勤奋努力，刻苦学习，干好工作，做新时期的有用人才。5月7日和9日，校长程鹏同志又给全体党员上了两堂生动的党课，内容真实生动，观点鲜明，极大地鼓舞了广大党员和要求进步的师生员工。

6月30日，为庆祝中国共产党成立69周年，加强爱国主义教育，校党委举办了由全校党员和要求进步的积极分子参加的颂七一党的知识竞赛。机关行政支部在竞赛中取得团体第一名的好成绩。

11月7日，学校召开"纠正行业不正之风，加强廉政建设"动员大会，校领导、教职员工130多人参加了大会。校纪委书记岳水栓同志主持大会，党委书记韩来效同志在会上部署了工作进程和要点，他指出："纠正行业不正之风，加强廉政建设，是实践学习石圪节精神的继续，是开展艰苦奋斗、勤俭办企业、加强企业各项管理制度的再发动。"

同年12月4日，学校党委、教务科和教务党支部在全校学生中组织举办了"爱我中华"演讲会。演讲者纷纷登台，演讲主题鲜明，富有鼓舞性和感召力，歌颂了我国历代伟大的爱国志士和民族英雄，赞扬了在改革开放中奋然前进的中国人民。同时也表达了他们决不辜负党和人民的期望、发扬"亚运精神"和石圪节矿风、做祖国建设开拓者的雄心壮志。

1991年1月25日，我局荣获全国企业管理优秀奖——金马奖。喜讯传到潞安，全局职工欢欣鼓舞，沉浸在一片欢乐之中。我校党委紧紧抓住这一良机，于1月29日向全校师生发出了“我为金马增光添彩活动”的倡议。倡议全校职工，积极响应局党委的号召，荣誉面前不骄傲，要认真总结经验，寻找差距。要求党政工团各级组织，结合“党的十三届七中全会”精神，结合我校教学工作实际，在各自的工作岗位上开展为我局“金马奖”增光添彩的活动。与此同时，校党委还做出了《学习七中全会的暂行规定》。

1992年2月，学校党委根据党中央的战略部署，下发了《关于加强党风和廉政建设的决定》《学习中共党史和马克思主义党建理论的安排意见》《继续开展党支部争先创优活动》等文件，并要求全体党员，尤其是党员干部要将学习与实践相结合，向我局矿山楷模、廉政典范——王庄矿劳资科科长、共产党员万红林同志学习，要求每位共产党员要在创建一流职工大学中充分发挥党员的先锋模范作用。

工会也提出了当年的工作任务：“抓住一个中心，促进一个改革，搞好两个建设，做好三项工作。”简称为“一、一、二、三”。“抓住一个中心”，就是工会各项工作要紧紧围绕教学这个中心，促进教学工作的开展与提高。“促进一个改革”，即工会工作要契合学校工作的总思路，搞好深化改革。“搞好两项建设”，一是搞好工会自身建设，进一步提高工会干部的业务素质；二是进一步加强学校的精神文明建设。“做好三项工作”，一是继续搞好民主管理工作；二是进一步搞好以教学为中心的社会主义劳动竞赛；三是建立职工信赖的高标准的“模范职工之家”。

校团委为迎接中国共产主义青年团建团70周年和五四运动73周年，号召团员、青年积极参加“爱我工大”宣传月活动，参与评选校园“十佳青年”活动，开展“知识苑园”竞赛，进行五四评选表彰，歌唱革命歌曲等。

公安、保卫部门提出了“集中打击严重刑事犯罪活动”的实施意见，积极创建治安先进单位，根据治安群防群治精神，调整了学校治保委员会。我校连续三年被评为局“社会治安综合治理先进单位”。

1992 年 10 月，党的十四届全国代表大会在北京胜利召开，校党委及时组织全校职工收看党的十四大开幕式，聆听了江泽民总书记的报告，使广大教职工清楚地认识到我国今后的主要任务是”深化改革，扩大开放，加快社会主义经济建设”。按照国家总方针的要求，我校作为矿务局的教育基地，应该大胆地进行教学改革，紧紧围绕矿务局“四一型”矿井建设，培养更多更好的人才。10 月下旬校党委决定以实际行动庆祝党的十四大的召开，组织进行了党规党纪普及教育活动，并印发了 100 道关于《党章》《总则》《党纪处分规定汇编》及《十四大精神汇编》等党的有关知识的问题，全校有 55 名党员参加了考试，其中获得 90 分以上的达 90%以上。与此同时，校党委还组织全校党员观看了《腐朽人生》录像片，录像片以大量事实揭露、抨击了一些党员干部利用手中职权贪污、腐化等一系列丑恶现象和罪行。通过各项教育活动，提高了全校党员的整体素质，增强了他们的党性和参加反腐败斗争的决心和信心。

（七）百花争艳得硕果

1990 年 9 月，我校档案科副科长赵君士同志与局里两位同志代表潞安矿务局参加了长治市组织的“档案法规知识竞赛”，在竞赛中我局代表队发挥出色，取得小组第一名，进入决赛后取得第二名。随后赵君士同志被选拔到长治市代表队，在山西化肥厂经过一个月强化训练后，于 11 月赴省城太原参加全省比赛。在预赛中我市代表队顺利过关,在决赛中取得第三名,为我校、我局争了光。山西电视台还专门播放了决赛的实况。

1990年12月25日,校教学五层大厅掌声阵阵,热闹非凡,大专部学生会主席竞选演讲正在进行。同学们个个踊跃登台,言辞激昂,表现出新一代青年的理想和组织能力。这次竞选有33名学生参加,经过激烈角逐,大专89班学生费兴国以优异成绩当选为第三届学生会主席。

1990年4月24日在局团委召开的1989年度总结评比会上,我校团委被局团委评为"先进单位",这是几校合并以来校团委第十次获此荣誉。

1990年4月28日,学校组织了"认识大好形势,提倡奉献精神"的迎五一座谈会。校长程鹏、党委书记韩来效在座谈会上做了重要讲话。30日举办了迎五一乒乓球邀请赛,以局领导尚海涛局长为领队,由赵维新书记以及陈永谦、吴宗明、冯慧林副局长等组成的乒乓球队,应邀与我校领导、教职工进行了友谊比赛,气氛欢快和谐,为明媚的五一节增添了欢乐,也对我校的体育工作给以激励和督促。

1990年5月4日至8日,山西煤矿技工学校首届"劳动杯"篮球赛分区选拔赛在大同矿务局举行,我校男子篮球代表队荣获第三名。6月份,在全局职工篮球赛上,我校男女代表队尽管组建时间短、队员素质参差不齐,但在学校精心组织下,教练队员齐心协力,赛场上敢打敢拚,最后双双夺得第三名。

一方有难,八方支援。1991年,南方21个省、市遭受特大洪涝灾害,我校广大教职工伸出援助之手,在短短的几天时间内,共捐献衣物433件,东西虽少,但却为灾区人民带去了温暖之情。

1992年元宵节,局办公大楼前灯火辉煌,我校实习工厂制作的“金猴闹春”大型彩灯赢得了观众好评,并获得侯堡地区大型机制灯展一等奖。

长期以来,由于学校频繁调换领导干部,致使机构臃肿,领导干部过多,办事效率低下。时任校领导针对历史遗留问题敢于下手,在 1991 年精简机构的基础上,1992 年又大胆成立了“咨询委员会”。咨询委员会员由年龄 50 岁以上、担任科级干部职务五年以上的同志组成。这样既精简了人员,又能充分发挥老同志的智囊作用和参谋作用。在咨询委员会内部设主任一名,副主任一名,秘书长一名,委员若干名。咨询委员会在校长办公会议领导下,参与学校一些重大决策,为学校工作提建议,当参谋,直接对校长负责。同时对全校各科室的工作进行业务指导。

第二章　潞安黄埔的诞生与发展

——学院德育工作的实践探索历程

潞安矿务局局长尚海涛同志根据国际国内形势及矿务局创建高产高效“四一型”现代化矿区的需要，为职工大学设计了创建“潞安黄埔”的宏伟蓝图。全校师生员工深化改革、强化管理、增强素质、勤奋工作，为建设高标准、规范化的“潞安黄埔”而努力奋斗。

一、“潞安黄埔”的提出

1987年和1990年，潞安矿务局教育委员会主任、局长尚海涛同志到职工大学两次视察期间，提出创建“潞安黄埔”的战略构想，1993年3月，正式题词“潞安黄埔”。并提出了创建“潞安黄埔”的奋斗目标，这是尚海涛局长根据国际国内形势及我局现代化建设实际，进行第二次创业的战略准备。

21世纪将是人才资源竞争更加激烈的时代，未来社会将更进一步向我们证明一个真理：谁拥有人才，谁就拥有发展的优势。从根本上讲，科学的发展，经济的振兴，乃至整个社会的进步，都取决于劳动者素质的提高和大量合格人才的培养。邓小平同志说：“我们的路还很长，还要艰苦奋斗，兢兢业业，现在要为将来的发展打好基础，第一位是发展教育和科技。”世界上大多数国家已经把发展教育事业放在突出的战略地位，他们重视基础教育，尤其把弥补成人教育的不足作为发展教育事业的重中之重。

近30年来，世界各国成人教育规模大，涉及人数多。世界上许多国家制订了有关成人教育的法律、法令，通过立法加强了国家对成人教育的监督和保障，使成人教育逐步走上正轨。

发展成人教育，已成为满足人才需求的大趋势，是世界经济发展的必由之路。改革开放以来，我国职业教育和成人教育发展迅猛。1993年，成人高校招生86.27万人，占普通高校招生人数的93.37%，成人高校在校生数达186.29万人，全国从业人员参加岗位培训的人数稳步增长，1986年以来，仅集体企事业单位即达2.8亿人次。成人教育和职业教育的发展规模大、速度快，已经成为整个教育事业的重要组成部分，在我国社会主义市场经济体制的形成和现代化建设的发展中，起到了不可估量的作用。可见，创建"潞安黄埔"是顺应国家市场经济发展趋势而采取的战略准备。

1987年1月10日，原煤炭工业部在我局召开全国首批现代化矿务局、矿命名表彰大会，潞安矿务局被命名为现代化矿务局，中国煤炭工业第一个现代化矿区诞生。

1989年1月3日，原能源部为潞安祝捷，祝贺潞安局年产突破1000万吨，跨入特大型企业行列，我局第一次创业圆满完成。

1989年2月2日，潞安召开全局工作会议，全局精英会聚一堂，共商大计。会上，尚海涛局长在工作报告中描绘潞安局中、长期规划，提出了开启潞安人第二次创业的设想。

潞安的第二次创业，就是要瞄准世界先进水平，着眼于未来，经过10年或更长一点的时间，把我局建设成为具有中国特色的，充满生机和活力的高效益、高效率、高技术、高管理的一流现代化矿区。

为了实现这一目标，尚海涛局长多次指出："教育要以超经济发展的速度发展，在第二次创业中，要紧紧抓住教育不放松；潞安的职工队伍应该是具有高文化结构的队伍；教育要整体推进，要在提高教学质量上狠下功夫。"现代化矿区飞速发展的形势，对我局教育工作者提出了超乎寻常的特殊要求，尤其是对我们职工大学提出了更高的要求。由此可见，创建"潞安黄埔"是我局第二次创业的迫切需求。

1993 年 5 月，潞安召开了十二届一次职代会，尚海涛局长代表全局 3 万职工在《行政工作报告》中，正式向我校提出要创建"潞安黄埔"，使创建"潞安黄埔"成为我校中、长期奋斗目标。

二、逆境中勇敢前进

创建"潞安黄埔"是根据国际国内大形势提出的宏伟构想，是潞安集团现代化矿区建设的现实需求。党的十一届三中全会以来，社会主义市场经济得到长足的发展，给我国经济带来了空前的繁荣，但急功近利思想也有所滋长。20 世纪 90 年代，对职大生、技校生矿务局不再包分配，这本是矿务局根据上级指示，适应社会主义市场经济要求的改革举措，但却造成了职大生源的大面积萎缩，影响了教师的积极性和创建"潞安黄埔"的进程。全校师生员工需要克服重重困难，逆境中建功立业。

1993 年 2 月 19 日，潞安矿务局副局长冯慧林、机电处处长师文林、职大校长王喜元和副校长韩来效同志陪同日本煤炭开发技术合作中心代表团一行 7 人，一起参观了学校的实习中心。1993 年 2 月 23 日，学校召开了副科级以上领导干部会议，对学校整顿劳动纪律的情况进行了小结，强调工作纪律要持之以恒，常抓不懈。同月，学校激励领导干部下海搞创收。之后，成立了职工大学经济开发部。

根据中煤总教字〔1992〕第344号文件和晋煤教字〔1993〕第69号文件要求,"八五"期间要对现职区队长进行一次岗位培训,实行持证上岗制度。1993年3月22日,局首期机电专业区队长岗位培训班在我校开班。全局36名区队长在我校脱产培训4个月;1993年9月,我校与山西矿院结成联合办学伙伴,从高考落榜生中招收44名考生,开办了机电一体化大专自考班;1993年12月10日,根据尚海涛局长的指示精神,局机关市场营销培训班正式开班。聘请中国矿大经贸学院教师授课,本期学员共有91人,共脱产学习4个月。1993年12月20日,我校召开创建"潞安黄埔"研讨会,就创建"潞安黄埔"做了初步的探讨,局机关有关职能部门负责人参加了研讨会,局党委副书记张炳华同志代表局党政领导亲临研讨会,就创建"潞安黄埔"做了具体指导。

1994年2月,我校自筹资金建立起具有20个工位的电钳实习车间。1994年3月27日,中国矿大办公室主任施玉俊、矿大经贸学院副院长张汉屏莅临我校调查研究,了解办学情况,探讨了我校进一步联合办学的前景及可行途径。1994年6月20日,局党校新党员培训班开班,局党委副书记、党校校长张炳华、局组织部部长袁廷龙同志参加了会议。张炳华同志以"新党员要有新起点,要用建设有中国特色的社会主义理论武装自己的头脑"为题,给参加学习的新党员上了第一课。他强调:"党校教育工作要把用建设有中国特色的社会主义理论武装全局党员作为根本任务来抓,以此来推动其他教学任务的完成;党员教育要有针对性和实效性,要注意解决党员在改革和建设中出现的思想问题。"6月28日,局党委书记赵维新同志到党校亲切看望新党员,亲自上党课,要求新党员加强党性锻炼,从思想上真正入党。局党委书记亲临培训班，在学员中引起强烈反响，广大新党员深受鼓舞，纷纷表示要在做好本职工作的同时带领群众，为巩固和发展潞安矿务局的大好形势多做贡献。

1994年9月27日，我校国际贸易专业大专自考班举行开学典礼，这是我校根据尚海涛局长对培养我局非煤产业人才的战略部署，设立的第一个文科专业大专班。由省自考委授权山西经济管理学院自考辅导中心负责授课，全日制辅导教学。

三、就潞安黄埔的建设目标统一思想

1994年12月19日，矿务局对我校领导班子进行了调整，由朱国麟同志任校长。朱国麟同志到任后，首先加强了对劳动纪律的整顿。接着为了提高中层以上领导干部的素质，统一思想认识，春节刚过，就对全校副科级以上领导干部进行了政治培训。培训中朱国麟同志进行了学习动员，并作了学习《邓小平文选》第三卷中"一靠理想，二靠纪律才能团结起来"以及《毛泽东选集》中《为人民服务》和《反对自由主义》等文章的辅导；鱼树金同志作了《中共中央关于加强党的建设的几个重大问题的决定》的学习辅导；刘冰同志作了《邓小平文选》第三卷中"建设有中国特色的社会主义"的学习辅导；随后参与培训的人员还观看了《先进职工技校》等录像，并分组进行了讨论。

朱国麟同志在总结发言时指出：创建"潞安黄埔"是一个宏伟目标，是局领导和全局职工家属对我们学校的期望。要实现这一目标，就要靠我们全校教职员工，尤其是领导干部一点一滴、日积月累地真抓实干，要靠我们团结协作，通过我们这个领导集体的模范行动，把创建"潞安黄埔"变成我们每个教职员工的自觉行动。

1995年2月9日，学校机构进行了调整，撤销了综务科、生

活科、老干科。设立了校长办公室、财务科、行政科、第一教务科、第二教务科、师资科、图书馆、实验室、函授站、经济开发部等行政机构。设立了党委办公室、党委组宣部、纪检监察室、公安科、武装部、团委会、考核竞赛办公室、咨询委员会等党群机构。对中层领导干部也做了相应调整。

随后，我校组织全校教职工深入开展了"找问题、搞整顿、查隐患、堵漏洞"的合理化建议活动和"爱我职大、争做主人"的有奖征集校训活动，共收到143条合理化建议、109条校训，经过一段时间的酝酿，确定了我校校训："勤奋、进取、严谨、高效。""勤奋"：是我校师生员工学习和工作始终坚持的作风，与我局企业精神"实干"互为照应，它是我们创建"潞安黄埔"的先决条件；"进取"：取我局企业精神"进取"作为校训之一，旨在督促师生员工树立开拓创新意识，为创建"潞安黄埔"拓宽思路，奋发努力；"严谨"：这是我们的工作态度，一切成功孕于严格，一切成功孕于严谨；"高效"：这是我校创建"潞安黄埔"工作的奋斗目标，也是我们建立现代化矿井的标志之一。1995年3月29日召开的校五届一次教职工代表大会一致通过了该校训。

1995年2月20日，我校召开全校党员大会。大会由党委副书记鱼树金同志主持，党委书记朱国麟同志发表了《充分发挥党的政治核心作用，建设独具风采的"潞安黄埔"》的讲话。讲话分析了我校与矿务局现代化建设差距甚远的严峻形势，剖析了我校党员干部思想现状，提出了1995年我校党委工作的"三五一"基本思路。"三"就是加强党的思想建设、作风建设和组织建设；"五"就是号召全校党员充分发挥先锋模范作用，做学习的模范、工作的模范、团结协作的模范、遵纪守法的模范和"爱我职大，兴我职大"的模范；"一"就是实现一个目标，全校党员干部经过共同努力，把全校师生员工的思想凝聚到创建一流职工大学上来。实现党风、校风和工作作风的进一步好转,为创建“潞安黄埔”奠定基础。

1995年3月24日,学校隆重召开五届一次职工代表大会,全校54名正式代表和特邀代表出席了大会。大会由工会主席张彦书同志主持,副校长韩来效同志致开幕词,校长朱国麟同志作了题为《深化改革,规范管理,增强素质,勤奋工作,为建设高标准、规范化的“潞安黄埔”而奋斗》的行政工作报告。财务科科长王水法同志作了财务工作报告;副校长刘冰同志作了提案工作报告;工会主席张彦书同志作了关于我校职工请假、工资、奖金管理(试行)制度的说明;党委副书记鱼树金同志宣布了评议干部暂行办法;副校长吕亚峰同志致闭幕词;局工会副主席王老迷、广播站站长杨宝山等领导同志到会并讲了话。

在五届一次职代会工作报告中,校长朱国麟同志客观总结了1994年度的工作,明确提出我校1995年工作的指导思想、中心任务和12项主要责任目标。

指导思想:以党的十四届三中、四中全会精神和全国教育工作会议精神为指针,全面贯彻落实1995年全局工作会议精神,坚持深化改革、规范管理、增强素质、勤奋工作,为建设具有煤炭职教特点,适合潞安矿区需要的高标准、规范化“潞安黄埔”而奋斗。

深化改革——深化我校以职工培训和职业教育为主,学历教育为辅的办学方向的改革。继续完善院校挂钩,联合办学;扎根矿厂,开门办学;内涵扩大,自主办学等办学模式。

规范管理——以山西省成人高校评估和全煤系统技工学校评估为契机,按照评估指标要求,抓好四项治理整顿、严格四个管理、达到四个落实、实现四个育人,使我校的常规管理工作走上正轨。

增强素质——加强教职工职业道德教育。大兴学习之风，加强教师和管理人员的基本功训练，不断增强教师和管理人员的业务素质，初步建立一支一专多能的复合型教职工队伍。

勤奋工作——创建“潞安黄埔”是一个庞大的系统工程，需要全校师生员工脚踏实地、一点一滴的艰辛努力。要倡导勤奋工作精神，做到部门定编，人人定岗、定工作项目和任务目标，自上而下，各负其责，实现质量效益双丰收。

1995年学校工作的中心任务：规范学校管理，狠抓领导作风、劳动纪律、财产管理、环境卫生四个方面的治理整顿工作；完善项目管理、目标管理、质量管理、档案管理四个方面；达到政策、制度、考核、目标四个方面的落实；完成服务育人、教书育人、管理育人、环境育人四个方面的目标。实现初步把我校建设成为合格的山西省成人高校，为创建“潞安黄埔”奠定基础的奋斗目标，推动创建合格职工大学“四四一”系统工程。

1995年3月开学伊始，学校恢复领导干部每日轮流值班制度。1995年2月至3月，学校党委组织全体党员和教职工利用每周一下午学习时间，学习《毛泽东选集》和《邓小平文选》，学习中共中央十四届四中全会《关于加强党的建设几个重大问题的决定》等。在学习原文基础上，全校教职工明确了要坚持团结协作原则，提倡勤奋工作精神，反对自由主义，防止思想涣散、纪律松懈。3月份以后，学校党委组织全校教职工以学习《邓小平文选》第三卷为重点，开展学习理论活动，力求真正把创建“潞安黄埔”的战略构想转变为广大教职员工的自觉行动。一是学习原著同学校实际相结合。通过学习，把全校教职工的思想统一到深化教育教学改革，为创建“潞安黄埔”建功立业上来；二是将学习原著同本职工作相结合，引导全校教职工进一步发扬艰苦奋斗的优良矿风和实干进取的企业精神，扎扎实实做好本职工作；三是将学习原著同发挥企业教职工的主人翁精神相结合，促使全校教职工以主人翁的姿态勤奋工作，争创一流；四是将学习原著同提高认识、转变观念相结合，提高全校教职工对社会主义市场经济体制的认识，转变教育观念，深化教育教学改革，创建具有煤炭职教特点，适合潞安矿区需要的高标准、规范化的职工大学；五是将学习原著同形势教育、勤政廉政建设相结合，使全校教职工摆脱等待观望的心态和工作消极、拖拉扯皮的作风，增强勇于探索、雷厉风行的魄力和清正廉洁的工作作风，使全校教职工的思想认识真正统一到创建“潞安黄埔”上来。

经过一个学期的提高认识、统一思想、治理整顿，学校创建“潞安黄埔”工作基本走上正轨。

四、规范提高谋发展，校园文化见成效

1995 年上半年，在全面治理整顿基础上，全校师生员工围绕创建“潞安黄埔”做了大量的工作，教育教学质量明显提高、校园文化建设初见成效。

1995 年 2 月 20 日，校党政领导及师生员工 700 余人列队南院教学楼前，在庄严的国歌声中举行升旗仪式。之后，形成每周一早晨 8 时整升旗的制度。逐步规范仪仗队，形成升旗前优秀学生代表演讲和校领导讲话的制度。3 月 3 日，学校 400 余名团员列队南院大礼堂，举行职工大学青年志愿者授旗仪式，而后走上潞安大街，采用多种形式开展为社会服务活动，拉开了学校青年志愿者“学雷锋、树新风”活动的帷幕。从此，青年志愿者活动在我校得到深入开展。学校团委组建了健美操队，由 55 名同学组成，全部为自愿报名参加，队员利用下午活动时间训练。健美操队在校运会、庆七一颂党恩消夏晚会等大型活动中

初露锋芒,充分展示了我校团员朝气蓬勃的精神风貌。

1995 年初,学校《情况通报》改为《工作简报》,设责任编辑和专职编辑,规范编排,及时报道学校重大新闻,定期就有关新闻配评论员文章,受到当时潞安矿务局的副局长冯慧林等领导的称赞。

1995 年 3 月 8 日,学校隆重举行了“三八”座谈会,校长朱国麟同志勉励我校广大女职工发扬“半边天”作用,为创建“潞安黄埔”建功立业,向第四次世界妇女大会献礼。三八妇女节期间,学校组织宣传学习了《妇女权益保障法》,对女职工进行了妇科普查;3 月 21 日, 隆重召开全局首期井下班组长换证培训班开学典礼,全局 900 余名井下班组长参加了培训。井下班组长换证培训班时间紧、任务重、管理严格,他们不仅在实践上掌握了各种生产流程,而且在理论上形成了管理体系。

1995 年 4 月 5 日, 学校举办了首次撰写学术论文讲座,40 余名中级或中级以上职称的同志参加了讲座。随后,学校的学报编辑部成立,5 月 26 日, 尚海涛局长为学报题写刊名,7 月,学报创刊号面世。

1995 年 4 月下旬,我校围绕纪念五四运动 76 周年,先后开设了思想品德教育课和爱国主义革命传统教育讲座,老师们现身说法,结合自己几十年的革命工作经历向学生讲授了不同时期两代人应具备的人生观,希望广大青年学生继续发扬五四光荣传统,树立热爱祖国、热爱人民的高尚情操,为祖国现代化建设发奋学习。

4 月 28 日, 为了进一步认真落实我校五届一次职代会精神,将规范化管理工作推上新台阶,学校召开了规范化管理研讨会, 就学校规范化管理现状以及科室实行规范化管理的目的、必要性、范围、程序及特点等方面作了较具体翔实的研讨和论证。其中张养人同志撰写的《咨询委员会章程》从委员职业道德、岗位职责和工作条例三方面对咨询委员会工作做了规范化归纳,受到规范化管理研讨会与会同志的一致称赞。校长朱国麟同志在总结讲话中指出:"我校的规范化管理工作以前有成绩,现在有发展,但重在始终如一,一贯坚持,按照规范去做,希望我校规范化管理工作能真正促进创建'潞安黄埔'工作。"

1995年5月,围绕我校"勤奋、进取、严谨、高效"校风,由杨秀生作词,杜建华作曲,重新编创了学校校歌《我们是潞安黄埔》,之后,校党委下发〔1995〕第16号文件,将校歌作为校广播站每次播音的开始曲,并将《我们是太阳》《中国》《英雄赞歌》,作为师生员工日常选唱歌曲,号召全校师生员工学唱。

1995年5月2日,学校召开五四表彰暨先进青年入团宣誓大会。对模范团干、优秀团员、先进青年、学雷锋积极分子、先进团支部进行了表彰。为了隆重纪念五四运动76周年,发展学校体育运动,增强学生体质,5月4日至6日,学校举行了第二届田径运动会。4日上午举行了开幕式,仪仗队及700余名学生员工绕侯堡地区游行一周,充分显示了我校师生员工纪律严明、精神振奋的崭新形象,大会开幕式上学生表演了"热爱职大、振兴职大"大型团体操。

1995年4月至5月,咨询委员及部分老教师跟班听课,深入课堂调研,他们认真填写听课评价表,及时反馈到教务部门,对教师课堂教学中存在的问题提出中肯意见,促进了教师授课质量的进一步提高。

以公有制为主体的现代企业制度,是社会主义市场经济体制的基础。深化企业改革,要推行以明晰产权关系为主要内容的企业制度创新。潞安矿务局十三届一次职代会上,尚海涛局长明确指出:"制度创新,就是以建立现代企业制度为目标,制定和实施大生产、大公司、大集团、大经贸战略，积极稳妥地推进企业改革，加快经营机制转换，探索经济总承包结束后企业新的经营管理模式和经济运行机制，适应市场经济条件下企业竞争和发展的需要，向企业集团迈进。”并强调说“1995 年，要以非煤产业管理人员和机关干部为重点，举办四期现代企业制度培训班。”接受任务后，学校组织了强有力的授课教师队伍。在没有教材的情况下，授课老师翻阅了大量的报刊资料，学校还派专人到北京国家体改委、经贸委求教并寻求资料，最终按时完成了备课任务。1995 年 5 月 8 日至 8 月 20 日，我校先后举办了四期现代企业制度培训班，圆满完成了局下达的培训任务。

为了进一步贯彻落实党的十四届四中全会提出的各项任务，充分发挥党校的阵地作用，根据潞党发〔1995〕第 11 号文件精神，5 月 9 日至 20 日，我校举办了本年度全局新党员培训班，各单位共 48 名新党员参加了培训。

1995 年 5 月 21 日，我校举行学生家长代表座谈会。参加大会的有校领导、各班班主任、学生家长共计 150 余人。会上，校长朱国麟同志介绍了技校当前的整体状况和形势。他强调说，学校要进一步开展周密细致的管理和丰富多彩的校园文化活动，希望各位学生家长关心孩子的成长，密切配合学校，搞好学生管理工作。大会之后，班主任与学生家长面对面座谈，学生家长各抒己见，向学校提出许多宝贵意见和建议，一致表示要积极行动起来，紧密配合学校搞好校风建设。

学校充分调动一切积极因素，综合治理党、政、工、团、学生会、家长委员会，齐抓共管、形成合力，班级管理工作切实有效，教育教学质量有了大幅度提高。

1995 年 5 月 25 日，学校下发潞职大党字〔1995〕第 18 号文件，即《关于开展向孔繁森同志学习的通知》。通知指出：“学习孔繁森，要着重学习他顾全大局、无私奉献的坚强党性，热爱人民、服务人民的公仆情怀，清正廉洁、克己奉公的高尚品德，艰苦奋斗、知难而进的拼搏精神，开拓进取、求真务实的优良作风。”始终把师生答应不答应、赞成不赞成、满意不满意作为想问题办事情的出发点。1995 年 7 月 11 日至 13 日，学校还召开了学习孔繁森专题研讨会，全校副科级以上领导干部联系自身实际，结合科室工作做研讨，把学校学习孔繁森的活动推向高潮。

1995 年 6 月 6 日，潞安矿务局在俱乐部隆重举行《中华人民共和国劳动法》知识竞赛，我校代表队由校长朱国麟及教师刘武军、高丽和张洪 4 名同志组成，他们以 230 分的总成绩荣获全局《劳动法》知识竞赛团体第一名。之后，他们代表全局参加省煤炭系统《劳动法》知识竞赛，荣获二等奖。6 月份，我校拨款 2 万元，从北京新华书店购进一批图书来充实图书馆，包括无线电电子学类、电讯学类、经济类、政治类等。另外，学校《教研教改方案》修订稿面世。《方案》主要包括两个方面：正确处理职工教育与成人教育的关系，充分发挥我校教学的服务功能；突出职工教育特点，坚持以培训教育为主、学历教育为辅的方针。

五、思想政治工作与其他工作整体推进

1995 年 6 月，学校派思想政治工作研究会秘书长、组宣部副部长杨秀生同志赴山东威海参加全国煤炭系统职工思想政治工作研讨会——职大组年会，我校带去的论文《充分发挥思想政治工作优势，建设高标准规范化职工大学》《改革开放的形势下更需要加强思想政治工作》《略论建立石圪节德育基地》受到与会同志的一致好评。

为庆祝我校建校 20 周年，尚海涛局长为我校题写了校名

“潞安职工大学”和“潞安职大学报”及“勤奋、进取、严谨、高效”的校训，赵维新书记为我校题词“荟千家学子，育一代矿工”，冯慧林副局长题写了一首七律。陕西煤炭职大、湖南工业大学、山东兖州职大、辽宁阜新职大等十多家兄弟单位向我校寄来贺词；6 月下旬，我校举办“学习《邓小平文选》第三卷知识竞赛”；6 月 28 日，我校以党支部为单位举行“迎‘七一’颂党恩”歌咏比赛，校百人合唱团获“优秀表演奖”。

1995 年 7 月 1 日，学校隆重召开庆祝七一总结表彰暨新党员入党宣誓大会。校党委书记朱国麟同志对上半年党委工作作了总结，并概括了下半年党委工作思路；7 月 4 日，学校召开会议安排暑假工作，暑假工作紧紧围绕下学期 20 周年校庆及迎接全煤系统技工学校评估而开展；7 月 7 日，我校和局工会在侯堡灯光球场联合举办庆七一颂党恩消夏晚会。学校大专班健美操队表演“扬我校风”的健美操；校百人合唱团演唱“没有共产党就没有新中国”及国歌、局歌、校歌为晚会增光添彩。

1995 年 7 月 13 日，我校《关于申请参加全煤系统技工学校评估的报告》送省煤管局。报告写道：“按照晋煤劳字〔1995〕第 255 号文件精神，我局下发了潞煤教字〔1995〕第 253 号文件，就技工学校评估工作做了安排，成立了以副局长冯慧林同志为组长，包括教育处、劳资处、财务处、技工学校等部门和单位的自检自评领导组和办公室。自检自评办公室在自检自评领导组领导下，以《煤炭系统技工学校办学水平评估指标体系表》为依据，对照我局技校现状进行了严格的自检自评，已就不足之处制定出整改措施，正在改进。现将自评报告呈送省煤管局劳资处，申请参加全煤系统技工学校评估。”

7 月 24 日，尚海涛局长为我校亲笔书写的校训“勤奋、进取、严谨、高效”，采用铝合金底面，凸型铜字，高高矗立在校南院二楼平台上。校训铭刻在师生员工心头,成为创建“潞安黄埔”的巨大动力。

1995年7月,我校根据创建“潞安黄埔”的需要,重新修订了学校中长期发展规划。目标就是:瞄准全煤系统一流水平,发扬艰苦奋斗、实干进取的潞安企业精神和“勤奋、进取、严谨、高效”的校风,开掘多种育人渠道,经过5至10年的努力,把我校建设成为具有煤炭职教特点、适合潞安矿区需要的,具有一流教育教学管理水平、一流教职工素质、一流教育教学质量和办学效益的“潞安黄埔”。

几十年的风风雨雨中,我校取得了明显的办学效益,毕业生所学专业与从事工作基本对口,大都在井下一线或非煤产业担任技术工作人员或管理人员,有的已成为所在单位的主要技术骨干或管理骨干,其中担任省部级干部、厅局级干部、矿处级干部、科队级干部的毕业生不计其数。

我校初步形成了独具风采的校园文化。办学方向:坚持社会主义办学方向,面向矿区,面向市场,面向未来。办学特色:以培训教育为主,学历教育为辅,多渠道、多层次、全方位培养人才。办学方式:院校挂钩,联合办学;扎根矿厂,开门办学;工文并举,自主办学。办学精神:艰苦奋斗,实干进取。校训:勤奋、进取、严谨、高效。办学目标:创建具有煤炭职教特点,适合潞安矿区需要的高标准、规范化的成人高校。培养目标:培养有理想、有道德、有文化、有纪律的应用型矿区急需人才。教师素质要求:热爱煤炭职教事业,有高度的责任心事业心,一专多能。学校管理原则:坚持党委领导下的校长分工负责制、教职工聘任制、岗位目标责任制、教职工考核奖惩制和教职工业务培训制。教学改革目标:基础课与专业课同步,突出专业课教学;理论课与实验课同步,突出实验课教学;实验课与实习课同步,突出实习课教学。

六、初步显现立德自强的办学优势

学院秉承“立德自强、全面发展”的校训精神，贯彻“有教无类、各得其所”的教育方针和“爱生如子、爱校如家、爱岗敬业”的教育思想，倡导“厚基础、宽知识、重实践、有技能”的学风，实施倒转教学法、复式教学法和模块教学法，同时，成建制组织学生到珠三角、长三角的“世界工厂”去实习，在使学生学到技能、增长本领的同时，吸收其先进的文化理念，为学生塑造健康完善的人格。

（一）学院的办学特色

潞安职业技术学院2004年挂牌后，于12月3日实现了与德国鲁尔公司合作培训、联合办学，借鉴德国“双元制”教学模式，鼎力打造“以培养五种能力（表达能力、沟通能力、谋生能力、学习能力、耐受能力）为核心的课堂教学和以‘世界工厂’为主阵地顶岗实习”的教学模式。从而形成了具有潞安特色的办学模式。

1.创新办学体制

为适应高职教育要求，2001年取消了原有的教学机构，设立了教学部、实习实训部、学工部和9个专业教研室。同时专门设立了督导室，建立了严格的检查和考核制度。为了激发教师工作的积极性，学院又出台了《课酬管理暂行办法》，实现了多劳多得，优劳优酬，通过分配制度改革，来保证教学质量的稳步上升。2007年学院在原有基础上对教学机构做了进一步的调整，成立了机电工程系、信息工程系、经贸管理系、采矿工程系、外语系和中专技工部等五系一部，设立了基础教学部、学生工作管理处、教务处、继续工程教育处、党校教务处、安全技术培训处、评估办公室等一部五处一室。从而使教学机构更好地适应现代学院的发展需要。

2.创新教学模式

高职高专教育的目的是为生产、服务和管理一线培养高等技术应用型专门人才，要打破常规的理论教学和说教教学，着重于培养动手能力。学院在教学模式上着重于以下几个方面：一是注重实用教学，如99~305班中职计算机专业尝试“倒转教学法”，要求每个学生必须掌握三手绝活，即会说、会写、会做。“会说”就是每日一句英语口语，毕业时能说一口标准的普通话，英语会话达到初级水平；“会写”就是先从最基本的12种应用文学起，毕业时公文写作达到一般文秘人员水平；“会做”就是电脑每小时打字量达不到7000字者不予毕业。这些班的学生毕业后受到用人单位的广泛好评。99~305班教学改革成功后，学院根据学生特点又实施了“复式教学法”和“模块教学法”。2004年3月，德国鲁尔培训公司对外联络部主任布什来访，经实地考察后，认为学院是他来大陆所见学校中办学模式与德国最为接近的学校，由此开启了汽车维修与焊接专业的中德合作办学。从而打造出潞安“中德合作办学，国际育人模式”的品牌。二是树立开放式教学观。计算机教研室每年举办一届“发展杯”技能大赛；英语教研室每年举办两次“英语风采大赛”；机械教研室每年定期举行汽车轮胎装卸模块大赛，极大地锻炼了学生的动手能力和操作技巧。正是缘于这种教学改革，在2006年山西省职业技术教育协会主办的“山西省高职高专优秀教学论文暨学生英语演讲大赛”中，英语教研室老师一举夺得论文一等奖，学生夺得演讲一、三等奖。同时学院还被中国煤炭教育协会评选为“优秀教育先进单位”。三是推进学分制改革。为了更好地适应职业教育发展规律，使我院成为一流的高职院校,学院决定加快学分制改革。首先,从专业对口出发,学院通过多方努力,将煤矿类及化学等专业学生,安排到民爆公司、五阳矿、夏店煤矿、郭庄煤矿等地进行实践学习。并对在“潞安村”实习和本地实习的学生提出学分要求,将实习纳入学分制管理。其次,是从能力培养出发,要求各个教研室必须针对所开设课程进行学分制管理,使学分制改革工作取得初步成效。

3.创新实习形式

为实现学生实习与就业的接轨,学院于2001年开始组织学生到珠三角、长三角的“世界工厂”实践锻炼。其间经过大胆决策,走出大山,按班级成建制安置,建立珠三角、长三角、环渤海“潞安村”四个发展阶段。“潞安村”成立后我们在每个实习点都安排了就业指导专员,按照“三不准”“两必须”的原则对学生进行跟踪服务,即安置学生不准到高污染、高危险岗位;一个单位不准少于三人,不允许出现学生与就业指导老师联系不上的情况;每个实习点必须建立学生互帮互助小组,必须建立团组织。对于学校来说,组织学生到“世界工厂”实习更深层次的意义在于:我们不仅实现同德国联合办学,借鉴德国育人模式,而且同美、日、港、台企业合作,吸收、整合“世界工厂”各家之长,最终形成自己的办学特色。我们这种办学模式引起许多专家和学者的关注,2005年6月16日《中国教育报》三版头条“特别关注”栏目,用大半版的篇幅进行了报道,题目为《市场经济催生“潞安育人模式”》。截至2006年底,我院安置在“世界工厂”实习的学生计23批1687人,其中部分人员已实现实习与就业的自然对接,成为企业中层管理人员和技术骨干。

(二)学院可持续发展的教学科研能力

学院坚持“科研兴校,科研兴教”的方针,按照“产、学、研、培、实”相结合的方式,先后成立学术委员会、职业技术委员会,确立了 26 个科研课题，将科研纳入学校发展轨道。总结出《育人三法的思考与实践》《99~305 班教学改革与实践》《开放式教学研究》等一批优秀教研成果，并参与了教育部重点课题“21 世纪初十年中国煤炭企业教育改革发展研究”中“我国煤炭企业教育办学实体的实验实习实训基地建设研究” 子课题的研究。同时，由我院教师编写的《井下电钳工》《通风机司机》《煤矿安全管理》等全国统编教材，已在国家煤矿安全培训教材领域打出品牌。学院教师远赴孟加拉国从事培训工作，由学院教师编写的 31 门教材在孟巴矿得到使用。尤其是我们与深圳大学、北京林业大学合作开发的“利用煤矸石生产新型生物肥料”科研项目，经过近两年的运作，顺利完成试制及田间小区试验，于 2004 年 3 月被省经贸委列入“山西省企业科技创新计划”。2005 年 3 月 30 日，肥料生产工具——复式滚筒烘干包衣机，获中华人民共和国国家知识产权局实用新型专利（专利号 ZL2004 2 0047612.8）。

为适应高等职业教育先导性、社会性、公益性、全局性的时代要求，在创建“潞安黄埔”的征程中，我们发扬“勤奋、进取、严谨、高效”的优良校风，经过 30 多年的努力，深化改革，增强素质，不断探索，勤奋工作，不断发展壮大，形成了职业教育和职工培训两大格局齐头并进的发展态势。

七、前进中的“潞安黄埔”

2007 年底，潞安集团对学院的领导班子进行了调整。由时任潞安集团普教处处长的贺丰年同志兼任潞安职业技术学院党委书记、院长，张文华同志任学院的副书记、纪委书记，王成旺同志任学院的教学副院长，李喜堂同志任学院的后勤副院长。新的领导班子对学院的办学方向进行了顺势调整。围绕学校的发展进行了广泛的调研,对教职工的工资、奖金待遇、办公条件以及教师课酬等方面进行了新的改革,并做出了创办《潞安职业教育》学报的决策。自此开始,学院跨入了科学、和谐发展的健康道路。

为记录学院发展的脚步,展望美好的未来。《潞安职业教育》学报开启了每年评选职工心中的十件校园大事的活动,职工们积极评选出了自己心目中学院每年发生的十件大事,用自己的智慧和热情见证着学院发展的点点滴滴。这些被评选出的大事也详细记录和展现了学院自2008年以来快速、和谐的发展成果,为"潞安黄埔"的发展注入了新的内涵。

2008年度学院十件大事

1.初步形成"以企业内部培训为主,普通高专教育为辅,打造职业技术精品专业,大力加强党校工作,大力加强学院管理,全面服务于新潞安建设"的办学定位。

2.学院南北两院实现环境和工作学习条件的改善,形成北院培训基地、南院高职教育的布局。

3.为全院教研室、科室配备饮水机。

4.学院成功争取到中央财政职业教育实训基地建设专项资金。

5.全院师生向四川灾区捐款,全体党员缴纳特殊党费。

6.学院强化管理,狠抓教学质量,高职教育呈现良性健康发展态势。

7.8名2008届大专毕业生通过严格的体检政审、专业审定被国家招收为士官;4名毕业生被录用为山西省大学生村干部。

8.出台《教师课酬改革方案》,实现多劳多得、优质优酬。

9.学院安培中心(国家一级安培中心)以一流的管理、一流的设备,通过国家安全生产管理总局复审。

10.《潞安职业教育》创刊。

2009 年度学院十件大事

1.深入实践学习科学发展观活动期间，学院积极探究制约发展的瓶颈，推进学院的科学发展，潞安集团董事长莅临学院调研，对学院工作表示大力支持，进一步破解了发展难题。

2.学院安培中心拓宽培训领域，强化培训服务质量，2009年各级各类培训突破 10000 人次。

3.我院党委绩效管理评价体系运行得到进一步规范，有力地促进了学院各项工作，提升了党建绩效。

4.2008 年同北京科技大学签订人才培养协议，学院成为北京科技大学人才培养基地。

5.2008 年，学院努力锻造高职高专精品教育，学生素质进一步提高，在十七届山西省大中专学生运动会上夺得金牌；在全国大学生数学建模大赛中获一等奖；在山西省外语技能大赛中论文获一等奖。

6.2009 年，学院教研结出新成果，安培中心完成国家《煤矿班组长安全培训教材》编写工作。

7.教学区、住宿楼完成全面装修，教室内安装了多媒体教学设备；南北两校区办公楼、食堂设备全部得到更新。

8.集团投资建成塑胶体育场，使我院学生享受到好的运动环境。

9.学院以德育活动为切入点，校风建设进一步加强，感人事迹层出不穷。

10.全院教职员工共同努力，积极创建一流文明校园，获得“公司级文明校园”称号。

2010 年度学院十件大事

1.2010 年开学伊始，学院确定了“爱院兴院”主题年，研究并解决了工作作风、教学培训、资源利用、后勤保障等方面的问题，着力推进了学院内涵建设。

2.中共潞安职业技术学院党支部召开了第一次党员大会。

3.学院以优异成绩通过高等职业院校人才培养工作评估。

4.学院为集团订单培养1000名煤炭技能型人才。

5.经山西省教育厅、山西省煤炭工业局联合批准，学院成功获取承办“煤炭专业证书”办学资质。学院培训水平得到提升，培训人数和种类达到历史之最。

6.安全培训继续保持一万人次以上，培训质量受到委培单位一致好评。

7.学院毕业生就业人数创历史新高，主动上门签订就业协议的单位大幅增加。2010年8月至11月，先后与潞安新疆煤化（集团）公司、西山煤电、潞安集团劳资处、太原矿机集团、广州日宝、晋城富士康等单位签订双向协议，500余名学生被录用。

8.学院进一步加强干部队伍建设，根据工作需要，调整充实了中层干部队伍，使科级干部进一步年轻化、知识化。

9.学院进行了基础设施改造。

10.集团董事长、党委书记、总经理偕集团有关部门领导莅临学院同广大教师共同欢度教师节，畅谈学院发展大计。

2011年度学院十件大事

1.中层述职大会进一步加强和巩固了干部队伍建设。

2.学院以优异的成绩通过了省教育厅思想政治理论建设教育工作评估验收。

3.我院获“高教社杯”全国大学生数学建模竞赛二等奖。

4.在国家一级安培资质复审中，安培中心成绩优秀。

5.学院被评为山西省首批职工继续教育基地。

6.学院顺利通过省教育厅中职教育星级评估验收。

7.学院高职毕业生走俏人才市场。

8.学院在集团转型跨越发展过程中成功转型，破茧成蝶。

9.学院教研结出丰硕成果。

10.学院安全培训中心2011年特种工培训突破15000人次。

2012年度学院十件大事

1.集团订单培养1000名煤炭生产技能型学员在完成学院一年半的理论学习和校内实习后于5月赴集团八大煤矿进行顶岗实习，学院2012年的大专毕业生就业率达到84.6%，在全省名列前茅。

2.在6月份山西省教育厅组织的公共艺术教育教学检查中，学院以优异的成绩获得好评。

3.2012年学院安全培训强化内涵建设，着力提升质量。教师陈官兴获省煤矿安全培训讲课大赛一等奖；在国家煤矿安全监察局组织的安全培训优秀教师、优秀课件和典型事故案例申报材料选拔比赛中，安培教师许万里获“优秀教师”称号。

4.学院汽修专业首次参加全省专业技能比赛，获全省第五名。

5.学院顺利通过山西省高职院校“专业人才质量培训工作”评估。专家组认为:学院办学定位准确；围绕企业科学设置专业；注重精品教育。在教育过程中，使学生的学习与实践相结合，校内和校外实习实训基地相结合，形成了有特色的品牌专业院校。我们的机电一体化专业被评为优秀专业，会计电算化、焊接、汽修被评为良好专业。

6.在2012年山西省召开的全省职业教育工作会议上，学院被授予山西省职业教育“十一五”先进集体称号。

7.2012年6月，山西省教育厅对2012年各高校推荐的教学改革项目进行了审核、评审、公示，我们学院申报的“煤炭类专业订单式人才培养研究和实践”和“校企合作体制机制创新的研究”两个教学改革项目成功立项。

8.7 月 3 日，学院煤矿开采技术实训基地被批准为 2012 年山西省高等职业教育示范性实训基地。

9.7 月，学院矿山机电专业被山西省教育厅评为特色专业，并获中央财政给予的 240 万元专业建设资金。

10.12 月 22 日，学院被中国教育品牌研究院等六部门联合评选为“2012 年中国高等教育创新示范单位”。

2013 年度学院十件大事

1.学院深入开展党的群众路线教育实践活动，领导班子强化作风建设，积极呼应师生关切，注重抓大事、解难事、办实事，活动效果显著。

2.学院广泛开展“专业建设年”主题活动，进一步加强内涵建设，“现代煤矿管理”“矿山运输与提升”两门课程被评为山西省高等职业教育精品课程。

3.学院科研取得新成果，有 4 项省部级课题立项，3 项省部级课题结题，教师中有 57 人次在各类比赛和论文评比中夺得国家级、省部级奖项。

4.学生参加全省大赛成绩优异。在山西省高职高专类应用英语口语大赛中，12 级煤采 2 班的白晨光同学荣获大赛一等奖；在全国大学生计算机应用能力与信息素养大赛中，12 级煤采 3 班的马潇锋同学以优异成绩在 188 个参赛者中胜出，荣获全国二等奖。

5.学院人才培养质量受到社会和企业的肯定和好评，第三批企业委托学院“订单培养”工作顺利开展。2013 年毕业生就业率达 82%，煤炭主体专业毕业生就业率达 92%。

6.学院人才培养工作得到中央财政和省财政的大力支持，国家级煤矿开采技术实训基地建设获批，中央财政支持 200 万元;省级高技能人才培训基地建设获批,省财政支持 100 万元。两个基地的建设将进一步改善学院实训和培训条件。

7.学院被确定为山西省首批变招工为招生“专业定向培养”院校。

8.学院荣获 2013 年全省技工教育和职业培训教学研究成果优秀组织奖。

9.安培中心荣获山西省示范煤矿安全培训机构荣誉称号。

10.学院荣获中国创新型人才培育示范院校称号。

八、“潞安黄埔”跨入科学和谐的快速发展轨道

2013 年以来,在集团党政和省教育厅的领导下,职业技术学院认真贯彻党的十八大和党的十八届三中全会精神,紧紧围绕集团职代会提出的各项工作任务,团结带领全院教职员工,以“专业建设”为主题,在教育教学和安全培训方面做出了不懈努力,取得了优异成绩,为集团的安全生产和高素质技能型人才的培养做出了新的贡献,圆满完成了各项工作任务。

(一)坚持机制创新,促进了学院全面发展

机制创新带来了良好风气。2013 年以来,根据李晋平董事长关于“德、新、和”建设的要求,学院首先加强了师德建设,用身边的“典型模范”教育和带动广大教师,在教师中形成了崇尚师德模范、学习先进典型人物的良好风气。学院还通过调研,积极研究对策,加强对教师的思想政治教育工作。同时,积极探索教师收入方面的创新机制,按收入向一线倾斜的原则,不断加大课酬改革力度。在完成代课任务量的基础上,增加超课时课酬和假期代课补贴。师德建设机制和课酬改革机制受到广大教师的欢迎,真正实现了教师多劳多得。以 2013 年为例,一个工作不到十年的青年教师一个月收入达到 5700 余元,而有些工作量小的教师一个月只有2000多元。教学机制改革极大地调动了教师代课的积极性，在学院形成了积极主动工作的良好风气。

（二）良好风气带出好的教学效果

良好的职业道德和课酬改革带来良好的教学风气，良好的教风有力地促进了教学质量的提高。在加大课酬改革力度的同时，综合考评组、教务处和学生处加大了对课堂教学和班级管理的考核力度。形成了从教案、课堂教学、作业批改、实习实训到考试评价的一整套考核办法，并进行严格考核。在安全培训方面推行了"培训超市"，为学员补充培训"营养"，收到了良好效果。安全培训中心坚持考教分离。教师负责认真上好课，学员的理论测评和实操考试由职教处聘请有关部门组成考试组，进行监考和测评。既加强了对教师教学质量的客观考评，也实现了对学员培训效果的科学评价，有力地促进了教学和培训质量的提高。

良好的教学机制促进了教师队伍的整体提高，从而锻炼了一大批优秀教师。通过开展赛讲、评课、教学研讨，学院涌现了一支教学认真、教学水平高、深受学生欢迎和喜爱的教师队伍。青年教师比学赶超，新老教师共同发展、共同提高，形成了一个优秀的教学团队。

（三）优秀的教学团队带来了优良的教学质量

我院在全省人才培养工作评估中，获得优异成绩。毕业生受到企业欢迎，就业率达到92%，在全省名列前茅。生源质量不断提高，在2013年全省高职院校招生工作中，我院的录取分数线比同类院校高出60分以上，特别是中技班，其录取分数线比同类院校高出120分以上。2013年招生指标任务实现一次性完成。

学院毕业生深受企业青睐。学院在集团的大力支持下，积极探索变招工为招生的实践，获得良好声誉，深受企业欢迎。继

2010年订单培养学生就业之后,学院又受企业委托招收了两批订单培养学生，获得了良好的社会声誉和企业的广泛好评。2013年8月,省政府召开了大型企业和煤炭高校会议,正式确立了今后煤炭高校的办学方向。学院被山西省确立为变招工为招生定点院校,之后省煤炭厅又组织大型企业和煤炭高校签订变招工为招生就业协议,这项政策对职业技术学院的发展产生了积极而深远的影响。

(四)党的群众路线教育实践活动扎实有效

学院党委深入开展党的群众路线教育实践活动,班子成员深入系部进行调研,倾听师生诉求。在北校区修建了停车场,为远离家乡来学院工作的单身教职工解决了住宿方面的困难,为老区贫困学生提供资助,在经费紧张的情况下,优先确保教职工收入,整个活动开展得扎实有效。

科研工作起点高,效果好。2013年以来,创办学院院刊,刊登97篇教师论文。全院教职员工在国家核心中文期刊上发表6篇论文,在省级及行业杂志上发表18篇论文,其中有9篇论文获省级奖项,6项省级教学研究课题立项获批,其中有两项省级教学研究课题已获得前期经费。

圆满完成了集团下达的经营指标任务。2013年全国煤炭市场形势严峻,因此集团进一步加强了经费管控。全体教职工齐心协力,本着开源节流、勤俭办学的精神,办公费用、招待费用大幅度下降,优先保证了职工的工资和奖金的足额发放,也保证了教师的课酬按时发放。

2013年,全体教职员工通过艰苦的劳动,获得了丰硕成果,赢得了多项荣誉：学院2012年荣获中国教育管理创新示范院校称号;2013年荣获中国创新型人才培育示范院校称号；山西省课程教育指导委员会授予学院2012—2013学年先进集体称号;荣获山西省安全生产培训工作先进单位、山西省示范煤矿安全培训机构荣誉称号;荣获第三次教材建设先进单位荣誉称号;全年共取得7项集团公司级荣誉。

第三章　育人为本　德育为先

——德育工作硕果累累

《国家中长期教育改革和发展规划纲要》明确指出教育要育人为本、德育为先，切实提高学生的思想道德品质与综合素质，增强高职德育工作的针对性和实效性。但丁曾经说过："一个知识不全的人可以用道德弥补，而一个道德不全的人却难以用知识去弥补。"立国先立人，立人先立德，德乃素质教育之根本。学校是进行系统道德教育的重要阵地，必须认真贯彻党的教育方针，把教书与育人紧密结合起来。

一、德育工作的重要意义

德育工作是学校工作的灵魂，它致力于对学生思想品德和人格素质的培养，体现着学校教育的基本目的，贯穿德、智、体、美教育实践的各个方面，统领着整个学校教育工作。德育即对学生进行政治、思想、道德和心理品质的教育，对学生健康成长和学校工作起着导向、动力、保证作用。可以说，教育工作中德育工作的意义重大，居于首要位置。

（一）德育工作的效果直接影响社会的道德状况

德育工作是社会主义精神文明建设的重要组成部分。社会主义精神文明建设与社会主义物质文明建设相辅相成，是社会主义现代化建设的重要内容。道德建设是社会主义精神文明建设的重要内容，为社会主义现代化事业提供了道德支持和道德保障。

(二)德育工作是青年健康成长的需要

对于青年来说,道德需要与理智需要、审美需要一样,是他们人生的基本需要。道德需要能否得到满足及其满足的方式,相当程度上决定了他们的道德素质和道德素养,决定了他们人生发展的方向正确与否。德育能够满足、引导和提升一个人的道德需要,为一个人的全面发展打下坚实的基础,从而使我们培养的学生拥有一个充实的、有意义的、有尊严的幸福人生。

(三)德育能培养一个人的健全人格,促进其个性发展

德育是全面教育的重要组成部分。德育与智育、美育、体育、劳动技术教育有着密切的联系,德育与其他教育内容相互渗透,相辅相成,并为其他教育内容提供精神动力和价值方向,它们共同服务于教育目的,促进受教育者的全面发展及其丰富个性的形成。

良好德育工作,不但体现了一个学校的活力,还能培养学生的健全人格,对学生的个性发展及养成教育具有深远的意义,从心理品质的角度讲,健全的人格是个性发展的基础,是学会做人的先决条件,著名教育家诺尔特说过:“如果孩子生活在批评里,他将学会谴责;如果孩子生活在敌意里,他将学会暴力;如果孩子生活在嘲讽里,他将学会害羞;如果孩子生活在羞耻里,他将学会罪恶;如果孩子生活在鼓励里,他将学会自信;如果孩子生活在赞美中,他将学会欣赏;如果孩子生活在公平里,他将学会公正;如果孩子生活在安全感里,他将学到信心;如果孩子生活在肯定中,他将学会自爱;如果孩子生活在接纳和友谊中,他将会喜爱这个世界。”因此,教学中我们要走出误区,摈弃只注重培养学生的书本知识而忽略培养学生的健全性格的误区,要培养学生自信的品质、抗压的品质、积极的情感、

与人合作的习惯以及坚强的意志等等，要重视发展个性，开发潜能，真正实现各尽其能、人尽其才的理想目标，使每个学生学会做人、学会做事、学会生存、学会共存。

2014 年 4 月 8 日，教育部副部长鲁昕在中国发展高层论坛上表示，中国可能将出台方案，实现两类人才、两种模式高考。第一种高考模式是技术技能人才的高考，考试内容为技能加文化知识；第二种高考模式就是现在的高考，即学术型人才的高考。技能型人才的高考和学术型人才的高考分开。

不能以学历论高低，德比才重要，先做人再为学。高职院校要培养技术技能型人才，同时更要加强人才的道德培养。

新形势下要达到德育的价值目标，就必须呼唤一种能适应时代需求的德育理念及德育方法。以人为本，建设良好的育人环境，重构校园文化，培育浓厚的德育氛围，回归现实生活，让学生在实践中反思和重塑自己的道德行为。

育人为本、德育为先，潞安职业技术学院狠抓学生行为养成教育，注重通过各种德育实践活动和美育活动来潜移默化地提升学生的素养和品位，并将企业文化和企业精神融入思想教育，注重提升学生职业素质，培养了一支能在高危行业、艰苦行业工作，具有吃苦耐劳精神、奉献精神、感恩精神，纪律性强、责任心强、战斗力强的企业后备军。

二、创新工作，硕果累累

按照集团“打造创新性企业，培养智慧型员工”的工作主线，潞安职业技术学院结合近几年在办学思路和办学模式方面的实践，围绕 2013“专业建设年”的总体部署，进行了一系列的创新，探索形成了一套适合企业需求的人才培养模式，走在了全省职业院校以及同行业培训领域的最前沿。得到了相关部门的嘉奖和认可，赢得了良好的社会反响，成为众多学子向往、相关企业纷纷前来下订单和参加培训的一所人才培养品牌基地。围绕创新人才培养模式的中心任务，潞安职业技术学院全体师生员工在班子成员的带领下大胆实践、勇于创新，开展了大量工作。

（一）实施背景

人才培养是职业教育和培训机构的永恒话题，人才培养模式的成败关系着一所职业院校的前途和出路。所以，创新人才培养模式成为潞安职业技术学院近几年来孜孜以求和专心研究实践的中心任务。2008 年以来，根据山西省政府关于整合全省煤炭资源的政策形势，学院领导抓住机遇，主动参与煤企发展的调研，把培养煤炭行业急需的高技能人才作为学院的重点研究方向。2009 年，当时的集团董事长在职代会报告中提出企业的用人制度要走“变招工为招生”之路。职代会一结束，潞安职业技术学院立即着手研究“变招工为招生”的具体途径，开始摸索实施订单式人才培养的办学模式。在集团有关部门的支持下，2010 年 8 月 23 日，学院与潞安集团签订了“订单”培养 800 人的协议（后期实际订单培养 1000 余人）；2012 年 7 月 10 日，学院与太原市梗样实业集团有限公司签订了培养 300 名煤炭类专业技能人才的“订单”协议；同年 9 月 10 日，学院与江西太阳能科技职业学院签订了共同培养太阳能和新能源相关专业技术人才的联合办学协议；2013 年 7 月 30 日，学院再次与太原市梗样实业集团有限公司签订了培养 160 名煤炭类专业技能人才的“订单”协议。以此为契机，学院在订单培养、专业建设、实习实训基地建设等人才培养的模式方面开启了全新的研究和实践探索。

按照山西省教育厅（晋教高函〔2012〕6 号）《关于申报 2012

年山西省高等教育质量水平提升工程中三个教学项目的通知》精神，潞安职业技术学院申报了山西省教学改革项目“关于不同院校人才培养模式的研究和实践”以及“高等学校与科研院所、行业企业、政府部门联合培养人才的体制机制创新”两个方面的选题。2012 年 6 月 20 日，经过专家评审、网上公示等多个环节，山西省教育厅下发晋教高〔2012〕13 号文件，学院申报的“煤炭类专业‘订单式’人才培养研究和实践”（课题编号：JG2012082）和“校企合作体制机制创新的研究”（课题编号：JG2012083）两个课题获审通过，从此直到 2013 年，围绕“订单式”人才培养的基础理论、发展现状，潞安职业技术学院订单式人才培养的实践以及校企合作进行人才培养的机制体制研究拉开了序幕，这标志着潞安职业技术学院在人才培养的模式创新方面迈出了一大步。

2013 年 7 月 2 日，山西省人民政府办公厅下发关于山西省煤矿变招工为招生推进工作方案的通知（晋政办发〔2013〕74 号），按照通知要求，十二五期间，全省煤矿企业新招录从业人员（指原煤生产人员）中，招录煤炭中等职业学校（中等专业学校、技工学校、技师学院）、煤炭职业院校（煤炭企业职工大学）和其他院校煤炭相关专业毕业生的比例，2013 年不低于 55%，2014 年不低于 75%，2015 年力争达到 100%。从 2016 年 1 月 1 日起，全省煤矿企业新招录从业人员，必须从煤炭相关专业毕业生中招录新从业人员，不再招用其他社会人员，全面实现变招工为招生。这个通知的下发与潞安职业技术学院进行订单式人才培养的实践探索不谋而合，直接印证了课题研究的现实必要性和实践的迫切性。2013 年 9 月 2 日，按照山西省政府以及煤炭工业厅等部门的文件精神和要求，潞安职业技术学院向山西省煤矿变招工为招生工作领导组递交了申请变招工为招生

"专业定向培养"院校的请示。这标志着订单式培养煤炭类专业人才在我们山西省已经成为一种比较成型的办学模式,也更加证明了潞安职业技术学院的煤炭类专业人才订单式培养模式的正确性。

围绕人才培养模式的创新，一系列的教学改革迫在眉睫，人才培养方案、课程标准、实习实训基地建设、教材的开发等多方面都要求学院进一步加快改革和建设的步伐,以满足实践的需求。按照潞安职业技术学院 2013"专业建设年"的工作要求，以及上级的精神和文件要求,在集团的大力支持下,学院抓住一切机遇,深挖改造,改革创新,特别是在基地建设、专业建设等内涵发展方面进行了积极的创新和探索,取得了优秀的成绩和成果。

根据《关于做好 2013 年省级高等职业教育示范性实训基地申报工作的通知》(晋教高函〔2013〕7 号)的文件精神,通过论证、筹备建设和积极申报,学院的焊接技术及自动化实训基地成功获批为山西省省级高等职业教育示范性实训基地建设项目。

根据《关于申报 2013 年中央财政支持的职业教育实训基地建设项目有关事项的通知》(教财厅函〔2013〕16 号)精神,学院上下齐心协力、全力以赴将煤矿开采技术实训基地成功申报为中央财政支持实习实训基地。

根据(晋人社厅发〔2013〕21 号)《关于实施 2013 年省级高技能人才培训基地和技能大师工作室建设项目的通知》要求，学院总结了在制度建设、教学管理、基地投入、师资队伍建设等方面的工作成绩,进一步规划了基地建设的进度,成功申报了省级高技能人才培训基地建设项目,为学院和集团的培训工作提供了支撑。

根据《山西省教育厅关于做好2013年度高等职业院校精品资源共享课评审工作的通知》精神，学院按照“一流教师队伍、一流教学内容、一流教学方法、一流教材、一流教学管理”的课程建设要求，打造“现代煤矿管理”“煤矿开采方法”“矿井提升与运输”三门精品课程，进一步推动了课程体系、教学内容以及人才培养模式的改革，全面提高了学院的专业建设水平和人才培养质量。

按照《教育部办公厅财政部办公厅关于做好高等职业学校提升专业服务产业发展能力项目验收工作的通知》（教职成厅函〔2013〕26号）精神，2013年11月，学院倾全院之力，发挥师生员工的最大积极性，通过基地建设、专业论证、提供佐证、案例提供、数据分析等众多环节的积极筹备，终于顺利通过验收，得到了“潞安职业技术学院的专业建设在全省同类院校中工作最好”的评价认定。

（二）主要做法

1.完成山西省高校教学改革的课题项目研究

课题组成员深入调查研究，结合学院人才培养的探索和实践对订单培养煤炭类专业人才的培养方案、课程标准等内容进行了修改和完善，特别结合山西省关于煤炭类技能人才的相关政策以及职业教育的发展要求进行了理论研究和对策分析。2013年10月顺利完成结题工作。

2.进行煤炭类专业“订单式”人才培养的成功实践

潞安职业技术学院进行订单培养煤炭类专业人才的成功实践成为山西省政府下发的《山西省煤矿变招工为招生推进工作方案通知》（晋政办发〔2013〕74号）精神的直接体现和现实证明。

深入走访相关单位和部门，制定切实符合煤炭企业技术人才需求的人才培养方案，较好地解决和适应了企业对人才培养的各方面要求。积极探索“订单”培养的教育教学方法，优化教学内容和方式，增强教学吸引力；重视实践，着力提高学生专业技能。通过职业资格技能鉴定，使学生具备本专业中级技工的能力。整体教学培养环节融“教、学、做”为一体，使学生走上工作岗位后能够有效实现工学对接。

3.积极申报和建设国家级、省级示范培训基地

根据国家和省厅的有关文件精神，通过论证、筹备、建设和积极申报，学院焊接技术及自动化实训基地成功获批为山西省省级高等职业教育示范性实训基地建设项目；煤矿开采技术实训基地成功获批为中央财政支持实习实训基地；另外学院还成功申报了省级高技能人才培训基地建设项目。

4.成功建设省级精品课程

按照“一流教师队伍、一流教学内容、一流教学方法、一流教材、一流教学管理”的课程建设要求，学院打造了“现代煤矿管理”“煤矿开采方法”“矿井提升与运输”三门精品课程，推动了课程体系、教学内容以及人才培养模式的改革，全面提高了学院的专业建设水平和人才培养质量。

5.矿山机电专业建设通过省教育厅专家验收

通过基地建设、专业论证、提供佐证、案例提供、数据分析等众多环节的积极筹备，学院顺利通过省教育厅对矿山机电专业建设项目的验收工作。专业建设中，新建成三个理实一体化教室，补充完善机电维修车间实习装备和条件；修订专业人才培养方案，优化理论，强化技能；为将企业文化融入学院搭建平台；编写《矿山运输与提升》《采掘机械与液压传动》《矿山供电》三门教材并投入使用。

6.实现学生订单培养与到企业就业的“零对接”

学生提前进入企业顶岗实习，实现订单培养学员100%就

业；普高毕业生的就业率也在全省名列前茅，得到了西山煤电、潞安集团、郑州煤机、新疆潞新等公司的认可和青睐；企业员工培训超过1万人次，培训质量明显提升。

（三）主要创新点

依托煤炭类专业“订单式”培养人才模式的理论和实践研究，成功申报和建设国家级、省级示范基地，并在山西省矿山机电的专业服务产业发展方面取得良好的成绩，为创新人才培养模式、锻造职业精品教育的美好愿景奠定了扎实基础。

1.完成山西省高校教学改革专项“煤炭类专业‘订单式’人才培养研究和实践”和“校企合作体制机制创新的研究”课题研究工作。

2.成功申报国家级和省级示范基地。

3.提升矿山机电专业服务产业发展能力，顺利通过教育部委托省教育厅的项目验收工作并获得专家的好评。

4.成功建设两门省级精品课程，一门院级精品课程。

5.订单学员100%就业，普高学生的就业率在全省名列前茅，员工培训超过1万人次，培训质量明显提升。

（四）实际成效

1.“煤炭类专业‘订单式’人才培养研究和实践”省级课题项目的圆满完成为潞安职业技术学院在人才培养模式方面的改革创新提供了理论依据。

2.潞安职业技术学院“订单式”培养煤炭类专业人才的成功实践，成为山西省人民政府办公厅关于山西省煤矿变招工为招生推进工作方案的通知（晋政办发〔2013〕74号）精神的有力实践证明。

3.成功申报的国家级、省级示范培训基地为“订单式”人才培养以及潞安集团公司的安全培训工作提供了重要保障。

4.国家级矿山机电提升专业服务产业发展能力项目为创新人才培养奠定了扎实的专业实践基础,也为潞安职业技术学院锻造精品高职教育提供了保障。

5.省级精品课程的成功建设为人才培养提供了内涵支持。

6.学员职业能力的显著提升和较高的就业率为人才培养提供了途径保障。

潞安职业技术学院在办学思路和办学模式方面围绕“订单式”人才培养做了多方面的探索研究。目前,潞安职业技术学院已经为潞安集团、太原梗样实业有限公司等企业订单培养了近1500人,为潞安集团、西山煤电、郑州煤机集团、潞新公司等企业输送了大量高职煤炭类专业技能人才。潞安安培中心年培训能力达上万人次,为集团的培训工作做出了积极贡献。

二、德育成果有目共睹

潞安职业技术学院近几年的良好发展是社会各界有目共睹的,特别是在德育和校园文化建设方面成绩卓著。潞安职业技术学院坚持贯彻立足潞安,面向煤企,适应时代,服务社会的办学理念;以德为基,育人为本,注重实践,将“艰苦奋斗、博采众长、追求卓越”的潞安精神植根于校园文化建设之中,彰显出独具特色的校园文化底蕴。

学院坚持以社会主义核心价值体系为导向,以学生为主体,以建设优良的校风、教风、学风为核心,以培养德才兼备技术型人才为重点,探索出一条实践育人之路。集思想性、趣味性、教育性、实践性为一体,广泛开展以“爱国主义”“雷锋与我同行”“感恩”“中国梦”“三爱”“中国特色社会主义”等为主题的教育实践活动从而推进构建社会主义核心价值体系;把感恩、弟子规、人文素养、形势与政策等内容以专题讲座的形式贯穿于日常教学；注重潞安企业文化与校园文化的融合，收到了良好的效果，营造了健康向上的校园文化氛围，充分展现了学院师生积极进取的精神风貌。

我们积极贯彻“育人为本、德育为先”的工作方针，做到全员、全过程、全方位育人，提升了师生对践行美丽中国梦和美好人生的追求，不断加强校企融合的校园文化建设，强调德育引领和文化育人，增强正思维，汇聚正能量。

（一）德育为本，文化育人

坚持以社会主义核心价值体系为导向，以学生为主体，以建设优良的校风、教风、学风为核心，以培养德才兼备技术型人才为重点，实施文化育人工程。开展以“爱国主义”“中国梦”“中国特色社会主义”等为主题的教育实践活动，把潞安企业文化、弟子规、人文素养、形势与政策、军事国防、法制专题等内容贯穿于教学过程中，有针对性地对学生进行思想和文化素质教育；要对广大学生进行中华民族优秀传统文化教育，让中华民族优秀文化薪火不断、世代相传；开学典礼、毕业典礼、奖学金颁发仪式等活动要不断丰富形式，强化学生礼仪、感恩教育，加强学生创业就业教育，发挥文化育人的作用；注重立德树人，鼓励师生创作更多文化方面的精品力作，以优秀的作品鼓舞人、感染人、塑造人，彰显潞安职业学院育人立德的教育追求。

（二）精神建设，道德至上

道德建设是一种重要的精神哺乳，具有潜移默化的功能。其宗旨是为学生的终身发展和幸福人生奠定基础，我们不仅要培养学生正确的三观，更应该激发学生的兴趣爱好，注重引领学生提升品位、构建精神家园。学院将继续深入贯彻潞安核心价值理念，进一步完善“涵养善良、勤俭、感恩三种美德，培养诚信、实干、担当三种品德”的道德体系，实现道德讲堂和企业文化的覆盖与融合，按照山西省教育厅和潞安集团党委的要求，积极建设学院的“道德讲堂”，所有员工和学生都要进道德讲堂接受教育。

（三）校企结合，文化融合

坚持以德育建设为引领，企业文化为融合、社会文化为载体，将“艰苦奋斗、博采众长、追求卓越”的潞安精神植根于校园文化建设之中，弘扬“为人至诚、为业至精”的潞安核心理念，突出企业办高职的教育特点，实施文化育人工程；积极践行“以阳光的心开采光明，以感恩的心回报社会，以真诚的心造福员工”的潞安核心价值，增强师生对潞安精神的认同感；开展企业文化进校园，推进校园文化阵地建设，融“思想性、趣味性、教育性、实践性”为一体，注重企业文化与校园文化的融合，充分展现师生积极进取的精神风貌，营造健康向上的校园文化氛围，推动学院和谐、持续发展。

（四）校园文化，形成体系

践行“立德立志、自信自强”的校训，构建校园文化体系。要贴近实际、贴近生活、贴近学生，营造良好的校园文化氛围；利用校园媒体弘扬具有正能量的、有感召力的先进人物和典型事迹，传播先进文化，提供精神食粮，陶冶学生情操，启迪学生心智；依托传统节庆日和重要纪念日，开展各类文化活动，为广大学生提供展现自我、锻炼能力、提高素质、拓展才华的舞台，不断满足师生的精神文化需求；构建以“我们的中国梦”为主题的德育教育实践活动、课外文艺体育活动、社团组织活动等多种形式的校园文化阵地，积极开展丰富多彩、积极向上、品位高雅的校园文化活动，完善内容覆盖课堂教学、课外活动和社会实践的校园文化体系。

我们与时俱进，不断创新，在高职教育的思想文化建设中开辟了价值引领的实践高地。在深化教育改革,创新实践的思想文化建设中,师生共同畅想美好未来,使我们追梦的情怀流光溢彩!

2013 年 5 月,学院以优秀的成绩通过了山西省教育厅对学校公共艺术教育的专业评估。同月,我院组织参加了山西省第五届中等职业学校“文明风采”竞赛活动,5 人荣获优秀指导教师奖;3 名学生获得一等奖、4 名学生获二等奖、6 名学生获三等奖、1 名学生获优秀奖。2013 年 6 月,在山西省职业院校举办的“我的中国梦”演讲比赛中,学院唯一的教师选手获教师组二等奖;3 名参赛选手全部获学生组二等奖。2013 年 9 月,学院校园文化建设优秀成果申报材料成为唯一被山西省教育厅推荐参加全国第七届高校校园文化建设优秀成果的作品。

2013 年学院承担的省部级立项课题有:6 项山西省高等学校教学改革项目课题,其中 2 项得到 2 万元专项基金的课题经费支持,4 项已经完成结题工作,目前有 2 个项目即将完成;中国煤炭教育协会立项课题有 6 项,其中 4 项已完成结题工作,其中 1 项获 2012 年山西省高等学校省级教学成果二等奖;2013 年度 1 项课题被确定为重点课题,并得到 3000 元立项资金的支持,此项课题已于 2014 年 8 月顺利结题。

2014 年以来,学院全面贯彻党的十八大和十八届三中全会精神、集团党委工作会议精神,深入开展党的群众路线教育实践活动,取得明显成效。根据年初确立的以“专业建设”为主题的活动年,学院在机制创新、教风转变、教师队伍建设、教学质量、招生就业、基地建设、精品课程开发、科研工作等方面均取得了可喜成绩。学院也因此获得了许多荣誉:荣获“2013 年中国创新型人才培育示范院校”荣誉称号、“山西省课程教育先进集体”荣誉称号、“山西省示范煤矿安全培训机构”荣誉称号、“全煤职教协会第三次教材建设先进单位”荣誉称号，党建工作绩效管理取得优异成绩。这些都是全体教职工特别是党员同志们无私奉献、顾全大局、奋力拼搏、积极进取的结果。

在山西省高校工委和集团党委的正确领导下，全院各项工作以创新为主题，扎实推进以党建工作绩效管理为载体的教育教学和培训工作，各项工作有序推进。2014 年前半年，学院工作取得突破性成就，“山西省高职院校德育工作会议”2014 年 4 月在潞安职业技术学院召开，学院作为会议唯一的指定单位在大会上作了德育工作经验交流，扩大了学院在全省的知名度；第四届全国大学生计算机应用能力与信息素养大赛中，学院代表队荣获团体一等奖和个人特等奖等多项荣誉，并与中央民族大学、台湾获奖代表队的代表分别在颁奖仪式上发表获奖感言，国家各大主流媒体都对此进行了报道。2014 年 8 月，学院的代表队还前往台湾参加海峡两岸大学生计算机课应用能力与信息素养比赛，参赛同学获得了两项冠军的佳绩；学院汽修专业学生在山西省大学生技能大赛中荣获三等奖；学院在英语风采大赛、数学建模比赛中都取得了骄人的成绩。对这些成绩将在后面章节做具体阐述。

第四章　以德树人　以情感人　以心聚人

——以生为本的学生管理工作

学院坚持立足潞安、面向煤企、适应时代、服务社会的办学理念，以科学发展观为指导，围绕育人为本、德育为先的核心理念，着眼于服务学生健康成长成才的需要，把学生管理工作作为学校工作的生命线来抓，不断提高学生管理工作的主动性、针对性和实效性。

一、重视学生管理工作，确保各项制度实施

学院领导的重视是加强学生管理工作的重要保证。在长期的工作实践中，学院按照育人宗旨，始终将学生管理工作作为贯穿学院一切工作的生命线，将德育工作置于首位，认真抓好各项学生管理工作，确保各项制度的完善和顺利实施。

（一）建立机构，定规立制

学院把学生德育工作列入党政工作的重要议事日程，定期研究学生管理工作，加强对学生管理工作的指导，建立健全了学生管理工作领导体制。通过建立健全学生思想政治工作领导体制，学院认真组织完成学生管理工作的各项任务，形成全方位育人、全员育人的良好格局。学院先后制定了《潞安职技术学院学生手册》《潞安职业技术学院学生管理规范》《潞安职业技术学院定向生半军事化管理条例》《班主任工作条例》《值周、值

日、职业制度》等规章制度等，从制度上保证了学生管理工作的正常开展并取得实效。

(二)加强学生管理工作的队伍建设

学校每学年组织召开由院领导及各部门负责人参加的班主任研讨会，交流经验，相互促进提高；学生处每学年都组织学生干部培训工作，邀请有经验的班主任、学生会干部介绍经验，交流心得，提高学生干部队伍的素质和班级管理水平；学生处每周四下午定期召开班主任工作例会，交流思想，沟通信息，确保各项工作落到实处。

学院非常重视班主任队伍的建设工作，按照"高进、优出、明责、严管、培养、提高"的原则，建设了一支政治坚定、业务精湛、专兼结合、精干高效的高素质班主任队伍。

学院采取多种方式加强班主任队伍建设。学院选派了学历高、年富力强的年轻骨干担任班主任，并且有计划地安排班主任外出培训进修学习，开展工作交流和社会考察活动，全方位提高班主任的综合素质和工作能力。特别注重班主任队伍的教育和培养，不断提高他们的思想觉悟水平和工作能力，增强他们的事业心、责任感。

为加强班主任队伍的工作积极性，学院多次提高班主任的带班费用；为他们外出参加会议、阅读文件、理论自学提供方便；在入党、评优、职称等方面为班主任提供方便。通过一系列加强工作，整体上提高了这支队伍的水平，增强了学生管理工作的活力，为我院的学生管理工作提供了组织保障和人才队伍支撑。

(三)抓好常规检查，实行绩效管理

学院根据实际情况，本着对学生、对家长负责的态度，实行中层领导联班制度。把全院中层干部分为10个组，组长由院领导及主要教学部门的负责人担任，全天 24 小时对学院各项工作进行检查，特别是对上课情况、自习情况、安全隐患都要做到详细检查、详细记录，并每天张贴公告，真实反映全院工作动态，每月定期召开绩效考核听证会。听证会上，学院考核组特别针对学生管理工作进行具体问询和特别总结报告提醒，使学生管理工作成为全院工作的重心，引起全院教职员工的一致重视。

学生处在班主任管理各自班级的基础上，每天安排 4 名班主任进行值班，要求值班班主任针对所有班级的早操、上课、教室卫生、宿舍内务、自习、就寝等方面进行检查登记，并做出详细的记录，次日在校园专栏进行张贴公布，促进其提高。另外，在每周四下午 4 点的班主任例会上，对全院一周的学生管理状况进行总结通报，通报和考核结果最终与班主任当月津贴挂钩，体现其工作绩效。

在常规班级管理中，以尊重学生为核心，以学生的权利和义务为基本内容，最大限度地挖掘学生潜能，很好地发挥了学生会、学生社团、班干部在学生自治和自我管理过程中的能动作用。通过相应的制度约束和严格的值班检查，对学生进行行为引导，让学生养成习惯，形成自然，实现学生的自我管理。

二、依托潞安，形成校企深度融合的良好局面

潞安集团具有先进的企业文化，学院将潞安的企业文化与校园文化相结合，实现了企业文化进校园、企业文化进课堂的育人模式。依托潞安企业文化，把企业文化中的理念文化、行为文化、标识文化及廉洁文化融入校园文化中，形成了勤奋、进取、严谨、高效的良好校风，垂范、传道、授业的严谨教风和厚基础、宽知识、重实践、有技能的优良学风，构建了具有时代气息和校企融合的特色文化体系，在集团的各项精神文明创建活动中,我院的学生团体取得了良好的成绩。

2010年,“金帆”文学社的10名学生得到了集团文联的表彰奖励,并多次参加集团文联举办的各种文学写作培训班;2011年,在集团组织的建党90周年征文活动中,学院有近400名学生参加了征文比赛,其中除很多同学的作品单独获奖外,我们的学生团体“金帆”文学社还获得了集团授予的“优秀组织奖”;2012年5月,“金帆”文学社还参与了集团文联组织的“安全在我心中”诗词歌赋征文大赛,推选出的参赛作品中有4篇在全集团范围内获奖,他们的获奖作品还被选入作品集并在全公司范围内得到宣传和共享。另外,学院的“金莺”合唱团在集团组织的七一建党节大合唱活动中取得了一等奖的好成绩;2012年五四,学院的“金燕”舞蹈队在全公司的五四会演中表现良好,获得了公司上下的一致好评,“金燕”舞蹈队还在集团一年一度的消夏晚会中多次亮相,为全体潞安职工家属献上她们精彩的表演。总之,依托企业支持,将企业文化不断融入校园文化建设中,学院“三金”艺术团体组织的各项活动和总体表现已经成为学生管理教育成果的直接体现。

三、注重培养,开展内容丰富的校园文化活动

近年来,学院按照上级主管部门的有关规定,结合本校的学生特点开展了一系列有声有色的校园文化活动,每学期,学院都通过开展德育主题教育活动提高学生的思想觉悟和民族自豪感。以3月学雷锋纪念日、五四青年节、建党、十一等重大节日、重大事件为契机策划开展了一系列的德育主题教育活动,广泛开展以爱国主义、理想信念、社会主义核心价值体系、雷锋精神、诚信、感恩等为主要内容的德育教育实践活动。

结合学院实际情况,我们实施了各种有助于提高学生综合素质的系列校园文化活动,推动学生在政治思想、道德修养、文化修养、身心健康等诸方面的全面发展和综合提高。

通过学生会和社团活动鼓励学生发挥特长和发展个性,积极开展活泼健康、丰富多彩的校园文化活动,提升各类社团组织的文化内涵。各类社团结合自身特点,紧紧围绕学院教育主题,在科技创新、文体艺术、社会实践、技能培养等领域开展各项活动,在促进学生素质拓展、提高校园文化品位等方面起到了积极推动作用,成为学生施展才华、锻炼自我的舞台。每年的"3 月份环境治理月""诚信主题教育活动""感恩主题教育活动""爱国主题教育活动"以及由学生自编、自导、自演的元旦晚会和五四文艺会演都成为我院的常规活动,同学们在活动中自我锻炼、自我教育。一系列校园文化活动发挥了潜移默化的教育引导作用。

四、突出工作亮点,形成管理特色

一年一度的元旦文艺晚会、五四风采大赛和文艺表演成为我院培养和影响学生行为素养的固定平台；学生处和团委引导学生社团策划各种文艺活动,使学生社团中的活跃分子发挥了积极的引领作用,舒缓了学生的心灵,培养了学生的审美情操。此外,学院教务处、学生处、团委和思政部围绕各种主题在全院举办书法展、手抄报展览、演讲赛、知识大赛、辩论赛、主题班会等各项主题教育实践活动,营造了良好的校园文化氛围。特别是学院的南苑爱心社团和金帆文学社,他们利用业余时间,围绕我院开展的各种主题教育活动办起了社报专刊,其中有感恩主题的、母爱主题的、爱国主义的、纪念辛亥革命的、弘扬雷锋精神的等等,潜移默化中培养和提高了学生的素养和情趣。

(一)主题班会育人

主题班会,就是在班级教育管理过程中围绕一个中心内容有目的、有组织地对班集体学生进行的专题教育活动。主题班会是班主任对学生进行系统的思想品德教育的主阵地,开好一次主题班会,能引起班内学生心灵的触动和思想的共鸣,达到我们所期望的目的,起到一定的教育意义,对促成良好的班风、学风有着积极的作用。我院对于每周日主题班会的考核采用随机抽查听课与流动巡查相结合兼以上交班会总结的方式,并与班主任的考核相挂钩,切实发挥了主题班会的重要作用。每学期都要围绕"入学、安全、感恩、诚信"几个固定的主题开展主题班会,另外,平时还根据国家形势、上级文件要求和学生的实际情况随时进行主题班会的组织开展。主题班会的内容丰富多彩,主题的选择结合国际、国内形势,抓住一些社会热点问题进行引导和讨论,培养了学生关心国家大事和乐于思考总结的好习惯。另外,班主任还根据教育的需要,结合自己班级的实际,抓住一些有利于班级管理的教育时机,在适当的时机召开主题班会,促进了良好班风的形成。

(二)文化育人

我们以校园文化建设为引导,以理想信念教育为核心,以培育学生人文精神和科学精神为重点,在全面加强校风、教风和学风建设基础上,通过开展优良教风、优良学风创建活动,充分利用学院一切资源,大力加强学生文化素质教育。学院调动各方力量,营造文化育人的校园整体氛围。每学期定期举办活动,每次活动都有明确的主题,学生处总牵头,以活动、竞赛的形式,开展演讲比赛、辩论赛、主题研讨会、书法绘画摄影展、征文赛、小品赛、篮球赛、排球赛等多项活动,对同学们进行文化熏陶,提高他们的综合素质。

（三）实践育人

结合职业教育的特点，积极鼓励引导学生自发参与各种形式的社会实践活动，探索建立社会实践与德育相结合、与专业学习相结合、与服务社会相结合、与勤工助学相结合、与择业就业相结合、与创新创业相结合的管理体制和长效机制，认真组织学生参加军政训练、社会调查、志愿服务、公益活动和勤工助学等多种类型的实践活动。学院的专业教学与企业的技术要求密切结合，有力地促进了学生职业素质和职业能力的提高。社会实践与服务社会相结合，促使学生增长才干。定期为社区、医院、老干处服务，让学生们用自己的爱心、友善、知识和技能服务群众、奉献社会，增强学生的社会责任感、磨砺学生的意志、陶冶学生的情操、提高学生的实践能力。

（四）心灵关爱

我们一方面有针对性地帮助学生处理好学习成才、择业交友、健康生活等方面的具体问题，提高思想认识和精神境界；另一方面，积极探索学生心理健康教育机制，发挥班主任、思政老师、心理咨询室的作用，进行学生的心理调查和思想状况排查，摸准学生的心理问题和思想问题，并开展相应的心理健康教育讲座和德育主题讲座，对学生的心理健康问题和思想问题进行及时的监控、预防、疏导和解决，努力提高学生心理健康教育的水平，促进学生思想道德素养、科学文化素质和身心健康素质的协调发展。

（五）情感育人

学校每年都举办“感恩教育月”活动，以倡议书、网站、宣传橱窗、广播等为阵地，全方位进行“感恩教育”的宣传发动，开展各种活动，一是以班级为主体，召开“感恩教育”主题班会；二是以感恩社会为主题，通过演讲比赛、征文等形式，使学生体会到社会对他们的至关至爱，结合“学雷锋活动”“服务社区活动”“参观德育基地活动”等形式，激发和增强学生“报答集团、感恩社会、报效祖国”的深厚情感；三是以回报父母养育之恩为主题，开展为父母多做事、对父母多说知心话、为父母过生日、给父母送礼物的活动，让学生体会和感激父母培育自己的艰辛和不易，弘扬孝顺父母、报答父母的传统美德；四是以感激老师的教诲之恩为主题，开展学生向老师献真情活动，让学生表达对老师的感激之情。在推行“感恩教育”活动的过程中，学校注重引导学生将对父母的感恩之情，转化为感恩和回报企业、报效国家的崇高理想。

（六）“三进”宿舍工程

学生宿舍是进行学生管理的第二个阵地，我们坚持开展班主任工作进宿舍、学生社团文化活动进宿舍、学生会进宿舍等活动，把学生宿舍建成学生自我教育、自我管理、自我服务的场所。在活动过程中，我们依托学生会宿舍管理委员会等组织形式，积极开展适合学生特点的品牌活动，充分发挥活动的育人作用。

第一，班主任工作进宿舍。要求班主任深入学生宿舍及时了解和掌握学生的思想动态、组织纪律、生活作风及各方面信息，帮助学生解决实际困难，贴近了学生生活，拉近了班主任和学生的距离。每天值班的班主任要在早上、下午、晚上三个时间段进宿舍，及时发现并处理学生宿舍及学生就寝方面出现的问题。

第二，学生社团文化活动进宿舍。积极开展各种丰富多彩、积极向上、格调高雅、特色鲜明的文化活动。开展如“宿舍美化”“我爱我家”“宿舍文化建设”“文明宿舍评比”等活动，创造美观舒适的生活环境。

第三，学生会进宿舍。成立了学生会宿舍管理委员会，下设生活部、纪检部以及宿舍文化建设部，作为职能部门，加强宿舍内安全、卫生、文化、秩序等方面的监督检查力度，引导组织学生积极开展丰富多彩的宿舍文化活动，加强宿舍文化建设。

此外，每栋宿舍楼设立楼管组，每层楼设组长，在每个学生宿舍设寝室长，建立纵横交错的学生管理信息网。学生会宿舍管理委员会协助班主任、宿舍管理员排解矛盾，维护学生宿舍正常的生活秩序。学生会宿舍管理委员会在“文明宿舍”评比、宿舍园区安全秩序的检查、文明行为监督、宿舍文化建设、丰富学生业余生活方面发挥着积极的作用。

总之，学院通过大力加强学生管理工作，取得了令人满意的成绩。近年来，我们坚持把德育工作放在学院工作的首要位置，不断强化全员育人的德育观念，努力构建全方位德育格局。学院在加强和改进学生管理工作实践中，突出时代性，增强针对性，坚持创新性，注重实效性，以落实学生管理目标为宗旨，以完善学生管理工作体制为重点，以提高学生管理工作实效为目标，不断巩固德育阵地、充实德育内容、改进德育方法、丰富德育载体、拓宽德育渠道、加强德育队伍，使学院学生的德育工作取得显著成效。学生思想政治觉悟坚定，校风学风扎实，学生步入社会也得到了用人单位和社会的一致好评。

我院学生管理工作取得了显著成绩，但在充分肯定成绩的同时，我们也必须清醒地看到工作中存在的不足和薄弱环节，比如：对职业学校学生管理的认识还没有完全到位，学生管理工作的难度仍然较大；管理工作在理论、内容、方法、经费、手段等方面，都还有影响工作实效的地方；学生管理工作适应新情况的有效机制还有待于进一步完善。特别是中职学生的管理工作面临着诸多新情况新问题，需要用创新的精神，在今后的工作中不断摸索和加强。

今后的工作中,我们还会面临新的任务和挑战,我们将继续以社会主义核心价值观为指导,紧紧围绕学院的改革发展和学生的思想实际,进一步加强校园精神文明建设,更加完善学生管理工作新格局,继往开来,与时俱进,为中国特色的社会主义培养合格的建设者和可靠的接班人。

第五章　德育工作的主阵地和主渠道

——思想政治理论课的课堂建设

“育人为本，德育为先”，教育的成败对国家、社会、企业、学校至关重要。近年来，我院始终将培养具有高尚道德情操的技能型人才作为教学的最终目的。在德育工作中，思想政治理论课的课堂作为主阵地和主渠道，发挥着极其重要的作用。为此，我们在思政理论课的课程设置、课程管理、课堂环节、课内实践教学、教学研究、集体备课、教研活动等方面努力探索，不断总结经验，并取得了较好的育人效果。

一、思想政治理论课课程的设置及其意义

根据中共中央宣传部、教育部《关于进一步加强和改进高等学校思想政治理论课的意见》，我校开设了以下思想政治理论课程——“思想道德修养与法律基础”（以下简称“基础”）、“毛泽东思想和中国特色社会主义理论体系概论”（以下简称“概论”）、“中国近现代史纲要”（以下简称“纲要”）、“形势与政策”。其中，“中国近现代史纲要”在2010年我校思想政治理论课评估后被正式纳入思政理论课程教学体系。四门课在课程设置、使用教材以及教学时长等方面都有具体统一的规定。“基础”课以马克思主义、毛泽东思想、邓小平理论和“三个代表”重要思想为指导，以社会主义核心价值体系为主线，针对大学生

成长过程中面临的思想道德和法律问题，有效地开展马克思主义的世界观、人生观、价值观、道德观和法制观教育，引导大学生树立崇高的理想信念、弘扬伟大的爱国主义精神、确立正确的人生观和价值观、加强学生的思想品德修养、增强学生学法守法的自觉性、全面提高学生的思想道德素质和法律素质，其中理论课 38 学时，课内实践课 18 学时。“概论”课主要是帮助学生理解和把握马克思主义中国化的理论成果——毛泽东思想和中国特色社会主义理论体系，引导学生在党的领导下坚定走中国特色社会主义道路的理想信念，其中理论课 56 学时，课内实践课 18 学时。以上两门课分别为大一第一学期和第二学期开设。“纲要”课主要是让学生认识近现代中国社会发展和革命发展的历史进程及其内在的规律性，了解国史、国情，深刻领会历史和人民为什么选择了马克思主义，为什么选择了中国共产党，为什么选择了社会主义道路，共 32 学时，课内实践课灵活安排，于大二第一学期开设。“形势与政策”课程在学生在校期间全年开设。以上课程选用的都是高等教育出版社出版的统编教材，体现科学性、权威性和严肃性。几门课相互影响、相互依赖，构成了一个整体，共同承担着对学生进行思想政治教育的目的，并使思想政治理论课程成为我校对学生进行思想政治教育的主阵地和主渠道。

二、思想政治理论课课堂建设的组织保障

学校党委充分认识到思想政治理论课的特殊地位和重要作用，将加强和改进思想政治理论课建设列入学校党政领导班子任期目标，建立健全了“党委统一领导、党政齐抓共管、职能部门紧密配合、思政部具体实施”的管理机制，真正把工作落到实处，为思想政治理论课的建设提供有力保障。

(一)领导高度重视

学院提出了“德育为本,全面发展”的建设理念,注重对学生道德品质的培养和综合素质的全面发展,要求全体教师以身为范,着力提高学生的道德践行能力,要求全体学生“以德为魂学做人,以能为本学做事”,努力成为企业和社会欢迎的人才。这些办学理念的提出,体现了院领导对思想政治理论教育和学生德育工作的高度重视,按照《中共宣传部教育部关于进一步加强高校思想政治理论课教师队伍建设的意见》教社科(〔2008〕5 号)文件精神的要求,2010 年 4 月份,我院成立了直属学校党委领导的思想政治理论课教学科研二级机构,选任具有马克思主义理论学科背景、长期从事马克思主义理论教学和科研工作、精通马克思主义理论与思想政治教育教学规律、具有较强工作能力和高度责任心的专职机构负责人。现任机构负责人从事思想政治理论教育教学工作 21 年,具有较强的工作能力和业务素质,能够组织开展好思想政治理论课教育教学工作。思想政治理论课教学研究工作部的成立,更加有力地加强了我院的思想政治理论课建设工作。

学院把思想政治理论课建设纳入学院“十二五”发展规划,并把思想政治理论课作为我院的重点学科进行建设和规划。学院党委把思想政治理论课建设摆在重要位置,由党委副书记分管学校的思想政治工作,由分管教学的常务副院长直接主管思想政治理论课教学工作,同时把思想政治理论课教学纳入学校党政重要议事日程,每学期至少召开 1 次校党委或行政会议,专题研究学生的思想政治理论课教学工作。除了定期专题研究思想政治理论课教学工作外,学校党政主要领导和分管校领导坚持每学期深入思想政治理论课课堂听 2~3 次课,加强与任课教师和学生之间的交流与沟通,及时了解课堂理论教学情况,及时发现问题并提出整改要求。同时,党政主要领导和分管校领导经常到思想政治理论课教学部门开展调研,定期听取思想政治理论课教学工作汇报,了解思政理论课改革的方案和思路,研讨思政理论课教学中出现的新情况和新问题,并对思想政治理论课建设过程中遇到的各种实际问题及时进行解决。

我院明确执行学院领导不定期听课制度,党政主要领导和分管领导每学期至少听 2 次思想政治理论课,思政部主任每学期听课不少于 8 次,教研室主任每学期听课不少于 10 次,教师每学期听课不少于 12 次,具体采用领导随机听课、教务处组织听课、思政部定期听课以及教师自主协商互相听课等方式,有效地促进和激励了教师的"教"和学生的"学"。每月月底,学院的综合考评组将会就学院的总体情况进行通报、汇总,把思政部的工作列入学院的党委绩效考核范围,为加强学院的思想政治理论课建设工作提供了制度保障。

此外,学院还制定了切实可行的具体方案,根据课程改革方案的部署,召开党委常委会专题研究我校思想政治理论课改革问题,提出指导性的意见,学校党委先后出台了《思想政治理论课课程改革实施意见》《思想政治理论课实践教学的方案》等文件,文件就加强和改进思想政治理论课的指导思想与目标、课程体系的构建、教育教学方法的改革、师资队伍建设和加强领导等宏观方面和具体问题对思想政治理论的建设做出了全面的规划和要求。

(二)学院其他部门对思想政治理论课建设提供了大力支持

思想政治理论课建设是一个系统工程,需要学校党办、院办、人事、财务、教务、科研等各部门的支持和配合。在学院党委的领导和统筹安排下,我院各部门对思想政治理论课建设的重要性认识到位,对思想政治理论课建设的各项工作全力支持,形成了一股推动思想政治理论课建设和发展的强大合力。

学院领导和分管领导经常召集党办、院办、教务处、思政部、人劳科、科研处、学生处等职能部门负责人就思想政治理论课建设和改革等相关问题进行安排协调，保障了思想政治理论课各项工作的顺利进行。院办、行政科积极帮助思政部解决后勤保障问题，党委宣传等部门积极为思想政治理论课的建设工作提供引领和宣传。为了保证思想政治理论课教学工作的顺利开展，学院教务处努力解决课时、课程安排等问题，每学期总是先把思想政治理论课安排好后再安排其他的相关课程，大大提高了思想政治理论课老师的工作积极性。按照人劳科和教务处的相关制度规定，思想政治理论课教师教学工作量和课时酬金的计算标准和其他专业课教师一致，合班上课还要乘以较高的系数。一年下来，教师的实际平均收入有时还多于本校相关专业教师的平均水平。学院还把思想政治理论课教育教学质量作为党建和思想政治工作、教学工作评估的重要组成部分，积极营造关心和支持思想政治理论课建设的良好氛围，对成绩突出的部门和教师予以表彰和奖励并加大思想政治理论课教师的评先评优比例，为思想政治理论教师提供积极的发展空间。

建立健全思想政治理论课建设的投入支撑体系。古语云："兵马未动，粮草先行。"这句话足以说明物资保障的重要性。资金投入是加强学科建设的物质保障。思想政治理论教育教学工作离不开投入，重大课题的攻关离不开投入，开展必要的学术交流和社会实践也离不开投入。将马克思主义中国化最新理论成果、中国特色社会主义实践最新成果、马克思主义理论科学研究的最新成果"进教材、进课堂、进头脑"，也必须让师生走进生活、走进社会，以便深刻理解抽象、深奥的理论，这都必须在学校经费的大力支持下才能真正有所成效。我校按照要求，按在校生总人数每年人均不低于15元的标准提取专项经费用于教师的学术交流、考察等，并随着学校经费的增长逐年增加。此外，学校先后为思想政治理论课教学机构配备了电脑、打印机、档案柜，为每位教师配备了办公桌椅，在资料室建设中，订阅了包括《思想理论教育导刊》《中国社会科学》《新华文摘》《求是》《高校理论战线》《半月谈》《哲学研究》《教学与研究》等重要期刊在内的社科报刊，并积极创造条件购买教学图书和音像资料，充分满足了教师开展教学与科研的需要。学校经常拨出经费扶持思想政治理论课的建设工作，用于师资培训、社会考察、学术交流、教学研究、教学资料购订和学生社会实践等项目开支。我院特别重视对任课教师的培训，以掌握教学大纲的基本要求，熟悉教材，了解教学方法、教学手段为重点，着力提高教师的思想政治素质、专业水平和教学能力。

为了给教师的教学提供丰富的资料和服务保障，学院将逐步改善和提高思想政治理论课教师的待遇，把思想政治理论课教师的岗位津贴、课时补贴等纳入学校内部分配体系统筹考虑，确保思想政治理论课教师的平均收入不低于学校相关专业院系教师的平均水平。学院还及时向思想政治理论课教师传达党和国家的有关文件和政策，为其阅读有关文件资料提供便利。在职务聘任、科研立项、外出学习进修和物质待遇等方面充分考虑思想政治理论课教师工作的特点，在政策上予以支持。根据国家有关政策规定，在培训进修、考察学习、职称评定等方面，在同等条件下优先向思想政治理论课教师倾斜。

总之，在思想政治理论课建设过程中，学校统筹安排，有效协调教务处、科研处、人劳、财务以及党委组宣部、学生处、团委等党政部门同思想政治理论课教学部门之间的关系，各部门在工作中各负其责，相互配合，保障了思想政治理论课教学、科研立项、社会实践、学科建设等各方面政策和措施的贯彻与落实。

三、严格教学管理，为思想政治理论课课堂建设提供制度保障

严格的教学管理，是思想政治理论课发挥主渠道作用的必要条件，也是思想政治理论课教育教学改革的一个起点。

(一)健全教学管理制度

学院思政部依据学校有关教学管理文件的规定，结合自身建设与教学实际，为加强教学管理，规范教学秩序，相继建立了集体备课制度、听课制度、考勤制度、教研制度、图书资料管理制度、教师信息反馈制度等，并根据发展建设需要及时进行了修订。从制度上规范了教师的教学行为，使教师在教学过程中进一步明确了自己的责任，有助于思想政治理论课教学工作正常有序地进行。

(二)严格教学监控

思政部以座谈、问卷调查、学生给任课教师打分等形式开展学生评教活动，建立了学生评教制度，收集学生对思想政治理论课教师的意见、建议，并及时反馈给教师本人。学院教务处也深入课堂，对思想政治理论课教师的课堂教学质量做出评价，同时将评价结果向系部和教师本人反馈。此外，思政部还在全院成立了学生思政信息员队伍，成为教学质量监控的重要组成部分。

四、树立科学合理的思想政治理论课教学理念

为加强思想政治理论课教学的“体现时代性，把握规律性，富有创造性，增强实效性”建设。思想政治理论课教师在教学中要进一步完善自身的理论素养，反映时代发展的最新要求，反

映理论研究的最新成果,坚持精简、高效,坚持创新、管用。

思想政治理论课要体现马克思主义与时俱进的理论品格。随着我国社会主义建设事业发展步伐的加快,理论创新的步伐也在加快,产生了一系列具有中国特点、中国风格和中国气派的理论创新成果,是马克思主义中国化、当代化的最新成果。任课教师要不断运用党的理论创新成果充实思想政治理论课的教学内容,要紧密联系实际,对一些重大的理论问题和实践问题做出说明和评述,在说明和评述问题中阐述党的基本理论。

(一)加强思政理论课堂对学生的人文关怀

中共十八大提出"加强和改进思想政治工作,注重人文关怀和心理疏导"。思想政治理论课从一定程度上讲也是一门人文学科,他在很大程度上发挥着对学生的人文教育功能。高校思想政治理论课的根本目标是帮助学生树立正确的世界观、人生观、价值观,教会学生如何做人做事,教给他们什么是真、善、美,并以坚定不移的态度去努力追求,这与人文教育的"如何做人"异曲同工,所以应积极发挥思想政治理论课的人文关怀作用。

1.尊重学生,积极引导

目前,我国正处在社会转型期,社会消极思想、消极现象频频出现,同时在经济全球化的今天,国外各种价值观铺天盖地席卷而来,这无形中对学生的思想道德造成巨大冲击,从而导致新时代的大学生对自身、对社会的看法会偏离真善美的方向,同时,大学生具有特殊的心理特征,对事物也有独特的看法,所以思想政治理论课应该基于对大学生的人文关怀转变教育理念,推进教学改革,改进教育方法,在课堂中密切关注学生思想动态,充分尊重学生发言权,本着师生平等的原则解决学生的思想困惑。例如,思想政治理论课堂前 10 分钟教师会安排学生进行小表演，有对社会热点的评价、有主题演讲、有反映大学生心理状况的娱乐表演等，学生的课前10分钟展示有时会缺失理性或过于偏激，如果教师将此作为了解学生思想动态的最好时机，给予学生人文关怀，尊重学生的发言权，理解学生的认知能力，做到循循善诱，与学生共同探讨，在潜移默化中引导学生，学生会在这样的思政课堂体会到自我被尊重被认可的感觉，学生没有理由不喜欢，这也能大大提高思想政治理论课堂的实效性。

2.深入学生，施予关怀

我院思想政治理论教师主动建立与学生的密切联系，关注他们的切身实际问题，用教师自己的个人修养去感染学生。

首先，提高学生融入社会的意识。人的本质是所有社会关系的总和，只有处在丰富的社会关系中，学生才会成为全面发展的人。但是，当前社会矛盾的复杂性及学生对网络的过度依恋，阻碍了学生真正融入社会的步伐。所以，思想政治理论课堂教育要从理论上提高学生的社会意识，并不断强调社会实践的重要性。比如，针对学生在课余时间、暑期打工、社会实践等中可能出现的相关问题及人生困惑，教师要在思想政治理论课堂中给予及时提醒、引导。

其次，关注学生的生活。对于大学生而言，恋爱和就业问题是困扰他们的两大突出问题。所以，我院思想政治理论教师尤为尊重其作为人的本能需求，对于恋爱问题，在课堂中结合本校学生的实际情况进行婚恋观教育，避免学生为恋爱荒废学业乃至误入歧途。在当前经济形势严峻的情况下，对于就业问题，教师通过思想政治理论课帮助学生理性认识当前的就业形势，帮助其树立正确的择业观和创业观，并鼓励其在艰苦环境中锻炼。

3.以人为本,发挥学生主体作用

以人为本是科学发展观的核心,也是思想政治理论课坚持的原则。教育的本质是育人,育人是思想政治理论课的最终目的,只有坚持以人为本的教育理念,才能真正达到思想政治理论课教育的效果,学生才会从内心认同思想政治理论课,这样才能占据当代大学生的思想阵地。

我院思想政治理论课非常重视对学生认知能力的培养,通过几年的课堂实践探索,我院思想政治理论课逐步摒弃了传统的说教、灌输形式的教学方式。为在德育教育中达到知行合一的目的,尊重学生的主体性,发挥学生在课堂中鲜活的生命力,我院教师探索出了多种多样的形式,只有经过真正的思想观念的碰撞、真实情感的冲击,才可能解决学生思想深处的疑惑,才可能将理论知识内化为学生的道德观念，进而外化为道德行为。因此,我校思想政治理论教师努力改变传统的固定的教学模式,在教学内容、教学方式中充分考虑学生的能力、兴趣、需要等特点,使大学生在丰富多彩的思想政治理论课堂中感受到自己被关注,真正被看作一个大写的人,而不是单纯的受教者。

(二)用人性教育的理念展开思想政治理论课堂

高职院校学生具有独特的心理特征,学生的主体性、独立性日益增强,要想解决学生的所有思想问题,增强思想政治理论课堂的实效性,达到德育教育的目的,必须及时了解学生的学习生活状况,遵循其心理发展规律,将学习生活作为思想政治理论课的基本出发点。

1.走进学生心灵

入学之初,学院思想政治理论教师通过多种多样的形式了解大一学生的所思、所想、所感。比如,以问卷调查的形式了解学生对学院的印象、最喜欢的任课教师;课堂上给予学生充分的自由让学生畅开心扉,谈谈自己曾经人生路上的感悟;通过丰富多彩的课内实践了解他们的认知结构、思想水平、个性、兴趣及爱好;通过与学生逐一谈心,分析他们的三观状况。

2.将公平、正义、和谐作为思想政治理论课堂的价值取向

要增强思想政治理论课堂的实效性,必须本着公平、正义、和谐的原则开展教学。中共十八大提出,“公平正义作为社会主义本质的内在要求”。所以在课堂教学中也应该倡导师生间的公平正义,创造和谐的课堂氛围。当师生在具体问题上发生冲突时,教师应该如何处理才算将学生当成一个真正的人看待,如何调节利益冲突才算真正遵循“以人为本”的思想?俗话说,“亲其师,信其道”。只有教师真正以公平、正义、和谐的原则去提升学生,发展学生,将人看作一个大写的人,才能从根本上提高思想政治理论课堂的实效性。

3.以教师人格魅力感染学生

思想政治理论课最大的特点是具有很强的思想性,所以在课堂中要做到以理感人、以情感人,情理交融。所以,在思想政治理论课堂中,思想政治理论教师要将“友情”作为师生沟通的桥梁,改变自己原来权威知识传授者的角色,增加对学生情感方面的投入。课后,我院思政部成为师生交流的重要场所,在师生的不断交流中,学生不断调整自己的思想,逐步成长,这使思想政治理论课堂的实效性大大增强。教师时刻将自己作为学生的道德榜样,增强自己的人格魅力,在潜移默化中去影响学生、感染学生。

4.对学生的逆反心理顺势而导

大学生的体能和智能迅速提升,其思维和分析能力也迅速增强,思维方式向怀疑、批判转化,因而,大学生会出现或多或少的逆反心理。但由于经验缺乏,认知能力不足,他们容易受到

社会的负面影响，而他们又特别希望自己的想法被人接受和认同，所以思想政治理论教师万不可忽视学生的自我价值，否定他们的价值观，否则就会出现学生为保护自我价值而产生强大的逆反心理。我院思想政治理论教师积极关注学生的心理变化，对学生受到的社会不良思想的影响以及产生的偏激情绪，思想政治理论教师能够运用合理的手段正确引导，使之能够从内心、从态度上真正接受思想政治理论教师的观念，从而树立正确的世界观、人生观、价值观。

5.把握学生的个体差异，因材施教

大学生在生理、心理、社会经验、社会阅历、文化素养、道德水平等方面都存在着不同程度的差异，所以对于个性不同的学生，应灵活选用教学手段。我院思想政治理论教师因材施教，以人性教育为基础开展教学，比如，对于外向型、善于表达的学生，给予其充分表达自己的机会，课堂上多采用辩论式教学、学生讲课的模式；对于内向性格的学生，运用小组讨论的模式，鼓励其参与课堂，培养其表达能力和沟通能力。

6.与时俱进，开拓学生的创新意识

在这样一个知识经济迅速发展的新时代，新事物如雨后春笋般不断出现，这导致学生的价值观在瞬息万变的社会中受到不同程度的冲击。随着信息技术的发展，网络越来越成为学生获得各种知识和信息的重要渠道，并对学生的学习、生活乃至思想观念产生着广泛而深刻的影响。这些情况是思想政治理论教学中必须面对的客观事实，充分认识网络对学生思想教育的正负面影响，扬长避短，不回避新事物，抓住机遇，扩展学生的视野，开拓学生的创新意识，培养学生的创新才能和创新个性，把一些可能出现的负面影响降低到最低限度。与时俱进，更新观念，跟上时代，这是我们在新时期思想政治理论教学工作实践中形成的新的教学理念。

五、深化思想政治理论课的课程改革

当前，思想政治理论课课程改革面临着新形势、新任务和新要求。思想政治理论课在立德树人、提高人才培养质量中具有重大作用。我校思想政治理论课改革的目标是认真贯彻党的十八大的新要求、新成果，让马克思主义中国化最新理论成果进课堂、进头脑，始终把育人放在首位，并把思想政治理论课建设成为最受学生欢迎的课程。我院主要从以下几个方面进行思政理论课课程改革：

（一）加强思想政治理论课的责任意识

《关于进一步加强和改进大学生思想政治教育的意见》中明确要求，要充分发挥高校思想政治理论课在大学生思想政治教育中的主渠道、主阵地作用，帮助大学生树立正确的世界观、人生观、价值观。在该文件精神的引领下，我院已经建立起一支爱岗敬业、乐于奉献的教师队伍，大部分教师具有马克思主义理论和思想政治教育专业学科背景，其中不乏学识渊博、教学热情较高的骨干教师，这使思想政治理论课的教育教学能力有了大大的提高。总体上看，我院思想政治理论课教师队伍基本能够满足德育的需要，能适应新形势、新任务、新要求。同时，思政部教师对课程高度重视，能有效地组织思想政治理论课教学和科研工作，具有高度的责任感，但也存在着许多问题，比如，教学针对性、实效性不够强，未能唤起学生对该课程的高度重视等。所以，今后工作的重点是进一步加强对思想政治理论课的重视，增强责任意识，心无旁骛、认认真真地开设好思想政治理论课，以社会主义核心价值观为引导，坚定学生的马克思主义理想信念，引导学生树立正确的世界观、人生观和价值观，加强爱国主义教育,弘扬和培育民族精神,全面推进中国特色社会主义理论进教材、进课堂、进头脑,努力使学生成为合格的中国特色社会主义事业的建设者和接班人。

(二)贯彻"以德为本学做人"的思政教育方针

中共十七大提出,高校要"坚持育人为本,德育为先";中共十八大报告进一步指出"把立德树人作为教育的根本任务";中共十八届三中全会再次明确提出高校要"坚持立德树人,加强社会主义核心价值体系教育", 这些要求为我校课程改革指明了方向。

1."以德为本学做人",就是坚持以德为先

教育以树人为本,树人以立德为先。《左传》说:"太上有立德,其次有立功,其次有立言,虽久不废,此谓之不朽。"中华民族自古就是一个重视德育的民族, 在我们传统文化的指引下,我院不但重视对学生专业技能的训练,而且也重视对学生德行的培养,"立德"是"树人"的前提,正如古代教科书上所讲的,"大学之道,在明明德,在亲民,在止于至善"。

2."以德为本学做人",就是坚守育人之道

大学的基本功能是人才培养、科学研究、社会服务、文明传承创新。其中,人才培养是核心,我院始终将培养具有高尚道德的人才作为人才培养的终极目标,而思政理论课堂正是培养有德行的人才的主渠道和主阵地,这正符合中共十八大立德树人的根本精神。只有坚守育人之道,才能承载起大学的真正使命。

3.积极发挥思想政治理论课在"以德为本学做人"中的基础作用

"德"包括职业道德、家庭美德、社会公德、爱国、独立人格等传统内容,也包括时代内涵和时代精神,如对马克思主义的信仰,对中国特色社会主义理论体系的真正领悟,对社会主义

的坚定信念及共产党人的精神信念和政治品格，等等。“人”，不仅仅是指具有高尚道德情操与纯洁思想的人，更是中国特色社会主义的合格建设者和接班人。高校思想政治理论课起到了其他学科、其他课程所不能起到的基础作用，承担起培德和育人的艰巨任务，特别是以传播马克思主义理论和中国特色社会主义理论体系为内容的思想政治理论课担当着中流砥柱的基础作用。所以“以德为本学做人”既是思想政治理论课的政治责任，也是思想政治理论课的社会责任，还是一种荣誉和动力。

（三）努力推进思想政治理论课课程改革创新

增强思想政治理论课的实效性必须推进思想政治理论课课程的改革创新，这是一项复杂的系统工程，牵涉面很广，困难很多。我校在此方面进行了不懈探索。

1.处理好教材体系与教学体系的矛盾

按照教育部要求，高校思想政治理论课必须使用全国统编教材，教材权威经典，为德育课程的教学指明了方向，奠定了基础，但我校思想政治理论课并未因此而受限制。针对职业院校学生与本科院校的差异，学院在课程的教学内容、教学重点的选择上，确立了“政治理论够用、增长人文素质，贴近现实生活、关注社会热点”的基本课程定位，坚持以教材为依据，结合学校、教师和学生的实际，有效整合、科学设计教学内容，并将教材体系转化为教学体系，以提高教学的针对性和实效性，实践证明，我们确立的教学理念是一条行之有效的，符合我院高职学生实际情况的教学改革思路。

2.创新教学模式和教学方法

我院思想政治理论教师努力探索新颖的教学模式，传统的从头至尾讲到底的“一言堂”“满堂灌”的教学模式正向调动学生积极参与课堂的“多言堂”互动式教学新模式转变。此外，对教学方法的探索也取得了很好的成就,如理论讲授法、课堂讨论法、专题教学法等,其中专题教学已趋于成熟。思想政治理论教师按照教材内容的内在关系,对教学内容进行整合、提炼、充实,形成既相互联系又相对独立的专题,这样就可以根据学生的学习、思想实际确立选题,增强了教学针对性和课堂的吸引力、感染力。

3.将传统文化与思想政治理论课堂有机结合

中国传统文化是我国重要的精神财富,其中的精髓可以作为思想政治理论课宝贵的教学资源,所以新时期大学生思想政治理论课可以置身于中国传统文化这个大的文化背景之中,将思想政治理论课在内容上与传统文化有机地结合。这样,不但能促进大学生对传统文化的学习,丰富思想政治理论课教学的内容和文化内涵,加强和改进思政课教学,增强思政课教学的实效性和针对性,而且对继承和弘扬中华传统文化也能起到极大的促进作用。

(1)传统文化在思想政治理论课教学中的价值

中国传统文化在不同历史时期和发展阶段都有其重要价值,因而能在中国大地上传承五千多年而生生不息。将传统文化巧妙地融合到高校思想政治理论课课堂中,能更好地发挥德育的主阵地和主渠道作用,对思想政治理论课的建设有重要价值。

首先,能够提高思想政治理论课教学的实效性。高校思想政治理论课的目的是提高大学生的道德品质和政治素养,是帮助他们树立科学的世界观、人生观、价值观,形成健康完美的品格,把他们培养成为中国特色社会主义的接班人。纵观世界几千年历史,唯独我们中华民族有着深厚的文化传统和共同的精神家园,中国传统文化能够凝聚全民族的智慧和力量,正因为如此，中华民族才能久经磨难而生生不息。所以，中国传统文化的优秀内容可以成为对大学生进行思想道德教育的好素材，比如，《周易》里提到“天行健，君子以自强不息”，意思是君子应该有一种奋发向上、刚健有为的精神境界，这种精神对大学生砥砺品质、陶冶情操有极大的激励作用；为提高大学生自身修养，使其树立远大理想，可以将古圣先贤“修身、齐家、治国、平天下”的价值理念引入课堂；儒家“内圣外王”的理想人格，可帮助大学生认识到唯有严于律己，注重自身德行修养，才能以德服人，成就美好人生；儒家文化所倡导的人与人之间“互相关爱、以诚求诚”的精神，可以帮助大学生营造和谐的人生环境。这种以传统文化为中介来拓展思想政治理论课的教学内容的方式，不仅可以弥补大学生在传统文化方面的不足，还能提升思想政治教育的整体实力，从而提高教育的实效性。以此为出发点，我校思想政治理论课教师巧妙地将传统文化精神精髓引入思想政治理论课教学中并对其内涵给予现代诠释，给予学生深刻的启发。

其次，能够增强思想政治理论课教学的针对性。中国的传统文化博大精深、源远流长，几乎每类道德问题和社会问题都能在传统文化的引领下找到最完美的解决办法。“和”文化是中华传统文化的核心，“和” 文化在当今社会有着重要的价值体现，比如“和为贵”“和气生财”“和衷共济”等，当今大学生自我意识大大增强，但抗挫折能力差，在人际关系的处理上表现出更多的极端行为，针对这种现象，学院思想政治理论教师利用中国传统文化“和谐中庸”的思想，正面引导，帮助大学生树立和谐心态。

（2）实现传统文化与思想政治理论课教学的有机结合

为实现思想政治理论课与传统文化的有机融合，我院思政教师做了积极探索。利用课前10分钟，让学生准备能够体现中国传统文化，并能在道德养成与人格塑造方面对自我有积极影响的精辟句子，每节课由一到两位学生展示，其余学生将之记录下来。如果理解深刻，学生可以结合自身经历及生活实际对其阐述。通过这样的方式，使学生对中国传统文化重视起来，每学期每位学生都可以积累大量的关于中国传统文化的句子，并能深刻领会其内涵。在中国传统文化的熏陶下，思想政治理论课的教学效果大大增强。

思想政治理论课与中国传统文化的结合意义重大而深远，学校对此也大力支持，将传统文化教育内容纳入学校日常思想政治理论课课程建设之中。总之，实现思想政治理论课教学与传统文化的有机结合，不仅能增强思想政治理论课教学的针对性和实效性，而且还能对弘扬中华传统文化起到极大的促进作用。

六、通过集体备课来提升思想政治理论课的课堂教学效果

集体备课有利于提升教师素质、改进教学效果，所以要充分调动全体思想政治理论教师的热情，使其真正参与到集体备课中，从而发挥集体备课在思政教学中的实际作用。事实证明，建立切实可行的备课制度和激励机制是思想政治理论教师集体备课的重要保障。

（一）成立机构

我院思政部成立了专门的思政教研室，并有严格的制度管理，这是集体备课的组织前提。有了统一的组织管理，思想政治理论教师产生了强大的职业认同感，教师间的团队意识和合作精神不断增强。我院思政教研机构由院领导直接参与，这使思想政治理论教学的面貌焕然一新，思想政治理论教师队伍得到不断壮大。在相应的组织机构下，思想政治理论教师集体备课的分工合理明确，集体备课成效明显。

(二)确立制度

要提高集体备课的质量，必须有科学、规范的管理制度，否则会出现形式化和随意性，我院在征求全体思想政治理论教师的意见上，确立了科学而可行的思想政治理论课集体备课制度。内容包括固定的备课时间地点、集体备课进度、备课主题内容、指定备课主发言人、组织讨论记录信息等。特别是在主讲发言和集体讨论中，通过多种形式调动思想政治理论教师的积极性。众多教师集思广益，有利于开阔视野，提升理念。

(三)成果显著

思想政治理论教师在集体备课中注意总结，形成了多方面的成果，集体备课改进了思想政治理论课教学的效果，教师在集体备课中产生了优秀的教学思想和教学手段，并以教案、课件、备课札记的形式进行总结，这为思想政治理论课堂的建设积累了丰富而宝贵的素材。同时，集体备课也有利于科研能力的提升，在集体备课中涉及众多理论问题，对这些问题的争议拥有重要的学术价值，为教师科研提供了重要的选题。

七、加强教师队伍建设，提高思想政治理论课课堂教学的效果

我院按照政治强、业务精、师德好、素质高的要求，把握数量和质量两个重点，着力建设一支素质高、战斗力强的师资队伍。目前，按照思想政治理论课教师不低于 1∶350 的比例配备，我院的思想政治理论课教师队伍已粗具规模，形成了较为合理的教学团队。思政部现共有 12 名专职教师，1 名档案管理和资料员，包括副教授 1 人，高级讲师 1 人，讲师 3 人，助讲 7

人;6 人具有硕士学位,2 人正在攻读硕士学位, 形成了一支政治立场坚定、责任意识强、广受学生欢迎和爱戴的师资队伍。为更好地加强教师队伍建设,今后我们要进一步从以下几方面开展工作:

(一)加强听评课活动管理,提高思想政治理论教师教学水平

听评课活动是提高思想政治理论教师教学水平的重要途径,自我院思政部成立以来,就将听评课作为部门的一项常规活动,并将之纳入教师考核的范畴,近年来,我们总结了大量的听课评课经验,并制定了相应的规范制度,确保其有效执行。在听课评课中,各教师共同研究教材教法、相互检查教学工作、互相交流教学经验,这对提高思想政治理论教学质量具有不可估量的作用。

(二)教师帮带制度,促进青年思政教师的成长

为加强教师队伍建设,我院设立了教师帮带制度,中老年教师具有丰富的教学经验, 可以帮助青年教师更快地成长起来。但青年教师也具有他们自己的优势,他们善于接受新事物、善于改革创新,并且能够熟练运用现代化教学手段。所以,我院既提倡年轻教师向老教师学习宝贵的教学经验,也鼓励老教师与时俱进,多同年轻教师探讨教学方法的变革与教育理念的创新,这既能够促进思想政治理论教师的团队建设,也有利于教学改革的深化。

(三)开展丰富多彩的教学比赛

为提高思想政治理论教师的教学技能,激发其进行教学改革的动力,我院每年都要举行丰富多彩的教学比赛,如教学技能比赛、教学课件比赛、教案讲稿比赛等,通过实践来锻炼思想政治理论教师,提高其教学素质和综合素养。

（四）加强教师团队建设，促进教学改革

只有通过改革，才能吸引学生，给予学生足够的新鲜感，才能在课堂上激发学生的学习兴趣，才能提高思想政治理论课的实效性。但是，思想政治理论课改革靠个别教师势单力薄，因为思想政治理论课从教学计划的制订、教学资源的整合、教学成果的积累到课程的组织和实施都需全体教师协作完成，因而，加强团队建设是课程改革的重要保证，加强思想政治理论教师团队建设是促进教学改革、提高思想政治理论课堂教学效果的迫切需要，良好的教师团队有利于提高教师素质和教学水平。

当今社会是学习型社会，加强思想政治理论教师的团队建设需要注重教师自身的学习与提高。思想政治理论课最大的特点是将理论教学与实践相结合，教师必须紧跟时代脉搏，加深对现实社会的了解。通过学习不断更新教学素材，改进教学方式，教师才能在课堂上胸有成竹。总之，打造一支学习型的教师队伍对促进思想政治理论教学改革至关重要。

（五）建设高素质的思想政治理论教师队伍

高校思政教师只有具有高尚的道德情操、坚定的政治信仰、过人的业务素质，才能保证思想政治理论课的顺利实施。

1.加强师德修养

师德是教师素质的核心内容，也是教师职业的基本要求，高尚的道德情操对思想政治理论教师顺利开展思想政治理论教学具有重大的促进作用。教师要高度反省、多多锤炼与锻造自身的德行，做到为人师表、师德为先、身正为范，以自身德行塑造学生的人格特质与道德品质。特别是在当今社会多元价值观的影响下出现了诸多道德滑坡的现象，思想政治理论教师更要做好道德的倡导者和示范者，要严守自己的道德追求，勇于承担自己的道德责任，要以社会主义核心价值体系为引领，不断加强自我道德修养。

2.增强党性修养

要使高校思想政治理论课改革与建设取得成效，教师必须用马克思主义中国化最新理论成果武装自己。思想政治理论课是思想政治教育工作的主阵地、主渠道，只有广大思想政治理论课教师从思想深处认识政治理论课课程的重要性，端正态度，以更加严谨负责的教学风貌展开工作，才能切实推动思想政治理论课课程的改革与建设。我校非常重视思想政治理论教师的政治理论学习，在制度的保障下，每周都有特定的政治理论学习内容，并在周二例会上，针对学习的内容进行探讨和交流。另外我院思想政治理论教师还积极参加集团组织的矿处长培训学习，通过多种多样的学习渠道来提高其自身理论素养与业务水平。思想政治理论教师只有将马克思主义中国化的最新成果进头脑、进思想、进内心，才能拥有坚定的信仰和较高的理论水平，才能更加积极地建设思想政治理论课堂。

为提高思想政治理论教师的党性修养，还要进一步加强教师的社会实践能力。马克思主义最新理论成果不是抽象理论，而是与当代中国特色社会主义建设事业密切相连的具体理论。所以，广大思想政治理论教师要走出课堂，走进社会，走进生活，以真实的案例、可靠的数据，让学生接受最现实、最深刻的思想政治教育。

八、以课内实践来提高思想政治理论课的实效性

课内实践以“充分发挥学生主体性”为根本原则，基于所学理论知识，通过各种形式激发学生自主探索、自主思考、自我设疑，从而使学生的整体素质得到全面发展。

课内实践可将所学理论深化，并以一种特殊的形式将理论知识呈现出来。作为思政理论课的重要组成部分，有效的课内实践对提高高校思想政治理论课的实效性有着极其重要的作用。课内实践可以将所学理论知识活化，学生通过专题研讨、案例分析、辩论赛、师生角色互换、观看教育片、演讲等形式将自己真正融入课堂中。课内实践充分发挥了学生的主体作用，增强了师生间的沟通、交流，让学习从被动变为主动，使高职院校学生真正接受、喜欢、信服思想政治理论课堂。

（一）思政理论课课内实践的必要性及意义

当代大学生喜欢参与、体验、自我展示，更喜欢丰富多彩的课堂。单纯的理论教学会使学生感到很枯燥、很抽象，而课内实践课堂与单向性的传统教学模式不同，它将学生真正地作为教学的主体，学生从被动听课变为主动思考、主动探究，更加积极地参与教学过程，课堂的灵活性及生动性会增强对学生的吸引力。

1.有效的课内实践可以增强学生对思想政治理论课的兴趣

丰富多彩的课内实践可以从另一个独特的视角加深学生对理论知识的理解和掌握，以弥补教师理论讲授的不足，从而使学生更加深刻地领会马克思主义理论知识的精神实质。

2.课内实践有利于拉近社会与课堂的距离

课内实践课可以作为社会的展示台，它将社会通过文字、视频、情景模拟的形式引进课堂，展示在课堂，同时可以把课堂讨论的疑难问题带到社会中寻求答案，然后重新带回课堂。学生更能深刻地意识到社会不再是和自己毫无关系的，而是和自己的真实生活紧密相连的。这样，课堂和社会的距离被拉近，学生和社会的距离也被拉近了，社会和理论紧密结合，理论融入社会，学生更能理解社会、理解国家的大政方针，将来走出社会后，更能以正确的心态积极地面对社会。

3.课内实践有利于弥补课外实践活动及课堂理论教学的不足

课外实践需要经费的保障，也受到时间和空间的限制，不可能让全体学生都参与其中。相反，课内实践可以节约大量教育资源，节省人力、物力、财力，并且具有较高的可操作性，学校基本的硬件设施基本能够满足课内实践的需求，只要有思想政治理论课就可开展课内实践。课内实践适合全体学生广泛参与，还能杜绝安全事故发生。这样，就不需要高花费，也能让学生体会到课外实践的效果，更重要的是能改变理论教学沉闷、死板的现状，让学生学习更主动，并愿意投入更多的热情主动参与到课堂活动中。所以，在我院条件有限的情况下，探索有效的课内教学实践模式具有极其重要的意义。

（二）思政部教师的课内实践成果

我院思想政治理论教师对课内实践的探索趋于成熟。其特色是以科学实践观为引领，形成了“寓实践环节于课堂”的教学模式，包括案例分析、上台讲课、专题研讨、课堂辩论、课前表演等。这样的课内实践模式取得了很好的教学效果，让学生在课堂上更加活跃、更加积极主动，展现出了课内实践强大的生命力。

1.生活感悟或时事评议

基础课以生活感悟的形式，概论课以时事评议的方式进行。利用课前10分钟，各小组以近期所关注的重大新闻和社会热点以及生活中的深刻感悟、所见所闻为选题范围，提炼出大多数学生所关注的话题，各小组课下搜集资料，分工合作完成，各小组在充分讨论后，本着求同存异的原则，形成生活感悟和时事评议。这样的课内实践能够给予学生充分展示自己的舞台，同时，思政教师还能够引导学生理性地看待社会问题，对学生树立正确的世界观、人生观、价值观有很大的促进作用。

2.专题研讨

思想政治理论课每章节内容结束后，教师会根据教学内容设置一些专题供学生研讨。教师提前布置任务，课后分小组进行讨论，经小组讨论达成共识后，写成发言稿。课堂上，各小组围绕研讨题目发表自己的观点，对有争议的内容可以展开讨论，畅所欲言。这种实践方式锻炼了学生的思维和表达能力，也便于教师了解学生的思想动态，同时也可以激发学生探求知识的内在动力，增强其自主学习的能力。

3.课堂辩论

根据课程内容，结合现实社会的真实情况，教师选取具有争议的话题进行辩论，如在基础课关于社会公德一章中，设置了这样的辩题，“当今社会，老人跌倒到底该不该扶”；在概论课“建设有中国特色社会主义传统文化”这一章中，以“中国传统文化博大精深，完全继承？中国传统文化拥有糟粕，应完全摒弃？”为主题展开辩论。这种课内实践有利于调动学生的思维潜能，提高学生参与课堂的积极性，增强其表达能力。

4.案例评析

教师选取具有典型性、时效性，能够贴近学生生活实际，并且与理论授课内容紧密相关的案例，精心设计问题组织学生讨论，设计的问题要有一定的深度，并能引起学生的积极思考和热烈讨论。在我院思想政治理论教师及院领导的共同努力下，我们成功地出版了《案例精编》一书，成为我们教学的主要参考资料。学生分成若干小组，每小组推选出代表进行发言，各小组之间可以互相交流观点，最后由教师引导和总结。以案例教学开展的课内实践，其目的在于激发学生的学习兴趣，调动学生的积极思维，运用理论知识提高其解决实际问题的能力。

5.走进历史

将历史上的今天与现实的今天进行对比,并对下个世纪的今天进行展望。以这样的方式进行课内实践,就可让学生清楚地了解到今天的进步是多么来之不易,需要多少人的付出和牺牲,才能达到目前的水平。教师让学生利用多媒体查询历史上的今天发生了什么最有历史影响的事情,百年后的今天和那时又有什么区别,有什么联系,并思考我们今天所做的一切对百年后的今天有什么影响。这样通过很少的时间就可以让学生回首过去,了解历史,发挥想象,展望未来,有利于培养学生的历史责任感和社会责任感。在每年具有纪念意义的节日来临之际,比如,雷锋纪念日、毛泽东诞辰纪念日、辛亥革命纪念日等,教师会根据教学内容,结合学生实际,选取具有代表性的教育类影片,学生边观看边思考,之后,再写一篇观后感,这种课内实践方式很受学生欢迎。

以上课内实践教学模式有效地践行了思想政治理论课“贴近社会、贴近实际、贴近学生”的原则,学生既掌握了基本理论知识,又提高了相应的综合素质。学生根据自己的视角观察社会,大大激发了其关注社会、关注国家、关爱自己的使命感和责任感,更重要的是通过小组合作培养了学生的团队精神。通过课内实践,思想政治理论课的“到课率”大大提高,可见,课内实践有利于思想政治理论课教学魅力的提升。在师生座谈会中,有的同学说,喜欢思想政治理论课最主要的原因是形式多样的课内实践教学模式把他们松散的心带动了起来,让他们体验到学习的快乐,让他们时刻对思想政治理论课充满期待。

(三)建立长效机制保证课内实践教学效果

生动活泼的思想政治理论课课内实践教学方式受到了广大师生的欢迎,要保证实效性的充分发挥,必须拥有健全的机制，这样才能保障思想政治理论课课内实践活动的顺利进行。为了确保教学的规范性和有效性，结合学校实际，我校建立健全了思想政治理论课课内实践教学运行和保障机制。

1.组织实施规范化

思想政治理论课课内实践教学和理论教学都是思想政治理论课教学体系的重要组成部分，要把它们放在同等的地位看待，二者是辩证统一的关系，不可分离，必须有机地结合在一起。因而，我院高度重视思想政治理论课课内实践教学。思想政治理论课课内实践教学的顺利进行，涉及政策措施、教学安排、经费保障等诸多问题，必须具有一整套畅通的保障机制，并需要各方面的共同努力与配合。为此我院在全体部门的通力协作下，由思政部组织和领导，已建立起一套规范的管理体制，制定了规范性的思想政治理论课课内实践教学管理制度，包括课内实践教学大纲和指导书的编制标准、经费保障制度、课内实践的组织与管理、后勤保障制度等。另外，确保思想政治理论课每一个基本环节的教和学都有明确规定和具体的操作要求，不但可以避免课内实践教学环节在组织安排上的随意性，使课内实践教学更加明确、具体、系统、规范，又可以从多方位、多角度去监控课内实践教学的实施，保障思想政治理论课课内实践的顺利进行。

2.课内实践活动项目化

在学期开始之初，思想政治理论教师为克服课内实践教学的随意性，根据课内实践活动项目和理论教学内容协调一致的原则对实践课进行周密计划和安排。每学期教师将实践的活动项目告诉学生，让学生在知识上、思想上、技能上预先做好准备，明确实践内容，这样就能够做到有的放矢、有备而来，从而增强课内实践教学的针对性。最后，预先设计课内实践活动方案及具体操作流程，课后搜集学生的反馈意见，对方案进行修订，在反复的检验论证之后，将活动的方案固定下来，形成固定的模式或机制。

总之，我院思想政治理论教师成功地探索出了一套思想政治理论课实践教学模式，不仅增强了学生的情感体验和思想政治理论课课堂的趣味性，还有利于学生开展自我教育。通过建立健全思想政治理论课课内实践教学效果的长效机制，做到有"法"可依，进而从各方面推动思想政治理论课课内实践教学的开展，以提高其实效性。

九、合理使用现代教学媒体

随着信息时代的到来，多媒体早已成为大学课堂的重要教学手段之一，我院也拥有完善的多媒体教学设施，教师为了能够熟练地运用现代化多媒体，也纷纷在各方面提高自己的综合素质，比如，提高自身计算机运用的能力、搜集处理信息的能力、课程开发整合能力、信息技术与学科教学有机结合能力等。经过几年的探索，在不断总结和积累经验的基础上，我院教师基本上能够运用新型的教学媒体，能科学合理地发挥现代教学媒体在高校思想政治理论课中的积极作用。

（一）多媒体教学要正确处理好教学内容和教学形式的关系

教师运用现代教学媒体，可以将课本知识通过光、声、色和动画等，以视频、音频的形式表现出来，这样就可以调动学生的视觉和听觉，将枯燥、抽象的理论性知识化为显性、形象的直观感受，从而大大提高学生的学习兴趣，提高教学效率。不可否认，现代多媒体教学具有传统教学无法比拟的功能和优点，但是高校思想政治理论课具有很强的思辨性，而且理论性强；课堂教学的重要目的是启发引导学生的积极思维，并且注重问题意识和思维方式的培养；单纯的多媒体课件演示只是将预先设计好的教学内容展示出来，在此过程中学生变成了被动的接受者，甚至因来不及做笔记而未能对知识进行吸收，这就忽视了学生思维的培养。所以，在高校思想政治理论课中，要恰当运用现代教学多媒体，要根据教学内容和教学目标来合理运用，切不可单纯追求对学生的感官刺激而忽视教学内容的传递和教学艺术的运用，这样只会适得其反，严重影响课堂教学效果。

所以说，思想政治理论教师在课件的制作上，一定要正确处理好教学内容和教学形式的关系，不但文字表述要准确、精练，内容要注意重难点突出，而且要严格按照教学目标来制作和设计课件，避免重形式而轻内容。内容和形式的完美统一，是我们运用多媒体教学的最终目标。不论是课件的制作，还是教学多媒体的选择和运用，都不能为了激发学生的兴趣而脱离教学内容去搞形式主义。只有在课件的设计中将内容与形式有机地结合起来，才能充分利用现代教学媒体将抽象、思辨的教学内容直观、灵活地展示出来，以达到提高大学生的思想政治理论素养和思想道德修养的目的。

为此，我院教师在课件的设计上非常注重内容与形式的高度统一。设计课件时严格按照教学原则，遵循学生的认知规律，根据思想政治理论课的教学目标、教学内容以及学生的认知能力，科学合理地开发课程、设计课件，突出教学目标和教学内容，制作出能够吸引学生并能增强思想政治理论课效果的高质量课件，使课件能够真正为教学内容服务。

（二）运用多媒体教学应该注重师生间的情感交流

在运用多媒体进行思想政治理论教学中，经常会出现这样的现象，教师忽视学生表情反映，仅仅是盯着电脑屏幕传道、授业、解惑，在不了解学生接受程度的情况下，教师成了课件的放映员和解说员，而学生则是在被动地接受知识，没有学生提问，没有课堂互动，师生缺乏真实的情感交流，对老师则是只闻其声，“不见”其人。而大学应该培养的是知识丰富、思维活跃的人，因此这和我们的培养目标是相违背的。所以，在现代教学媒体的思想政治理论课的课堂运用过程中，教师不应过分依赖于课件，应该走下讲台，与学生进行近距离交流和沟通，启迪思维，鼓励学生积极参与课堂，并根据课堂中的不同状况来调整教学思路和策略。教师可利用多媒体设置问题情景，引导学生分析和质疑，逐步培养学生的分析和解决问题的能力。此外，我院思想政治理论教师还巧妙地将现代多媒体教学与传统教学相结合，将多媒体课件的展示与传统板书相结合，共同提升思想政治理论课堂的教学质量。在多媒体教学的实践中，思想政治理论教师充分认识到，多媒体仅仅是教学的辅助手段，它不应该代替教师而成为课堂的主导，在思想政治理论课堂上运用多媒体时，更应注重师生间的互动和情感交流，充分发挥多媒体在思想政治理论课堂中的积极作用。

十、以科学、有效的考核评价来促进思政理论课建设

思想政治理论课不是单纯的技术和技能培养，而是要实施对人的真正教育，是要帮学生树立正确的人生观、价值观和世界观。所以其课堂教学的考核方式和考核方法应该以人为本、贴近实际、贴近生活、贴近学生，坚持解决思想问题与解决实际问题相结合、教育与自我教育相结合的原则。

（一）思想政治理论课具有特殊性

思想政治理论课的教育目标是提高学生的政治素质和德行修养。提高学生的思想政治素质是指帮学生将外化的理论知识内化为道德认知、道德情感，并转变成自觉的道德行为。

1.思想政治理论课具有较强的政治性和思想性

对学生道德素质和政治素质的考核不仅要体现在知识方面，更重要的是体现在行为、实践层面。思想政治理论课课堂教学不仅要让学生掌握和理解知识，形成正确认知，更应时刻关注学生的思想动态和实践行为，及时解决他们遇到的人生困惑和现实问题，了解学生是否树立了正确的世界观、人生观和价值观，是否将内化的理论知识转化为外在的实践行为。因而，要使学生真正对思想政治理论课有发自内心的理论和感情认同，并将其转化为坚定的信念和自觉的行动，必须有别于其他专业课程，对学习效果和教学效果有独特而有效的评价方式。

2.思想政治理论课具有典型的发展性

学生的思想道德素养和政治素养的提高是一个不断发展的过程，所以在思想政治教育过程中要着眼于学生长期的发展。在教学评价中对学生既要通过卷面考试考核学生对课堂内容的理解和记忆，又要考核学生在实践中运用理论知识分析问题和解决问题的能力，更重要的是要密切关注学生的思想状况，用发展的眼光看问题，通过观察、谈心、德育活动、课外实践等方式深入学生，并有所记录，以学生的全面发展为目标，将学生看作一个发展着的个体来评价，不能局限于学生的卷面成绩和一时的表现，教学评价要着眼于学生的发展，根据学生在不同时期的表现，进行综合评价。

(二)进行科学而有效的课程考核的重要性

1.有利于促进大学生的全面发展

随着“以人为本”教学理念的不断深入以及当今社会人本观念的深入人心，人们更加关注自我的发展，科学的课程考核为大学生自我评价提供了重要途径，使大学生更加明确自己的发展方向，更加了解自己的不足与优势。

2.有利于提高思想政治理论课课堂教学的实效性

对思想政治理论课课堂教学进行有效的考核评价，实质上是对思想政治理论课课堂教学环节、教学内容及教学手段的检测，这有利于及时对教学的实施计划进行调解，有利于总结经验，从而更大程度地提高思想政治理论课堂的实效性。

（三）思想政治理论课的评价

要全面、客观地反映大学生的思想政治素质和道德品质，必须根据思想政治理论课的独特性进行有效的教学评价，力求真实地反映大学生对所学知识的理解掌握情况及其思想动态、实践行为。

1.教学评价应突出思想性、政治性

在对学生的学习效果评价中，要突破传统的卷面百分制评价方式，仅通过卷面成绩来考核学生的思想政治理论课学习效果的单一片面的考核方式会在很大程度上打击学生学习该课程的兴趣，让思想政治理论课变得形式化。所以在实践中可以将卷面成绩和平时考核按一定的比例分配，特别是对于我们职业院校来说，缩减对理论知识的考核，加大对学生思想状况、实践行为的考核，更能激发学生对该课程的认同。卷面理论知识考核中，可以灵活采用多种多样的题型，减少单纯考查学生对知识的记忆的题型，多用材料分析、论述题等更有力于考核学生的思想认知水平的题型；平时成绩可以通过考察学习态度、出勤、课堂纪律、课内实践的积极表现、课堂发言、课外活动的参与度、道德行为等，考核学生是否能将道德认知转化为道德情感、道德行为，还可以进行考试创新，如采用写小论文、写心得体会、作演讲等多种考核方式。在对教师教学效果的评价中，不仅应将教学手段、教学内容、对难点重点的处理等作为评价内容，更应将思想教育效果作为单独的指标来使用，如可以将每学期的学生评教结果作为对教师考核评价的指标，因为要真正达到思想政治理论课思想政治教育的目的，教师必然对学生有极强的感染力和亲和力，将每学期学生的评教结果作为教师的考核指标，能更有力地推动教师对课程思想性和政治性的重视。

2.教学评价应更注重过程

对思想政治理论课的考核与评价应关注学生在每一环节、每一阶段的政治素养和道德素质是否有了进步和提高。大一正是学生三观形成的关键时期，他们此时面临着人生的诸多实际问题，比如个体的成长与发展、对大学生活的适应、交友与恋爱、思想与专业成长等，学生特别希望能得到老师的指导与帮助。所以思想政治理论课应给予学生足够的成长、发展的时间，可以建立家校联系簿，向家长咨询学生过去思想、行为方面的表现，结合在校的表现，定期与家长联系和交流，然后定性地评价学生的思想道德行为。我院思想政治理论课的教学评价设计非常注重从提高学生思想道德素质的过程出发，将学生思想的变化看作一个动态的过程，从发展的角度对学生进行长期评价。

总之，由于思想政治理论课具有特殊性，这就决定了其教学评价必须有别于其他课程，只有有效的教学评价才能在真正意义上提高学生的思想政治素质和道德素养。

十一、学院思想政治理论课课堂建设的特色

（一）注重企业文化教育和职业道德教育

我校德育工作最大的亮点是将企业文化和企业的核心价值理念引入思政理论课堂，以此来充实课堂教学内容，比如，引入感恩、善良、节俭三种美德以及诚信、实干、学习三种品德等，有利于学生深刻理解企业文化的精髓，在企业文化的熏陶下，

更能增强学生的道德信念，推动其化为外在的道德行为，为学生个体职业生涯的发展奠定基础。如在“毛泽东思想和中国特色社会主义理论体系概论”课的教学中联系我们企业当前的经济发展形势有的放矢地讲解；在“思想道德修养与法律基础”的课内实践教学中，结合企业的用人需求，突出对学生价值观、人生观、道德观的培养。所有这些都以学生未来的职业责任、职业道德为核心，旨在培养学生阳光的心态、理性的思辨能力、不屈不挠的奋斗精神，从而促进学生的全面发展，达到立德树人的目的。

我院是一所校企结合的高职院校，其办学宗旨是为企业培养应用型、实用型的人才。所以我校的思想政治理论课课堂教学非常重视其“职业性”，帮助学生树立明确的职业目标,让学生意识到职业素养和职业道德的重要性。对于高职学生而言，职业道德水准的高低不仅决定着他们能否被用人单位录用，也影响到他们能否在职业生涯中实现可持续发展。所以，我校思政理论课特别重视对学生的职业道德教育，力求树立他们爱岗敬业的理念，教育他们热爱将要从事的职业，在理论上提升他们自身的职业道德素质，使学生真正成为受企业欢迎的德才兼备的高素质人才。为此，在思想政治课中我院将企业业务能手请进课堂进行专题讲座以丰富思政课堂，这样，学生对于未来的职业就拥有了初步了解，拉近了大学生与职场的距离。在思想政治理论课上还将企业模范树立为榜样，以此来引导学生思考如何提高自身素质来适应未来岗位的要求。

另外，由于我院的顶岗时间较长，所以开创性地将学生的实习基地作为隐性的思想政治理论课堂，充分利用实习时间传授思想政治理论课教学内容，以强化学生的职业意识，推动学生养成职业操守，磨炼职业意志，从而提高其职业素质。

(二)积极开展小班教学

随着我院的师生比例趋于合理以及教学设施的不断完善，学校积极组织开展小班教学，近几年，我院95%的班级采用了小班教学模式，于是在教学过程中，教师就能够很方便地关注到学生的需求，可以积极与学生进行交流并且进行指导、监控和激励，从而有利于提高思想政治理论课的教学效果。思想政治理论课“小班化”教学具有以下优越性：

1.有利于学生个性化发展及师生关系的改善

利用小班教学，思想政治理论教师能够更方便地了解到每个学生的学习需求及个性，教师可以利用更多的时间和多种多样的教学方法来针对每个学生的个体差异开展教学。在这样的课堂中，师生间、生生间拥有更充分的交流互动空间，能够展开更为激烈的探讨与交流，学生在思维的相互碰撞中，在交流与思考的热烈氛围中获得了自由表达自己思想的机会，他们相互交流、相互欣赏、相互竞争，在这样的环境中，学生个性得到了充足的发挥。此外，在小班教学中，师生可以展开更频繁的交流与探讨，这样就可以增进师生感情，改善师生间的关系，从而形成和谐互动的教学局面。

2.能够为学生创造更好的学习环境

我校属于职业院校，与其他本科院校相比，学生的生活学习习惯较差，所以必须高度重视学习环境的营造。利用小班教学，教师可以给予学生更多的期望与关注，师生在心理上产生共鸣，从而约束学生的行为，激励学生在课堂上积极地表现自我，增进师生间的教学互动。另外，思想政治理论教师不需要花费太多的精力进行课堂管理，对学生纪律的维持、出勤的考核、学生学习状态的调节等都变得极其容易，这样，课堂活动就能在更好的班级氛围中开展，使得学生能将更多的时间用于学习，更加专注于他们所参与的教学活动，从而为思政课堂创造更为优良的教学环境。

我校一部分专业实现了小班教学，而在人数多的班级中，思想政治理论教师也将小班制的教学理念引入其中，形成了一种特殊的教学模式，我们称之为小组学习法。教师将大班分成若干小组，每个小组控制在10人以内，学生以小组为单位，根据自己的个性及特长参加不同的教学环节，可以提出疑问、讨论发言、相互评价、作记录等，每个小组成员都能积极参与到课堂中，并在各小组中发挥自己的最大价值。其特点如下：第一，自主学习。学生质疑，主动提出问题并积极参与小组或全班讨论。第二，自我评价。引导学生展开积极的互评互学，学生在评价别人是否正确时，也能够找出自己的不足和缺点。第三，教师指导。引导学生预习、复习、检查作业、课堂小结，并引导学生制订学习计划和安排学习时间。这样，各小组之间还会形成一种潜在的竞争意识，能激发小组成员最好的学习状态，从而增强思想政治理论课的教学效果。

（三）通过网络延伸思想政治理论课课堂教学

网络对当代大学生的影响是不可估量的，网络越来越深刻地影响着大学生的思维方式、价值观及学习生活方式，大学生通过网络接触社会、塑造自我、获取信息。我院思想政治理论教师充分借助网络环境来增强思想政治理论课的趣味性和感染力。

学院的校园网站建立了独立的师生交流平台，思想政治理论教师上传课件、视频、案例、图片及最具启发意义的哲理性文章，让学生有所感悟，更重要的是教师利用QQ、微信、E-mail等网络载体与学生沟通交流，使其敞开心扉。教师不断进行答疑、交流、讨论，以便及时了解学生的思想动态，也可改进和创新师生模式。我院每届学生都拥有以思想政治理论信息员为首的

QQ 交流群，并且每班都建立了临时的 QQ 群，建立起一个虚拟的大家庭，也可以称为一个虚拟的大课堂，学生将课堂讨论的话题延伸到课外共同讨论，通过这种方式，很多课堂任务可以不受时间和地点的约束而完成。通过这样的网络平台，师生间、学生间的交流变得更容易，这有利于提高教学效率，增强班级凝聚力。这样，思想政治理论课就能够“寓教于乐，寓教于情”，使枯燥的理论课变成让学生动情的生动课堂。

十二、以研促教，提升思想政治理论课教学水平

思想政治理论课的设置是中国特色社会主义大学本质要求的体现。从一定程度上讲，它的科学性具有十分重要的意义，思想政治理论课是科学性与政治性的统一。所以，要积极开展马克思主义理论体系研究，开展马克思主义发展史及马克思主义中国化研究，开展中国近现代史研究，开展思想政治教育研究。为了全面提升我院思想政治理论课教师的教学科研能力，我们制定了“以教学带科研，以科研促教学”的工作思路，通过将教学改革与理论创新研究有机结合的方式，达到既提高教学水平，又提升理论素养和学术水平的目的。努力引导教师积极参与教学改革，并将教改经验不断总结、提炼，将其系统化、科学化，使其上升为理论，同时理论反过来进一步地指导教学实践，从而促进教学质量的持续提升。

（一）健全教研机构

2010 年 4 月份，我院成立了思想政治理论课教学科研二级机构。思想政治理论课教学研究工作部的成立，更加有力地推动了我院的思想政治理论课建设工作。该机构在人员、硬件配备、经费等方面都享有与学校其他教学科研机构同等的地位和待遇。此外，我院还将思想政治理论课教学科研组织负责人的培养培训工作纳入学校干部队伍建设总体规划,根据思想政治理论课教学科研的性质、特点,真正选拔政治强、作风正、业务精、懂管理并具备马克思主义理论专业背景的学术带头人和骨干教师,作为思想政治理论课教学科研组织的负责人。每学期必须至少进行 2 次集体备课,开展 3 项以上的研究专题,进行 2 次以上的教学经验交流, 开展 3 次以上的听课评课反馈活动。此外,为加强我校思想政治理论课建设,为了为培养思想政治教育工作队伍提供有力的学科支撑, 在科研经费的投入上,学校适当倾斜于思想政治理论课的科研。

(二)科研成果喜人

在全院思想政治理论教师的共同努力下,我校走出了一条科研兴教之路,德育研究的成果显著。近两年,成功地申报了两项山西省教育厅的教学改革思政专项课题,其中“高职高专思想政治理论课实践教学研究”已经顺利结题。另外,还顺利完成中国煤炭协会“高职思想政治理论课的教学改革研究”课题并获得山西省教育厅 2012 年度教学科研成果二等奖的好成绩。还有 11 篇德育论文获得国家和省部级奖项,29 篇德育论文在国家和省、市级刊物得到发表,还有《马克思主义思想道德理论与实践研究》《思想政治理论课教学案例评析》两本书得到出版发行,这些都成为我院在思想政治理论课建设方面的重要教学成果。

以上各方面是我院思想政治理论教师在思想政治理论课课堂建设实践中的经验总结, 其中难免有不妥和不足之处,在今后的教学中,我们会再接再厉,不断改革,争创一流的思想政治理论课课堂,共同促进我院的德育工作。

第六章　德育工作的重要渠道和阵地

——形势与政策教育教学工作

强化“形势与政策”教育是高等学校强化学生思想政治素养的重要途径。其坚持以马列主义、毛泽东思想、邓小平理论和“三个代表”重要思想为指导，牢固树立和认真落实科学发展观，紧密结合全面建设小康社会的实际，针对学生关注的热点问题，帮助学生认清国内外形势，教育和引导学生全面准确地理解党的路线、方针和政策，坚定在中国共产党领导下走中国特色社会主义道路的信心和决心。

一、形势与政策教育的管理制度

“形势与政策”课是高校思想政治理论课的重要组成部分，是对学生进行形势与政策教育的主渠道、主阵地，是学生在校期间的必修课程，在大学生思想政治教育中担负着重要使命，具有不可替代的重要作用。

学院思政部有形势与政策教研室集体备课制度，对形势与政策课的备课、专题分工、任务分解进行规范与指导，保障落实与贯彻该课程的教育教学任务。每学期，学院的领导都会为学生做形势与政策报告，增强沟通，注重成效。

在“形势与政策”课程的教学组织以及考核评价过程中，学院注重细节和过程管理。

（一）教学组织

课程安排采取教务处统一安排与思政部具体安排相结合的形式。教务处负责把课程按照每周一堂课的要求安排到日常课程中，思政部负责选派老师保证正常教学工作，学院党委还要根据时事政策以及上级的要求和安排，随时组织安排第二节课后的统一讲座。在寒暑假以及重大节庆日，围绕热点、典型事件，统一组织、安排学生进行调研实践和相关活动。另外在大型讲座的组织过程中，建立了助教制度、教师签到制度、学生班长和思想政治信息员负责考勤的现场签字制度、过程评教制度等，培养了师资队伍，保证了学生的全员、全过程参与，做到了上课有记录、备课有教案、评价有依据的日常管理体系。形成了日常教学与课后教学相结合、请进来与走出去相结合、理论与实践相结合的动态运行机制，确保了形势与政策课的教学效果。

（二）考核评价

采用开卷考试、闭卷考试、写体会或者小论文、面试答辩等灵活多样的形式进行考核；考核成绩评定实行学期考核制，每学期考核一次，最终成绩为各学期考核的平均成绩，并在学生毕业前将其计入教务处学生成绩册；考核成绩采取百分制，由平时成绩和学期结业考试综合计算生成。平时成绩占40%，由任课教师根据学生的出勤情况、完成作业情况、课堂讨论及社会实践等情况综合评定，学期结业考核占60%，采取全校统一的考试形式进行。成绩不合格者，在下学期参加由思政部组织的统一补考。成绩合格者，方可毕业。

二、形势与政策教育的课程设置

学院把“形势与政策”课作为必修课纳入教学计划，并且作为我院的重点课程进行建设。目前，每学期均开设有“形势与政策”课，教学课时完全按照国家要求上够上足，确保课程质量。

按照《中共中央宣传部教育部关于进一步加强高等学校学生“形势与政策”教育的通知》（教社政〔2004〕3号）和《〈中共中央宣传部教育部关于进一步加强和改进高等学校思想政治理论课的意见〉实施方案》（教社科〔2005〕9号）要求，严格执行学分和学时制度，即：学生在校期间按平均每学期16周、每周1学时计算，学生在校期间的学习总计学时数应达到64~96学时（本校专业学制分两年制和三年制）。

三、形势与政策教育课程的落实与开展

当前和今后一个时期，形势与政策课要根据新世纪新阶段面临的新情况新问题，加强教学的针对性，要着重进行党的基本理论、基本路线、基本纲领和基本经验教育；进行我国改革开放和社会主义现代化建设的形势、任务和发展成就教育；进行党和国家重大方针政策、重大活动和重大改革措施教育；进行当前国际形势与国际关系的状况及发展趋势、我国的对外政策、世界重大事件及我国政府的原则立场教育；进行马克思主义形势观、政策观教育。

（一）深入学习实践中国特色社会主义的基本理论

科学发展观，是同马克思列宁主义、毛泽东思想和“三个代表”重要思想既一脉相承又与时俱进的科学理论，是我国经济社会发展的重要指导方针，是发展中国特色社会主义必须坚持和贯彻的重大战略思想。当前，全党正在深入开展学习实践科学发展观活动。高校要按照中央的总体部署，结合师生思想实际，广泛开展深入学习实践科学发展观活动。学习实践活动，必须贯穿于三个方面的学习教育：一是要认真组织学习贯彻党的十八届三中全会精神，引导学生深刻理解改革开放以来的伟大历程、辉煌成就和宝贵经验，深刻理解党的十八届三中全会的重大意义和历史功绩，不断增强继续奋勇、推进改革开放的信心和决心。二是要认真学习贯彻党的十八大精神，认真学习领会毛泽东、邓小平、江泽民、胡锦涛同志关于科学发展的重要思想和党的十七大以来我们党关于科学发展的一系列重要观点，坚持不懈地用中国特色社会主义理论体系武装学生，不断增强贯彻落实科学发展观的自觉性和坚定性。三是要广泛开展社会主义核心价值体系教育，着重讲清楚“六个为什么”：为什么必须坚持马克思主义在意识形态领域的指导地位；为什么只有社会主义才能救中国，只有中国特色社会主义才能发展中国；为什么必须坚持人民代表大会制度；为什么必须坚持中国共产党领导的多党合作和政治协商制度；为什么必须坚持以公有制为主体、多种所有制经济共同发展的基本经济制度；为什么必须坚持改革开放不动摇。讲清这些问题，是当前社会主义核心价值体系建设的关键，也是增强社会主义意识形态吸引力和凝聚力的关键。

(二)广泛开展主题宣传教育活动

学院以重要纪念活动为契机，紧扣大力弘扬以爱国主义为核心的民族精神和以改革创新为核心的时代精神这一要求，集中组织形式多样、特色鲜明的主题宣传教育活动，在大学生中广泛开展理想信念教育、爱国主义教育、革命传统教育、国情教育、改革开放教育、和平发展教育。一是通过回顾党领导人民的奋斗史、创业史、改革开放史，展示新中国成立以来特别是改革开放以来取得的举世瞩目的巨大成就，展示我国政治稳定、经济发展、文化繁荣、民族团结、社会进步和国际地位日益提高的大好形势，展现中华民族实现伟大复兴的美好前景，引导广大学生增强民族自尊心、自信心和自豪感，自觉把强烈的爱国之情和报国之志转化为强国之行。二是大力宣传党和国家的民族政策和有关法律法规，宣传党和国家对民族地区经济社会发展和少数民族生产生活的关怀，引导学生树立各民族共同团结奋斗、共同繁荣发展的观念，坚决维护民族团结、祖国统一。三是大力弘扬爱国、进步、民主、科学的五四精神，引导学生认识到时代赋予他们的崇高责任，继承和发扬艰苦奋斗的优良传统，发扬民族自尊、自信、自强的精神，自觉把自己的人生追求同祖国的前途命运联系起来，树立为祖国繁荣富强贡献青春力量的远大志向，在科学发展、共创和谐的时代洪流中健康成长，与祖国共奋进、与时代同发展、与人民齐奋斗。

（三）加强对社会热点难点问题的正确引导

今年以来，世界经济金融形势复杂多变，不稳定不确定因素明显增多，加上我国经济生活中尚有未解决的深层次矛盾和问题，我国经济发展面临着来自国际国内的严重困难和严峻挑战，改革发展的任务非常艰巨，维护社会稳定面临着非常复杂的形势。学院在重要的时间节点上，加强宣传教育，引导学生充分认识社会稳定的极端重要性，增强稳定压倒一切的意识，珍惜来之不易的大好局面，自觉维护社会稳定。一是要深入宣传党中央一系列重大决策部署，宣传当前的国际国内形势，既要讲清楚我国经济目前面临的困难和挑战，也要讲清楚金融危机给我们带来的前所未有的发展机遇，更要讲清楚党和政府的政策措施、目标任务和阶段性成果，引导青年学生把思想统一到中央决策部署上来，坚定战胜困难、加快发展的信心，增强对党和政府的信任。二是针对大学生广泛关注的国际国内热点问题，要讲清事件背景，阐明党和政府的原则立场和大政方针，充分展示党和政府有能力、有办法处理好目前局势，有能力、有办法维护好国家主权、领土完整、民族团结和社会稳定，有能力、有办法为中国和平发展争取有利的外部条件，引导青年学生以更加理智、务实、成熟的态度来表达爱国热情。三是加强对敏感问题的正面引导，积极引导青年学生始终把国家和民族的根本利益放在首位，始终坚持在大局下思考、在大局下行动，把力量凝聚到反对分裂、维护稳定、促进发展上来，积极参与维护社会稳定的各项工作，坚决与各种破坏社会稳定的现象做斗争，争做遵纪守法的模范，争做维护社会稳定的模范。

总之，形势与政策课的基本任务是通过适时地进行党的路线、方针和政策以及国内外政治、经济形势的教育，帮助学生全面正确地认识党和国家面临的形势和任务，拥护党的路线、方针和政策，增强学生对实现改革开放和社会主义现代化建设宏伟目标的信心和社会责任感，使大学生有坚定的立场、较强的分析能力和适应能力。

三、形势与政策教育的方法与思路

形势与政策教师在选择授课内容时应特别注重抓住学生最关心的问题，真正做到“以学生为主体”，讲授基本理论和方法，使学生掌握认识问题、分析问题的原理和方法；教学方式应灵活多变，避免出现“形势课”向“形式课”转变的怪现象，如采用观看爱国主义主题的宣传片、举办时事政治论坛、开办党员时政讲坛、开展德育主题活动等教学方式；充分发挥校园媒体的力量，利用宣传窗、校园报纸、网站、广播台进行宣传、报道。相对于其他课程，“形势与政策”的授课时数比较少，为此任课教师在课前和课后布置了相关的专题以供讨论和研究，让学生们在收集资料的过程中，逐渐熟悉专题内容，加深对问题的认识。教师在课堂上紧紧围绕重点和难点进行阐释，并适当组织讨论，这样既激发了学生的学习兴趣，又加强了师生间的双向沟通，从而提高了教学的针对性和实效性。

(一)开展德育教育

学院党委结合实际,狠抓落实,丰富德育载体,拓展德育渠道,巩固德育阵地,开展了形式各样的德育活动。

各部门通力合作、密切配合,结合重大节庆日和热点事件开展各类主题教育活动,比如,开学典礼、毕业典礼、感恩教育、安全教育;延安精神进校园、中国特色社会主义理论学习、新时期爱国主义、雷锋与我同行、中国梦等主题教育活动;党史知识竞赛、辛亥革命100年纪念、纪念毛泽东诞辰120周年、“同铸复兴路,共圆中国梦”校园歌手大赛、“铸高尚师德师风”教职工演讲赛、“放飞青春志,践行中国梦”学生演讲比赛等各类德育文化活动。

(二)“党员时政讲坛”

“党员时政讲坛”是我院在提高党建绩效管理科学化水平中的又一创新实践项目,具有实效性、形式多样性与趣味性。通过党员干部带头,全院师生共同参与,以课内外实践为基础,以各项讲坛活动为载体,使广大师生员工深刻认识到国际、国内以及企业发展的形势,开阔了师生员工的国际化视野,为实现“中国梦·潞安梦”凝聚了巨大能量,最大限度地释放了广大师生的创新力、创造力和主人翁意识。通过学校领导讲党课、党员教师进行形势报告专题讲座、各支部开展时政知识竞赛和支部党课、思想政治理论课教师和班主任辅导员将时政热点带进课堂等方式,使学生对时政知识入心入脑,同时借助学生社团的时政热点社会实践和论坛等途径,营造出浓厚的思想政治教育氛围。

当前,学生思想活跃,求新意识较强,他们关注国内外大事,关心涉及国家根本利益、民族尊严以及对国家和社会发展有重大影响的问题,尽管同学们入世不是很深,与社会接触的机会不是很多,对社会的认识还停留在感性的一面。但是他们爱憎分明，对社会负有强烈的责任感。因此，我们应该积极地探索形势与政策教育的新方法与新思路，引导学生自觉运用马克思主义立场、观点、方法分析问题，增强大学生的民族意识和爱国情怀。

总之，学院认真贯彻落实中央 13 号文件精神及相关要求和规定，在全院范围内统一思想，提高认识，加强领导，完善机制，提高对形势与政策教育工作重要性的认识，加强学院党委对形势与政策课程建设的集中统一领导，完善课程建设机制，总结课程建设经验，不断提高课程建设水平。积极创造条件，加大经费投入，确保教师有充足的机会和条件参加各种学术交流、学习考察以及社会实践活动。加大教师的培养培训力度，提高教师的理论素养和业务能力。鼓励教师深入开展教学方法与教学手段改革，深入研究形势与政策教育环境的变化和大学生思想脉搏的变化，增强形势与政策教育教学工作的针对性和实效性，进一步增强形势与政策教育的号召力和感染力，为我们的中国特色社会主义培养合格的建设者和接班人。

第七章　德育工作的重要组成部分

——各类德育实践活动

大学生德育实践活动是大学生思想政治教育的重要组成部分。随着社会的发展，大学生的思想日趋多元化，高校德育实践活动的开展面临着新的挑战。

一、德育实践活动综述

对于大学生德育实践，世界各国都在不断地探索，一些国家积累了丰富的经验，形成了严格规范的社会实践体系，这些都为中国高校开展大学生德育实践活动提供了有益的借鉴。

在对我国大学生德育实践所存在的问题进行研究的基础上，我院有针对性地借鉴国外的经验，对于改善我国大学生德育实践的现状具有一定的作用。

（一）德育实践活动在德育工作中的作用

德育实践作为整个德育工作体系中的重要组成部分，对引导大学生正确理解德育理论有着积极的促进作用。

1.德育实践是深入理解德育理论知识的催化剂

大学生正确的世界观、人生观、价值观以及法制观念等的培养，离不开理论知识体系的教育。理论知识教育的方式固然是多样的，但长期以来，理论灌输仍然是主要方法之一。然而，理论灌输由于其局限性，使得学生在学习过程中难免碰到一些难以理解的问题。针对这一情况，有针对性地组织大学生对社会进行考察、观摩，直接了解理论在实践中的应用及其取得的成果，对大学生理解德育理论知识将起到事半功倍的效果。

2.德育实践是良好道德品质养成的促进剂

良好的道德品质的养成具有一个内化的过程，而道德观念的养成是遵循认识论规律的。辩证唯物主义认识论告诉我们，人们的认识总要经过实践、理论、再实践这样的过程。对于从书本上学来的知识，也只有经过实践被证实后，人们才可能心服口服地接受。道德观念的形成也是一样。在形成良好的道德品质以前，道德主体的思想中总有各种道德观念在进行斗争，只有经过德育实践被证明是正确的东西，道德主体才会不由自主地将它们接受，并内化为自己的观念，形成良好的道德品质。例如，“诚实”这种观念，道德主体只有亲眼看到诚实的人不吃亏，而不诚实的人往往会受到惩罚，即使有的人暂时侥幸逃脱，最终也会在其他地方栽跟头这一事实后，才会自觉地将“诚实”作为自己的行为准则。因此，德育实践对良好道德品质的养成具有促进作用，是良好的道德品质养成的促进剂。

3.德育实践是良好道德品质保持的稳定剂

某一观念被道德主体认为是正确的并经过多次德育实践之后仍被证明是正确的，才会进一步得到道德主体的认可，在道德主体的头脑中变得根深蒂固，不会轻易动摇。

（二）国内外大学生德育实践活动研究

国外大学生德育实践的经验都基于本国经济社会发展的特点，符合该国大学生的身心发展状况，很多实践方法和手段在该国取得了很好的效果，但对于中国大学生可能并不一定完全适用。因此，在借鉴国外大学生德育实践经验的时候，不能简单地只看其实践效果好就照抄照搬，要在研究我国大学生德育实践现存问题的基础上，有针对性地借鉴。

1.国外大学生德育实践活动的经验

育人不是仅靠教育系统就能完成的，学生德育实践也不是高校一个部门、一个院系就能实现的，这是一个需要由社会各界共同完成的系统工程，制定大学生德育实践的政策和具体实施办法，整合社会资源，鼓励社会各方力量支持大学生开展德育实践活动才是真正的解决途径。

（1）凝聚社会合力，支持大学生德育实践

提升全社会对大学生德育实践的认识是非常必要的，也是不可或缺的。美国政府仅在 1989 年 ~1993 年四年间，就签署了两个"国家和社会服务"的议案，同时出台了相应的法律条文，虽然历经两届总统但依然没有改变。在联邦政府的支持下，很多企业愿意资助大学生开展为伤残人员服务、为监禁青年提供指导等社会服务活动，同时政府也设立了基金资助大学生开展德育实践活动。同时，美国教育界历来重视社会环境教育，美国许多城市的街道、学校都是以美国历史上的英雄人物命名的，使置身于其中的人无时无刻不在接受"美国精神"的教育。仅首都华盛顿就有 100 多处纪念建筑物、纪念碑，城市本身就是一个思想政治教育的大课堂。新加坡政府提出了在德育教育形式上的"七结合"，其中首先讲的就是学校与家庭、社会结合起来进行德育。透过这些，可以看到外国政府对于德育的重视，虽然它们没有明确地提出"德育实践"这四个字，却是上至政府下至企业都在积极地采取对大学生德育实践的支持行动。

（2）完善德育实践目标，促进大学生全面发展

重视大学生在德育实践中的主体地位，关注大学生的心理特点。在实践目标的实施过程中，必须把握德育实践活动的大学生主体性原则。德育实践既要达成大学生成才的目标，又要

注重大学生成人的目标。大学生德育实践活动应主要侧重于适应社会、服务社会，培养学生的吃苦耐劳精神、感恩意识，鼓励大学生结合所学专业开展专项社会服务活动和社会志愿服务活动。在日本，教育专业毕业生，要想成为教师，在参加教师资格考试之前，必须到福利机构如敬老院、残疾人康复中心、孤儿院等进行为期两周以上的服务，否则得不到教师资格。美国大学不会为所有学生提供宿舍、食堂等一条龙保姆式服务，学生到了大学二年级就要自己租房子，独立生活，这让大学生在心理上和经济上摆脱了对父母和学校的依赖，自己开始慢慢探索生活的道路。我国的大学生恰恰缺少这种磨砺式的实践机会，客观上使他们失去了很多德育实践的机会。

(3)丰富德育实践内容，满足大学生的发展需求

要确保德育实践活动在大学生中有更多的关注者、更多的参与者，就必须从内容到形式都要全面加以丰富。德育实践的目的是帮助学生了解社会，增强学习动力，培养自我教育、自我管理和适应社会的能力。因此，要利用大学生的专业特点和特长，有针对性地开展多种形式的活动，将德育实践与专业学习、服务社会、勤工助学、择业就业、创新创业结合起来，将受教育与做贡献结合起来，提高大学生参与实践活动的热情。美国高校除了普遍加强实践性教学环节在思想道德课程体系中的比重，积极鼓励学生参与社会环境治理、访问教养机构、参与募捐活动、为教堂服务活动外，还组织大学生参加大学生自主创意活动，因此美国大学生自主参加社会服务的情况是比较普遍的。日本高校将劳动教育的实践活动分为美化环境、自愿服务、学习劳动技能三类，具体有清扫校舍、绿化校园、慰问和照顾老人及伤残人、维护公共秩序等。可以看到，如果有丰富的德育实践活动形式，有大学生自主创意或选择的德育实践活动形式，

大学生会更乐于参加，这除了可以提高德育实践活动的参与度以外，也能提高实践的效果。

2.我国大学生德育实践活动的现存问题

实践是人类存在和发展的根本方式，是实现自我教育的基本途径之一。大学生的德育实践活动是思想政治教育理论知识向实践转化的方式，又是大学生思想政治教育效果的展现。随着社会对大学生的要求不断提高，我国大学生德育实践活动日益显现出一些亟待解决的问题。

(1)对大学生德育实践活动的支持力不足

在我国，大学生德育实践活动均由高校自行组织，高校成立了由校(院)领导或者指定部门牵头的德育实践领导小组，并下设德育实践教研室，在组织建设上完成了框架的搭建。在德育实践运行的过程中，由于是高校自行组织，就无法上升到社会层面，也就无法形成社会化的支持体系。很多高校将大学生德育实践活动的开展直接落实到学生工作部门或其他指定院系，没有形成全面持续的运行机制，以致很多高校也把大学生德育实践简单地理解为大学生社会实践、青年志愿服务、青年“三下乡”活动和专业实习的组合。大学生的家长也认为德育实践不过就是大学生参加的社会义务劳动而已。即使社会和高校共同参与组织的大学生德育实践活动，也往往因缺乏协调性和持久性，难以形成合力，导致大学生德育实践的效果不明显，大学生对于德育实践的认可程度降低，对于德育实践的认识也越来越片面。

(2)大学生对德育实践活动目标的理解有偏差

我国的大学生德育实践活动普遍是主题式的团队集中活动，其教育目标在于“促进大学生了解社会、了解国情，增长才干、奉献社会，锻炼毅力、培养品格，增强社会责任感”。但是，在现有的大学生德育实践活动中，对于“锻炼毅力、培养品格”这一目标体现得很少，“增长才干”几乎都体现在组织能力的培养上，很少有“吃苦型”“学习型”的德育实践活动项目。当前，大学生中独生子女占大多数，家长照顾过于周到，很多大学生自身的“怕吃苦”，其实源自于“没苦吃”。要实现大学生德育实践的目标，就必须正确地理解目标的实质要求。社会需要大学生成才服务社会，这就要求大学生必须先完善自身的品格与能力，才能够承担社会责任。

(3)大学生德育实践活动方式难以锻炼学生自我服务的能力

在我国，大学生德育实践活动的方式日趋丰富，除了传统的演讲、辩论、文艺表演等校园文化活动形式外，青年志愿服务、扶贫支教、网上公益等多种德育实践活动方式也在影响和塑造着大学生对社会的责任感，从而使大学生不断提高自身的思想道德素质。我国大学生德育实践活动项目大多数是志愿服务型的，没有学生自身技能提高型的，德育实践活动提高了大学生服务社会的意识，却没有提高学生自我服务的能力。很多大学生可以侃侃而谈如何募捐、救助，却连最起码的烹饪、洗衣等生存技能都不会，将来大学生是要走向社会的，仅仅有一腔热血，没有半分自我生存技能，何谈真正地“奉献”社会。

二、深化德育实践活动的必要性

大学生德育实践活动是大学生思想道德教育的重要环节，与课堂教学相辅相成。近年来，随着社会日益现代化，道德教育的方法手段也在不断地发生变化，因此，高校必须积极主动地适应经济和社会发展的需要，深刻反思当前大学生德育实践活动的得与失，正确把握高校德育实践活动的发展趋势，推进高校德育实践活动的健康发展。

(一)影响学生德育实践活动的因素

马克思主义认为,人的正确思想只能在德育实践中形成和发展,人的世界观、人生观、价值观归根结底是在德育实践基础上产生和发展的。人的思想观念是社会关系的反映,随着德育实践的深入发展,社会关系会发生不同程度的变化,从而使人的思想也随之发生相应的变化。人们的道德认识、道德观念源自丰富的道德实践,教育对象直接的、亲身的实践体验往往成为他们道德认知的思想材料,而这些实践所表现出来的现实性、生动性、具体性的特点能有力地促进对象的道德认知。大学生在德育实践中对于社会、人、道德规范的认识和学习,从某种意义上说也是一次综合性、整体性的学习。在我国,将大学生学术教育与德育实践相结合在当前显得尤为重要,这是由以下几个因素决定的:

1.我国正面临着大学生中独生子女已占绝大多数的特殊国情

那些在家庭和社会被娇惯了的独生子女,生活条件比较优越,很难了解工人、农民是怎样辛勤劳动和创造社会财富的。同时,由于没有参加生产劳动的亲身体验,他们也很难真正产生劳动人民所有的思想和感情,从而轻视劳动、轻视人民群众、唯我至上。开展大学生德育实践活动,让大学生了解真实的"人情"和"民情",可以使大学生获得社会经验,学会待人接物,养成诚实守信、善解人意的优良品质,掌握与人交往的基本原则和基本方法,逐步学会驾驭复杂人际关系,提高其社会交往能力。同时,也可进一步帮助大学生掌握生活技能。

2.我国在快速发展的同时,也处于风险高发期

大学生短暂的人生旅程和简单的生活阅历使他们缺少社会经验与生活实践方面的知识,只能以自身仅有的理论知识和自我感觉面对改革开放中复杂的社会环境。因此,不少青年学

生对社会现象、人际关系、改革等一系列重大问题产生过高的期待，等到现实与理想的巨大差距摆在他们面前时，容易在思想上产生强烈的冲突和不满。坚持教育与德育实践相结合，不仅能促进学生将所学知识用于实践，更重要的是还能使学生提前步入社会，去感受各种在学校无法体验的社会现实，提高其交际、竞争、忍耐以及经受挫折等必须具备的能力及心理素质。

3.我国高校思想道德教育目前还存在着简单化、教条化和形式化的倾向

当代大学生已经不满足于“指令式”“齐步走式”的社会实践活动，他们需要更广阔的时空条件，不断找准自己的现实位置和未来的发展方向。所以，这种重形式而不重效果的德育实践，往往会引起学生的反感，降低他们参加活动的积极性。政府以及社会对大学生社会实践活动的支持不足，也使得大学生的热情和社会的冷淡形成了鲜明的对比，这在一定程度上打击了大学生参与德育实践活动的积极性。因此，面临新的形势，高校必须审时度势，不断丰富德育实践活动的形式、内容、方法和手段，注重在求新、求活、求实上下功夫，使大学生德育实践活动更好地体现时代特色，更具有针对性。

（二）深化德育实践活动的措施

德育实践活动是指在德育过程中，为帮助学生正确理解德育理论，加速学生对德育理论的认知过程，而采取的有利于学生形成德育观念的各种考察、学习实践活动。

1.正确理解德育实践的基本内涵，构建合理的内容体系

德育实践活动的内容是多方面的。它不仅包括大学生自觉的道德修养活动，而且包括一切有利于学生正确理解德育理论的教学考察活动、社会实践活动、公益服务活动等。德育实践内容体系是德育实践教育的重要载体。这种载体越多，德育实践

教育的途径也就越多，德育实践教育可能取得的成效也就越大。深化德育实践活动，首先必须正确认识德育实践活动的内涵，并在此基础上构建合理的德育实践内容体系。德育实践体系的构成应包括以下内容：

(1)教学考察活动

教学考察活动是德育教师根据德育教学内容的要求，有针对性地安排的社会考察活动。考察对象一般是企事业单位、历史文化遗迹、革命斗争遗址等。教学考察活动有利于大学生进一步了解德育教学体系的内容。

(2)大学生社会实践活动

大学生社会实践活动是大学生按照学校培养目标的要求，利用节假日等课余时间参加社会政治、经济、文化生活的考察学习活动，是青年学生在社会中奉献才智、开阔视野、提高素质的重要途径。积极开展社会实践活动，让大学生深入工矿企业、事业单位及广大农村，进一步了解社会，体验生活，可以使大学生认识到理论与实践的差距，有利于培养大学生的吃苦耐劳精神、艰苦创业意识和集体主义精神，同时有利于增强大学生的社会责任感和历史使命感，从而有利于提高大学生的思想政治素质。

(3)社会公益服务活动

社会公益服务活动包括青年志愿者服务活动、义务劳动、义务献血、义务演出等。定期组织大学生开展各种社会公益活动，有利于培养大学生的劳动观念，增强大学生的集体主义观念、奉献意识、协作意识，同时增强大学生的荣誉感。

(4)校园文明竞赛活动

校园文明竞赛活动包括创文明校园、文明班级、文明宿舍活动，大学生文明之星评比活动，等等。校园文明竞赛活动要求大学生在竞赛过程中不断用正确的观念和行为规范要求自己，不断约束和修正自己的言行，是提高大学生道德修养的重要方式，是培养大学生良好思想政治素质的有效途径。

(5)日常行为管理

日常行为管理要求大学生按照学校的统一规范去要求自己，用自己的行为去亲身实践，不但是培养大学生良好的纪律观念的必要途径，也是培养大学生良好思想政治素质的重要保证。

(6)心理咨询调适

心理咨询调适是指有轻微心理障碍的同学在心理咨询老师的指导下，按照老师的要求，不断对自己的认识进行调整的过程。也就是心理障碍患者通过调整自己的心理，不断抛弃错误观念、树立正确观念的过程。它不仅有利于学生矫正自己的心理状态，增强心理素质，同时也能促进思想道德观念的进化。

2.要以学生日常行为管理为突破口

大学生道德观念绝大多数是在日常生活中形成的。日常生活中的一件事，一场电影，一次报告，一次谈话，一堂课，或者一项活动，都有可能对大学生德育观念产生影响。而经常性的日常行为管理，对大学生形成良好的行为习惯和良好的道德品质，其作用更是毋庸置疑。因此，深化德育实践活动，要将学生日常行为管理与教育作为突破口。要在学生的日常生活学习中加强养成教育，广泛开展养成教育学习活动，开展文明班级、文明宿舍、文明个人的评比活动；要结合学校的实际，切实抓好大学生心理咨询活动，开展与落后学生个别谈心活动，同时严肃学校的校风校纪，对各类违纪事件进行严肃处理；要认真组织学生参与学生日常行为管理，如组织大学生宿舍管理委员会，加强学生宿舍管理，设立大学生文明监督岗，组织大学生校园巡逻，对不文明的行为进行纠察等。让大学生参与日常行为管理，有利于大学生在具体实践中加深对学校制定的各种行为规范的重要性及必要性的认识，促进他们主动调整自己的不良行为和习惯，增强他们的思想道德品质。

3.必须突出德育实践活动设计的针对性

加强针对性，有目的地开展德育实践活动，是德育实践活动取得成效的保证。加强德育实践活动的针对性，要求每一个德育实践活动的设计，都要明确实践的主题及要完成的目标任务。要结合具体的德育内容设计实践方案。例如，在进行“两课”教学时，围绕国家发展道路问题，可以组织“改革与国情”社会调查和大中型国有企业考察等社会实践活动，使大学生耳闻目睹改革开放的巨大变化，深切认识到十一届三中全会以来党的路线、方针、政策是符合中国国情的，是被实践证明了的正确的理论，引导大学生加深对党的基本理论和基本路线的理解，增强其走社会主义道路的决心和信心。再如，针对大学生价值观培养问题，可以有组织地开展学雷锋活动和青年志愿者活动，使大学生在活动过程中受到潜移默化的熏陶、感染，从而促使其抛弃错误的价值观，形成正确的价值观。又如，针对大学生道德品行培养问题，可以广泛开展“十无校园”活动、“无烟”校园活动、大学生文明之星评比活动以及文明宿舍、文明班级的评比活动，通过开展这类活动，促进大学生德育实践活动，推动大学生德育修养进程。

4.必须重视德育实践活动基地的建设

建立大学生德育实践基地，使大学生德育实践活动基地化、规范化，是进一步深化德育实践活动的内在要求，必须广泛联系，多方面建立德育实践基地。德育实践基地的选择，要突出代表性和针对性。针对大学生的“三观”教育，可以选择社会各行各业涌现出来的先进人物所在的单位为德育实践基地；针对邓小平理论教育，我们可以把一些改革卓有成效的大中型国有企业、私营企业以及有代表性的乡镇企业作为实践基地。为了加强大学生综合素质教育，我们还可以将一些历史文化遗址、革命斗争遗址作为德育基地，定期组织大学生参观学习，以拓宽大学生的视野。

德育实践基地的建立，使大学生德育实践活动正常化、基地化，推动了大学生积极参加德育实践活动，取得了较好的德育效果。通过参观学习，广大同学切身感受到了革命战争的艰苦，懂得了现在的美好生活来之不易，进一步激发了他们的爱国主义热情；通过参观改革卓得成效的村镇企业，大学生深刻体会到改革对社会的直接推动作用……实践证明，德育基地的建立，不仅有利于大学生德育实践活动的正常化，而且收到了在校园课堂教育中不能收到的德育教育效果。通过建立德育实践基地，加强德育实践活动，是切实可行、卓有成效的。

5.深化德育实践活动，要抓好大学生德育实践考核工作

抓好大学生德育实践考核，是检验德育实践成效的必要措施，也是加强大学生德育实践管理，促进德育实践活动规范化发展的必然要求。加强大学生德育实践考核，首先要建立科学的德育实践考核指标体系，要从大学生德育实践的态度、实践效果、纪律观念等多方面进行科学量化，全面考察。在考核中，要注重学生的实际表现，如思想品质状况、集体主义观念、劳动观念、友爱观念、奋发向上的勇气和决心、学习态度与学习成绩等方面。其次，要将考核结果与学生德育成绩挂钩，与奖学金评定、评优评先挂钩。德育实践考核不合格的，思想政治修养课成绩不予及格，不得参与奖学金评比，也不得参加评优评先。实行学分制的学校，要把德育实践考核纳入学分体系，赋予其一定的学分，没有获得该学分的学生不准毕业。

三、潞安职业技术学院德育实践活动的内容

学院积极践行“立德立志、自信自强”的校训，构建校园文化体系。利用校园媒体弘扬有正能量的、有感召力的先进人物和典型事迹，传播先进文化，陶冶学生情操，启迪学生心智。

我们积极开展了多种形式的德育实践活动，结合党的基本理论、基本路线、基本纲领和基本经验以及党史、院史进行宣传教育；利用重要节庆日、重大事件，开展“雷锋与我同行”、母爱教育、“三爱教育”、时代精神教育等多种形式的以社会主义核心价值体系内容为主题的活动；引导院系团组织、学生会、社团深入社区、医院、养老院进行志愿服务；举行团日活动、献爱心、演讲比赛、文艺会演等各类文明创建活动；利用第二节课开展了“我的中国梦”系列活动并及时宣传实践育人的先进事迹，召开经验交流会、师生座谈会，辅导学生制作各类主题的学生社报等，营造了良好的实践育人氛围。

通过开展各类丰富多彩、积极向上的德育实践活动，形成了以校企融合的德育主题教育实践活动、课外文体活动、学生社团活动、道德讲堂为载体的校园文化阵地，完善了内容覆盖课堂教学、课外活动和社会实践的校园文化建设体系。

(一)举办“雷锋与我同行”主题教育活动

为贯彻落实省教育厅关于深入开展学雷锋活动的通知精神，切实加强大学生的思想道德建设，每年 3 月，学院定期组织开展“雷锋与我同行”主题教育活动，旨在在全院范围内号召人人学习雷锋精神，营造学习雷锋好榜样的浓厚氛围，促进和带动优良学风、教风和院风建设。

组织学生学习雷锋精神，大力开展学雷锋活动，赋予雷锋精神时代内涵，并针对学习雷锋精神的实践情况做广泛的宣传调查和思考总结，进一步提高和加强全体学生的思想道德素

质，为我们的社会和企业培养合格的建设者和接班人。

1.召开“雷锋与我同行”主题班会

“雷锋与我同行”教育活动形式多样、内容丰富，学生们积极参与，用自己的实际行动表达了向雷锋同志学习的思想。

（1）全院各班级组织召开“雷锋与我同行”主题班会

要求各班级积极发动，认真组织，由班长和思想政治信息员根据各班的实际情况制定出详细的实施方案，利用班会，讲雷锋的故事、背雷锋的名言、读雷锋的日记、论雷锋的精神。通过学习，让学生充分了解雷锋精神的含义。具体紧紧围绕四个方面进行：一是要学习雷锋爱憎分明的政治立场，引导学生加强爱国主义、集体主义精神，热爱社会主义，继承和发扬中华民族的优秀传统和革命传统。二是要学习雷锋全心全意为人民服务的人生观、无私奉献的价值观，引导学生形成正确的世界观与价值观。三是要学习雷锋的严于律己、孜孜以学的自我修养原则，培养学生获得科学严谨的学习方法和努力创新、大胆实践的精神。四是要学习雷锋的“四个对待”，即对待同志要像春天般的温暖，对待工作要像夏天般的火热，对待个人主义要像秋风扫落叶一样，对待敌人要像严冬一样残酷无情。

（2）主题班会活动总结

主题班会活动在全院各班展开，各班认真准备，积极参与，及时总结。通过这些内容不同、形式各样的班会，我们感悟到开展主题班会的实践意义。这次活动增强了同学们对新时代下雷锋精神新内涵的理解，培养了同学们追求理想的决心和毅力，坚定了向雷锋同志学习的信念。

2.“雷锋与我同行”志愿活动

一是结合“3·12”植树节，开展绿化、环保活动，倡议全院师生：爱护环境卫生，不乱扔垃圾；爱护学院的花草树木，不随便踩踏草地；节约资源，不浪费水、电；积极参加各项有意义的绿化、环保活动；清理本班室内外卫生死角并做好保洁工作。

二是鼓励学生参加学雷锋社会实践活动，同时做好调查总结工作，宣传身边的好人好事。

三是开展“献爱心”募捐活动，如鼓励师生参加2008年抗震救灾捐款、向学院身患白血病的同学捐款、向一个身患疾病的7岁男孩任昱帆伸出爱心之手。募捐活动在全院师生中展开，款项全部用于公益。

3.雷锋精神进课堂教育活动

思想政治理论教师在课堂上，利用现代化的教学手段，向学生讲解雷锋精神。各班级思想政治理论教师组织学生观看经典影片——《雷锋》。通过观看影片，让学生正确认识雷锋同志的一生，正确认识其崇高的精神境界，继而学习他无私奉献的情怀和高尚的品德。

这次雷锋精神进课堂活动要求所有班级全部参与，范围之大、影响之广是不言而喻的。学生们通过观看经典影片、聆听思想政治理论教师对雷锋精神的课堂讲授后，能够自觉形成“向雷锋同志学习”的意识，纷纷表示要发奋图强，努力学习，克服一切困难，以实际行动履行向雷锋同志学习的诺言。

4.开展关于“雷锋精神”的辩论赛

结合“雷锋精神“的主题，学院开展了关于“雷锋精神是否过时”“新时代下的雷锋是否引领社会发展”“雷锋精神是否是大学生需要具备的素养”等命题的大型辩论赛。

辩论赛由各班推荐3名选手参加，经过预赛、决赛两个环节，并邀请教师从辩论的正反两方面进行深入点评、总结，以坚定的理论思想定位向学生传达辩论赛的最终目的——弘扬雷锋精神，使学生在辩论中认清自己作为新知识青年的责任和使命,从而树立正确的人生观、价值观。

5."雷锋与我同行"征稿活动

号召学生以"雷锋与我同行"为主题,撰写社会调查报告、实践报告、手抄报。收到征稿后,评审教师本着公平、公正的态度对所有学生的稿件进行了认真的分类评比,从中发现了许多优秀稿件。这些稿件形式各异、内容真实,表达了学院学生对雷锋精神的感悟与赞扬,充分展示了他们积极、乐观、向上的热烈情怀。

通过开展"雷锋与我同行"主题教育活动,对同学们进行了思想教育,提高了同学们的思想觉悟及政治素养,收到了良好的教育效果,以"雷锋与我同行"为主题的教育活动,在全院范围内营造了学习雷锋好榜样的浓厚氛围,促进和带动了学院优良学风、教风和院风建设。同时,也有力地促进了全院学生的思想道德建设。

(二)举办"母亲节"系列活动

为了弘扬中华民族的传统美德,倡导家庭和美、人际和谐的新风尚,进一步丰富校园文化生活、提高学生素质修养、强化学生孝敬和博爱的意识,使广大师生员工知荣明耻,不断进取,进一步促进和谐校园的建设,学院每年都开展"母亲节"系列活动。

1.活动内容

(1)征文比赛

号召学生结合母亲节,以歌颂母亲、赞美母爱为主题写文章。在收到的稿件中,有感人肺腑的散文、优美押韵的诗歌,还有寄托心灵情感的记叙文等。活动中,同学们积极踊跃地投稿,通过认真细腻的文字,流露出他们对母爱的一种特殊情感,寄托了他们对自己母亲的关爱与祝愿。

通过征文活动,同学们一次次受到了母爱的熏陶,表达了自己对母爱的真情实感,学会了用心灵去关怀身边的每一个人。

(2)贺卡设计大赛

鼓励学生设计新颖独特、内容健康向上的贺卡。各班级学生积极参与,认真创作。亲手制作的贺卡张张新颖独特,充分展现出学生们对母爱这一真挚情感的诠释。字与画的结合、美与情的流露,无不表现出他们对母爱的赞美与歌颂。

2.活动效果及意义

活动得到了学院的一致好评,被同学们广泛接受与认可,达到了传播校园文化、展现我院学子的良好精神风貌、提高学生素质修养、强化学生孝敬和博爱意识的目标。通过让学生重温成长过程,感恩伟大母爱,在牢记父母养育之恩的同时学会感恩,学会回报身边的人,回报那些帮助过他们的人,同时帮助需要帮助的人,丰富了校园文化生活,感恩的氛围充满了校园,让学生学会了感恩,学会用心灵关怀身边的每一个人。活动对母爱的诠释方式丰富多彩,形式新颖。师生团结合作,互帮互助,取得了非常好的效果。

总之,通过活动不仅让同学们感悟到了自己母亲的伟大,而且也升华了同学们对母爱真挚、热烈的情感。

(三)开展大学生心理健康教育

为了促进大学生健康成长,加强心理健康知识普及与教育,切实推进我院大学生心理健康教育工作的开展,结合时代发展对学生心理素质的要求,在学生中普及心理健康教育,学院每年都组织开展"5.25"学生心理健康宣传系列活动,通过发放宣传单、举办专题图片展、进行面对面交流、举办心理健康知识专题讲座等一系列活动,在校园内营造了人人关注心理健康、重视心理健康的良好氛围,引导学生更好地认识自我、调整自我、发展自我,增强了学生预防和克服心理问题的能力,达到了塑造健康心灵、构建和谐校园的目的。

学生的心理问题,大都还是思想问题,说到底仍旧是一些世界观和人生观的问题。通过制定大学生心理健康教育计划,确定相应的教育内容、教育方法,设立心理健康教育和咨询的专门机构,配备足够数量的专兼职心理健康教育教师,积极开展大学生心理健康教育和心理咨询辅导,引导大学生健康成长。结合大学生实际,广泛深入开展谈心活动,有针对性地帮助大学生处理好学习成才、择业交友、健康生活等方面的具体问题,提高学生的思想认识和精神境界。心理健康教育,是根据大学生的身心发展特点和教育规律,注重培养大学生良好的心理品质和自尊、自爱、自律、自强的优良品格,增强大学生克服困难、经受考验、承受挫折的能力的教育。

通过制订大学生心理健康教育计划,确定相应的教育内容、教育方法。建立健全心理健康教育和咨询的专门机构,配备足够数量的专兼职心理健康教育教师,积极开展大学生心理健康教育和心理咨询辅导,引导大学生健康成长。

(四)三爱教育

为深入学习习近平总书记的讲话精神,认真贯彻教育部《关于在全国各级各类学校深入开展"爱学习、爱劳动、爱祖国"教育的意见》,落实立德树人根本任务,全面实施素质教育,学院深入开展爱学习、爱劳动、爱祖国("三爱")教育活动。

1.切实加强"三爱"教育组织领导

学院把"三爱"教育摆在重要位置,结合工作实际,把"三爱"教育与贯彻落实党的十八大精神相结合,与培育和践行社会主义核心价值观相结合,与深化中国梦宣传教育相结合,认真推动"三爱"教育的深入开展,并结合党的群众路线教育实践活动,把"三爱"教育的各项任务真正落到了实处。

2.充分认识开展“三爱”教育的重要意义

爱学习、爱劳动、爱祖国，简明清晰地明确了青少年健康成长的要求，充分体现了以习近平同志为总书记的党中央对青少年的亲切关怀和殷切希望。学院深入开展“三爱”教育，对于培育和践行社会主义核心价值观，深化中国梦宣传教育，帮助学生树立正确的世界观、人生观、价值观具有重要意义。

3.将“三爱”教育纳入课堂教学中

学院准确把握“三爱”的精神实质和时代内涵，充分发挥课堂教学的主渠道作用，把“三爱”的内容融入思想政治理论课教学、形势与政策教育宣讲、德育课程教学之中。在课程中深入发掘教育资源，并把“三爱”教育渗透到相关教学中，不断增强广大学生践行“三爱”的自觉性和坚定性。

4.组织“三爱”主题宣讲

学院组织党政领导、专家学者结合学生关注的热点，围绕培养学生学习兴趣、提升学习能力、养成劳动习惯、坚定爱国信念等内容，通过专题报告、座谈研讨等形式进行宣讲，教育和引导学生把个人的学习成长和国家的前途命运结合起来，不断提升其对“三爱”的理解和认识。

5.把“三爱”教育与入学教育结合起来

学院把开学作为开展“三爱”教育活动的重要时间节点，把“三爱”教育内容融入开学典礼、“开学第一课”、新生军训、新生党员教育、校规校纪教育、校史教育等各项活动中，大力宣传学习是广大学生成长、进步以及将来做好工作、报效祖国的基础，只有劳动才能创造美好的生活和美好的未来，祖国是创造幸福生活和实现个人理想的依靠。

同时学院不断深化教育质量综合评价改革，探索制定科学的评价方法。把学生的“三爱”表现情况作为重要指标纳入学生综合素质评价体系，作为评优评奖的一项重要依据。此外，围绕“三爱”的丰富内涵，通过精心设计宣传海报、主题标语、宣传橱窗、黑板报、文化墙等形式让“三爱”教育随处能见，随时可学。通过报刊、广播、网络等平台，大力宣传推进“三爱”教育活动，努力营造良好的舆论氛围。

（五）就业创业主题教育

学院高度重视大学生就业创业教育工作，成立了以校长为组长的大学生就业创业教育工作领导小组，建立了教学、就业、学生管理、人事、科研、团委、后勤等部门联合参加的就业创业教育和大学生自主创业工作协调机制。学院设有学生就业创业教育专门机构并配备了专职工作人员。开设了“大学生就业指导”“大学生职业生涯规划”等必修课。

不断完善就业服务体系，积极探索学生自主创业和灵活就业的工作机制，有效地利用各种资源，拓宽就业渠道。通过开展就业创业指导讲座、就业创业报告会、校园招聘会，宣传表彰基层建功立业和学生创业就业的先进典型。营造了创业立业的积极氛围，激励了在校学生的学习兴趣和就业、创业热情，发挥了良好的就业创业教育作用。近年来，我院毕业生的就业率始终在全省名列前茅。

1.学校不断深化教育教学改革，积极探索就业创业教育新模式

（1）把就业创业教育融入人才培养全过程

开设了创业指导课，把创业教育列入培养方案，作为学生的必修课程。按照“项目导向，任务驱动”的教学模式，增加实践性强的教育课程和课外活动，把专业知识和技术能力的传授有意识地导向创业，促使学生把学习技能的过程变成培养创新意识和提升创新能力的过程，这就使创业教育与育人工程相融合，

营造了良好的创业教育氛围。

(2)探索实施“校企融合、订单培养”的人才培养模式

坚持立足潞安、服务社会的办学理念，充分发挥企业办学的优势，实现了订单培养、顶岗实习、学训结合，校企双赢，为企业培养了思想过硬、技能过硬的“双过硬”人才。潞安集团领先的技术发展和企业文化理念为学院专业体系的构建、专业特色的形成提供了强有力的保证。学院充分利用这一优势，积极探索实施“校企融合、订单培养、学训结合、工学结合”的人才培养模式。

2.加强基地建设，校企合作形成了大学生就业创业实践合力

校企一体的办学模式为我们的专业建设提供了天然优势。学院与集团的常村矿、王庄矿、五阳矿、漳村矿、石圪节煤业、余吾煤业、高河煤业、司马煤业、潞安机械制造厂等煤矿企业合作，建立了合作稳定、运行良好、有保障机制的校外实训基地；学院还建成了煤矿开采技术和焊接技术及自动化两个山西省高等职业教育示范基地，山西省高技能人才培训基地以及中央财政支持的高等职业学校提升专业服务产业能力矿山机电专业项目和煤矿开采技术专业、矿井通风与安全专业三个职业教育实训基地项目共计 6 个省级以上的煤炭类专业实训基地项目，为学院的人才培养提供了强大保障。从整体上推进了校企双方在实习实训方面的深度合作与融合，提升了学院的办学实力和改进了学院的办学效果。

3.针对学生特点，开展了形式多样的就业创业指导活动

学院针对学生的思想和心理特点开展就业指导工作，通过定期开展就业创业指导讲座，组织校园招聘会，邀请企业专家来校做专业和职业指导讲座，提高学生的专业素养和职业能力，宣传表彰在基层建功立业和学生创业就业的先进典型，营造了创业立业的积极氛围，进一步强化了学生的就业创业意识，激

励了在校学生的学习兴趣和就业、创业热情，培养了学生的就业创业能力。

4.加大创业培训和宣传力度，充分发挥典型示范带动作用

学院通过邀请创业成功的毕业生来校做就业创业报告，积极开展培养职业能力的教育活动，加强学生就业和创业能力，利用“顶岗实习”和实习实训环节提升学生的专业技能和职业素养，不断完善就业服务体系，积极探索学生自主创业和灵活就业的工作机制，有效地利用各种资源，拓宽就业渠道。近年来，我院毕业生的就业始终保持较高比例。

通过各种形式的创业、就业指导和实践活动，学院涌现出了典型创业人才和创业事迹，对激励我校学生参与创业活动起到了良好的示范作用。

我院 11 级的毕业生张向阳同学自主创业，成功组建了“诚仁知媒”教育培训机构，在长治地区小有名气。还有 11 级金帆文学社的郭丁丁、桑慧军同学通过广泛的市场调研和前期的培训学习，携手在长治市中心地区投资开办了“意浓咖啡连锁店”“第 8 号轻吧”等商业实体店，深受顾客的青睐和好评，他们已经成为在校学生学习的楷模和偶像。

我院非常重视大学生创业工作，注重大学生创业工作的机制建设、加强大学生创业工作的队伍建设、积极探索创业教育新模式、加强基地建设、不断提高和培养学生的创业素养，已形成了人人参与创业教育培训、人人了解创业的良好氛围。

（六）学生社团成为主题教育的重要载体

学生社团作为校园文化的主要承载者，是学生探索真知、创新实践活动的基地，也是繁荣校园文化、培育学术氛围的有效载体。我院的学生社团有：学院的学生会、南苑爱心社团、金帆青年文学社团、金鹰广播站、金燕舞蹈队、金鹿运动队、艺苑

书画社。

1.开展丰富的社团活动

学院社团以“加强个体修养，活跃校园文化”为宗旨，凭借自身组织的自主性和活动的开放性的优势积极开展了多种主题的教育活动。在2011年4月12日举办了以“继承优良传统，弘扬奉献精神”为主题，向英雄纪念碑敬献花圈、走进医院奉献爱心的活动。2011年5月23日，社团又发动部分学生组织了为期三天的社团羽毛球友谊赛，通过这次活动增强了团队的协作意识，丰富了学生的课余生活。从社团主题教育活动的效果来看，各社团活动的开展不仅展示了各社团的风采，让更多的学生了解了社团，吸引广大学生加入各社团，更重要的是进一步促进了我院学生社团活动的蓬勃发展，为打造精品社团、创造品牌社团奠定了重要基础，在校园文化建设中起到了促进和引领的作用。

2.印制社团报纸

学院的南苑爱心社团和金帆文学社团成员利用业余时间办起了社报，围绕学院开展的各种活动制作了社报专刊，体现和关注感恩、母爱、青春、爱国主义、辛亥革命精神、雷锋精神、党的十八大精神、延安精神等中国特色社会主义理论体系的内容，锻炼了能力，提高了素质，丰富和拓展了学院的校园文化。学院通过召开社团工作经验交流会、座谈会等形式进行鼓励和引导，对社团组织以及学生的典型事迹进行表彰总结和及时宣传报道，为学生社团的发展提供了良好的环境和平台。

3.有效地引导社团开展活动

我们的学生处和思政部充分发挥了学生社团的积极作用，使全院学生的思想政治理论实践课焕发了勃勃生机。同时也使社团的作用得到了淋漓尽致的发挥，比如，我们在全院开展了

“读书”活动月、“爱国主义”主题活动月的征文和演讲比赛,我们的学生社团通过广泛宣传、积极研讨、帮助组织、进班级互动、开展问卷调查等,广泛深入地宣传了主题,渗透了实践教育。社团还在学院的指导下组织开展“志愿者活动”,组织学生深入社区、医院、养老院开展志愿服务,举行团日活动,开展献爱心、文艺会演等各类文明创建活动,结合课程内容有选择地组织演讲和辩论、研讨会,深入学院各部门和本地社区进行有关的调查服务等实践活动,很好地彰显了新时期大学生的实践诉求,得到了周边群众和学院教职员工的一致好评。

四、不断完善德育实践活动

时代的变化对高等教育的培养目标,对大学生的成才提出了新的要求。在这样的新形势下,学院积极主动地适应经济和社会发展的需要,正确把握德育实践活动的发展趋势,推进德育实践活动的健康发展。

(一)完善德育实践目标,体现学生主体地位,促进学生全面发展

要提高大学生思想道德教育实效,就必须把握德育实践活动的大学生主体性原则,即德育实践既要达成大学生成才的目标,更要注重大学生成人的目标。实践活动的开展应以大学生为主体,建立面向全体学生、分层次、分内容的德育实践活动体系,从计划的选择到活动的开展,整个过程既要充分考虑全体学生的共同需求, 又要根据不同层次学生不同的学习情况,设计不同的教育内容, 以求更加贴近学生的实际需求和接受能力,使学生在参与活动的过程中分清重点,有重点、有选择地参加,避免盲从地参与活动,从而有效地提高德育实践活动的质量。对于一年级学生,应主要开展侧重于以适应大学生活和生

产劳动、家政服务等为主的德育实践活动，培养学生的吃苦耐劳精神和感恩意识；大学二年级学生的德育实践活动应主要侧重于社会调查活动以及与专业相关的德育实践活动，培养学生的调查分析能力和专业意识；大学三年级学生的德育实践活动应主要侧重于开展结合专业所学的专项社会服务活动，培养学生理论联系实际的能力和对知识的综合运用能力；毕业班学生的德育实践活动应主要侧重于专业实习和实践，提高其专业适应能力和社会适应能力，提高其就业技能和创业能力。

（二）丰富德育实践内容，创新德育实践形式，激发学生参与兴趣

要保持德育实践的活力，确保德育实践在大学生中的吸引力，就必须从单调的形式中解脱出来，充分利用高校专业的特点和学生的特长，确定德育实践活动的内容和形式，有针对性地开展多种形式的活动，注重实效，将德育实践与专业学习、服务社会、勤工助学、择业就业、创新创业结合起来，将受教育与做贡献结合起来，提高大学生参与实践活动的热情。要通过把德育实践与专业学习有机地结合起来，构建“学习—实践—学习”的良性机制，提高学生的学习兴趣，激发学生内在的学习动力；要通过把德育实践与服务社会有机地结合起来，通过开展德育实践活动，发挥大学生的知识和智力优势，奉献社会，服务社会，不断提升社会文明进步的步伐；要通过把德育实践与勤工助学有机地结合起来，积极引导学生参加各类勤工助学活动，增强学生的劳动意识和劳动技能，提高学生的自立、自强意识，树立劳动光荣的良好风尚；要通过把德育实践与大学生择业就业有机地结合起来，使德育实践活动成为大学生就业之前的“孵化器”，通过德育实践，使大学生了解社会对人才的要求和自身的现状，逐步转变就业观念，为踏入社会做充分的准备；

要将德育实践与创新创业有机结合起来，大力提高学生的创新能力和创业能力，引导学生牢固树立科学思想和创新思维，以奋发有为的精神面对激烈的社会竞争。

（三）调动各种社会力量，形成全面支持系统，创造良好的实践环境

德育实践育人不能仅靠一个组织来完成，而是涉及社会各界、学校各个部门的一项系统工作，因此，要有坚强的组织机制去整合社会资源，寻求社会力量对德育实践的支持。我们要通过制定大学生德育实践的政策和具体办法，努力调动各方面的积极性，鼓励支持社会各方面接纳大学生开展德育实践，为大学生德育实践创造有利条件。各级政府要成立德育实践组织机构，高校要建立校、系德育实践组织机构，可聘请基层政府领导、企事业单位负责人担任顾问，以协调德育实践活动的开展，也可聘请校外高级专业技术人员、思想政治工作者与校内教师一起指导大学生德育实践活动。要因地制宜、因校制宜地建立完善的思想政治教育运作机制，使政治课、道德课、专业课、课外活动以及校风建设等相互作用，发挥相应的教育功能；应充分利用博物馆、公共图书馆、俱乐部、公园等地方的隐形教育导向作用，注重社区对学生道德品质的形成所具有的特殊作用；要注重与家长的沟通和合作，重视家庭对学生道德教育的奠基性作用。同时，要利用报刊、广播、电视、互联网等新闻媒体，加强大学生德育实践网站的建设，构建德育实践网上工作平台，深入宣传报道大学生德育实践，扩大大学生德育实践的影响力，为大学生德育实践营造良好氛围。

第八章　提升德育工作的实效性

——校企结合的校园文化

一、校企结合的校园文化简介

“校企合作”是发达国家高等教育办学的成功经验之一，这种办学模式经受了历史的考验，被实践证明是一种运转灵活、优势互补的应用型人才培养的最佳模式，体现了学校和企业在文化知识教育和职业技能训练上的明确分工、理论与实践的紧密结合以及相关资源共享的原则，其实质是通过产学、产教的合作，培养出理论与实践、专业知识与职业技能并重的企业一线高级技术人才。

（一）校企结合的校园文化起源

中共十八大明确提出要加快转变经济增长方式和培育开放型经济发展优势。企业在经济转型的发展过程中要增强长期发展后劲，需要实现科学发展和创新发展。当前，在人才竞争日益激烈的环境下，要占据人才竞争的主动，最有效的途径是将人才引进的关口前移，即企业主动参与，共同培养高校人才。

随着近年来我国人才培养模式改革在高等职业教育的过程中的不断推进，高职教育教学质量被推到了重要的位置。2014 年 6 月，国务院印发了《关于加快发展现代职业教育的决定》（以下简称《决定》），提出“到 2020 年，形成适应发展需求、产教深度融合、中职高职衔接、职业教育与普通教育相互沟通，体现终身教育理念，具有中国特色、世界水平的现代职业教育体系”。同时,还提出,深化产教融合、校企合作、工学结合,推动专业设置与产业需求对接,提高人才培养质量,强化职业教育的技术技能积累作用。

由此可见,“校企合作” 是经济发展对教育发展的必然要求,也是职业院校生存发展的内在要求,在这一背景下,校园文化和企业文化就有了对接与融合的必要。两者的对接与融合,使得校企合作共建高职院校校园文化成为高等职业教育发展的必由之路,它具有一定的社会价值。一方面企业文化能正确引导学生处理效率与公平、竞争与协作等关系,为学生适应社会奠定良好的基础。另一方面学校提供平台为企业文化作扩散和宣传,提高了企业的影响力。

(二)校企结合的校园文化概况

校园文化是学校物质财富和精神财富的总称,是学校全体师生在长期的办学过程中培育形成并共同遵守的最高目标、价值标准、基本信念和行为规范。

1.校企结合的校园文化内涵

校园文化作为一种环境教育力量,是一种软实力,是学校建设的核心内涵,对学生的健康成长有着巨大的影响。校园文化包括物质文化、制度文化及由课余文化、舆论文化、人际关系等组成的精神文化。

校园文化建设是学校建设的核心内涵,是学校发展的纲领所在。作为职业院校,如果没有特色,将难以长久生存,更难以持续发展。而办学特色不仅体现在专业特色、课程特色、管理特色、服务特色等方面,还表现在有特色的校园文化上。因此,实行校企结合对于构建具有职业院校特色的校园文化有着十分重要的意义。

高职院校必须坚持“走出去、请进来”的方式,以校企合作、联合办学为载体，搭建校园文化与企业文化对接的基础平台，引进企业文化的元素，丰富校园文化的内涵。工学结合的人才培养模式，可以使学生了解到企业生产、建设、管理、服务第一线的运作情况，学习企业文化的内涵、要求与特点，为他们树立责任感和使命感，为早日实现大学生向企业员工和经营管理者的角色转换打下基础。

在高职院校的人才培养过程中，企业以资金援助、建立实习实训基地的方式，实现人才定制培养，加强企业与高职院校的联系，为企业自身的发展做好人才储备。与此同时，为了保证学生快速融入企业文化，加强在文化方面的合作和建设，校企双方通过文化共建，将企业特色的文化理念引入高职校园，让学生提前接触企业的发展模式，对企业有一定的认同感和归属感，实现企业文化与校园文化的“零距离”融合。

2.建设校企结合的校园文化的必要性

企业在文化建设中的作用主要体现在高职院校的校内外实习基地建设、企业学校人才流动、产学相互合作和人才培养模式改革等多方面。高职院校不再是企业未来员工技能培训的基地，而是共同文化建设的载体。院校在传统校园文化建设的基础上，融入具有企业文化特色的元素，将校园文化与企业文化相结合，突出大学性和职业性。保持校企合作的深度，实现人文精神培养和职业技能传递的有机统一。企业文化在长期的校企合作共建高职院校校园文化过程中，被提前传递给学生，这种不断融入整个校园文化的方式，有效地提高了学生的职业技能和专业素养，使广大学生在进入企业后可以迅速转变角色。

（1）培养高职学生良好职业素质的需要

仅仅通过知识和技能的学习是无法形成职业素质的，职业实践和企业文化的陶冶是培育良好职业素质不可缺少的途径。

不同的职业(行业)往往有明显不同的职业素质要求,这种不同的素质要求需要由不同的文化来陶冶。要使高职学生在校学习时就能感受到职业(或行业)文化,初步形成相应的职业素质,必须通过包含一定职业文化内涵的校园文化来引导和规范学生的思想行为,使学生逐步了解、习惯和自觉达到相关职业的素质要求。显然,这种包含职业文化内涵的校园文化只有通过校企结合的途径才能形成。

(2)高职教育服务于企业的需要

为生产、建设、管理、服务第一线培养技术应用型人才,直接服务于企业,促进区域经济社会的发展,是高职教育的宗旨,这一宗旨决定了高职院校必须要有很强的服务功能,全体教职员工必须要具有很强的服务意识。目前大多数企业在完善服务功能方面都远远地走在了高校的前面,具备了良好的服务理念,形成了良好的服务体系。在高职院校建设校园文化的过程中实施校企结合,一方面可以学习优秀企业全心全意为客户服务的理念,学习企业为客户服务的服务体系;另一方面由于文化的融合,高职院校可以与企业产生更多的共同语言,这将有利于全方位地实行校企合作,有利于高职院校更好地为企业服务。

(3)高职毕业生"零距离"就业的需要

真正的"零距离"就业是很难的,但是可以尽量缩小学习与就业之间的距离。有不少学校的毕业生仅就知识和技能而言,是基本能适应企业需要的,但是为什么这些毕业生中的相当一部分仍然不能适应企业的要求而被"炒鱿鱼"呢？这是因为一方面毕业生不适应企业文化，另一方面学生在校所处的情境往往与进入企业后的工作场景存在巨大反差，从而导致其对在校学习的知识与技能产生怀疑,对自己的能力失去信心,难以发挥已掌握的知识和技能的作用。要克服上述弊端,学校不仅要把学生的知识技能与企业需求之间的“零距离”作为培养目标，更要把缩小校园文化与企业文化的距离作为重要目标。这就需要高职院校在校园文化建设中实行校企结合，使高职学生从入学起就在一定程度上了解、熟悉、认同企业文化。

(4)创造高职院校办学特色的需要

高职院校的办学特色是强校之本， 没有特色的高职院校将难以长久生存。办学特色不仅体现在专业特色、课程特色、管理特色、服务特色等方面，还表现在有特色的校园文化上。不管是哪个方面的特色， 如果没有相应的校园特色文化做支撑，就只会是昙花一现，不能形成真正意义上的办学特色。对于高职院校来说，只有在校园文化建设上实行校企结合，吸收不同类型企业的优秀企业文化，才能形成各具特点、百花齐放的高职校园文化。

3.建设校企结合的校园文化途径

综上，校企结合下的校园文化建设是高职院校发展的必由之路。高职院校不再是对企业未来员工进行技能培训的基地，而是建设共同文化的载体。学校在传统校园文化建设的基础上，融入具有企业文化特色的元素，将校园文化与企业文化相结合，突出大学性的特征和职业性的特色。保持校企合作的深度，实现培养人文精神和传递职业技能的有机统一。根据以上文化建设的需求，校企合作下校园文化建设的途径可以从以下几个方面展开：

(1)吸纳优秀企业的核心价值观

自改革开放以来， 随着社会主义市场经济体制的逐步建立，企业的服务意识大大增强，顾客至上的理念已为大多数企业所奉行。而高校特别是职业学校在社会主义市场经济逐步完善的过程中，虽然也做出了较大的改革，但与企业相比，还是远远地落在了后面，因此，职业学校在校园文化建设过程中首先应注意吸纳优秀企业的核心价值观，从现阶段来看，主要应吸纳大多数优秀企业所共同奉行的四个方面的理念：团队协作精神、以客户为中心、平等对待员工、激励与创新。

（2）实现"引企入校"，建设校内实训基地

引进企业实体进入校园，这种方式能够为企业提供培训基地，也能为学校提供实习实训的场所。长期以来，企业走定制培养人才的路线，创造校企培训和科技协作的机会，企业和学校之间进行技术沟通和咨询，让学生在校期间就能感受到企业的工作方式，增强了学生对企业运作模式的了解和认识。

（3）引进企业专业人才，担任实训教师或者开设讲座

引进企业专业人才，就是把企业的能工巧匠引进校园的课堂之内，让他们作为兼职教师或者实训指导老师，为学生授课或作专业指导，如此一来，有利于学生在校期间能有好的职业生涯规划，在充分了解企业需求的前提下，提高自己的能力，不断接受企业的熏陶，为早日实现上岗就业做好准备。高职院校还能以定期或是不定期的方式向企业聘请一些专家或是企业能手、管理人才等开展各类学术讲座，就学生所关注的热点、难点或是专业知识问题一一进行解答。让学生在与前辈的交流中学习专业知识并提升其综合素质。

（4）加强高职院校对外的宣传语交流活动

学校核心竞争力的提升需要社会的认可，对于高职院校这种培养社会型人才的院校而言更是如此。高职院校应积极向社会宣传学校所获的成就与荣誉，尤其是通过举办重要活动、借助学校培养出的成功人物的宣传，不断扩大高职院校在社会上的影响力。高职院校可以每月举办不同的庆祝活动，如校运动会、开学典礼和毕业典礼以及各种表彰大会等，以此凝聚全校师生

的向心力，鼓励全校师生共同努力，为高职院校创造美好未来。

(5)全方位实施校企结合，构建具有高职特色的校园文化

实施校企结合，绝不能就文化谈文化，因为校园文化不是孤立存在的，而是蕴含在办学的各个环节中，高职院校要构建具有高职特色的校园文化，必须在办学过程中全方位地实施校企结合，从培养目标、课程体系到学生的专业素质、行为习惯等都要满足企业的要求，学校的管理包括教学管理、人力资源管理、财务管理、后勤管理等都要向优秀企业学习，要与优秀企业进行深层次合作，形成良好的合作伙伴关系。

二、潞安职业技术学院校企合作办学情况

潞安职业技术学院是全省招生，是为山西煤矿培养高技能人才的一所学校。山西省煤炭职业教育，在培养能力上，与社会的需求差距大，在培养数量、教育规格和专业结构上都与煤炭发展的要求有较大的差距。特别是近年来由于煤矿的整合，多数煤矿达到大型化(年产量 90~1500 万吨)，采煤设备实现了大型化、重型化、自动化，同时要求实现开采技术先进化、生产管理标准化、安全管理目标化。这就给人才培养提出了更高更新的要求，在人才培养方面只有采取先进的教学方法和先进的教学手段才能满足生产发展的需要。近几年山西省煤炭类高职毕业生的供需比为 1:10 以上，中专毕业生的供需比为 1:6 以上，而且毕业生供需比还会在今后几年内持续趋于紧张。山西煤炭高技能型人才严重短缺现象，将是制约今后 10 年到 15 年煤炭产业安全生产、科技创新和产业发展最直接的原因。

通过对今后 3 年 ~5 年内全省煤矿主体专业毕业生的需求预测，《山西省煤炭工业中长期发展规划》提出“全省煤炭专业技术人员的比例要提高到占从业人员总数的 30%”的目标。按

照这个目标要求，结合当前全省从业人员101万的基数测算，三年内各类专业技术人员要由7.9万人增加到30万人,需再培养22万人左右各类专业人才。

潞安职业技术学院紧紧抓住这一机遇,根据区域经济和社会发展趋势及行业人才需求现状,科学地规划专业建设,建立专业设置、招生规模的计划与调整机制,使高职专业的培养规模与用人单位的需求实现基本平衡。我院根据煤矿开采技术的发展现状,拓展煤矿开采技术专业的培养方向,以培养更加符合煤矿企业需求的技能型人才。现将有关情况介绍如下：

(一)认真落实文件精神,开展校企合作

根据山西省《关于切实加强全省煤矿用工管理的通知》(晋煤劳发〔2010〕1499号)精神,在“五个统一”煤矿用工管理的基础上,潞安集团充分发挥职工教育的优势,利用潞安职业技术学院、技工学校和职业高中的教育培训资源,逐步推行“变招工为招生”,实施先入校后入矿制度。2010年9月,潞安职业技术学院与潞安集团签订协议，为潞安集团订单培养学生1000多人。

(二)确立发展目标,全面进行校企合作

煤矿开采技术专业秉承了学院严谨治学的风范,重视学生基础知识的掌握、创新能力的培养和综合素质的提高。根据“立足潞安,面向煤企,适应时代,服务社会”的办学理念,以潞安集团及长治周边地区对人才的需求为依据,邀请企业专家共同研究论证,明晰人才培养目标,深化工学结合、校企合作、顶岗实习的人才培养模式改革,实现专业教学要求与企业岗位技能要求相对接。强化实践育人,系统设计、开展生产性实训和顶岗实习,将课堂建到生产一线,在设计与实施实践教学方案、配备指导教师、协同管理、保障实习实训安全等方面与企业密切合作。

（三）推进校企对接，深化人才培养模式改革

围绕职业方向订单式人才培养模式，学院与集团建立合作育人工作机制。依据企业的岗位典型工作任务，以相应岗位能力要求为标准，改革课程体系，重新构建课程内容，按照综合素质能力、专业基础能力、职业核心能力、职业技术应用能力、职业岗位能力、预计就业顶岗生产能力等六个环节构建全新的教学模块，形成工学交替的模块化课程体系，学院教学与企业生产育人、岗位培训实现有机统一，教师与企业工程技术人员分段完成人才目标，培训考核实现分工协作、独立实施，真正把用人单位的考核评价的主体作用发挥了出来。

2012年4月，10级煤矿开采技术专业订单培养的1000多名学生已下矿顶岗实习，分别被分配到集团下属石圪节煤矿、常村煤矿、王庄煤矿、五阳煤矿、余吾煤业、高河煤矿、司马煤矿、漳村煤矿等8所煤矿。

（四）强化实践育人，建设实习实训基地

潞安职业技术学院将德国职业教育模式推广到煤矿开采技术专业教学中，建成理论实践一体化教学模式。出台新制度鼓励专职双师型教师在一体化教室通过理论与实践相融合的教学方式教授核心课程。在校内实习基地增加综采机械实训室、综掘机械实训室。建立内外团队人员网络资源共享机制，公司整合后拓展了三个以上的新型矿井实训基地。同时探索向设备制造厂家合作租借或广告式调拨，建立实用的、适合潞安矿业集团需求的技能培训基地，实现生产厂家、制造厂家、培训院校三位一体的新型产、学结合的共参、共育的人才培养和考核评价机制。

（五）加强校内、校外实习，完善校企合作办学的运行机制

根据课程体系改革的要求，通过合理规划实践教学环节。

修订《实验室管理制度汇编》,健全《学生顶岗实习管理实施细则》,制定具体的实训考核办法及成绩评定标准,编写《实训指导手册》,制定完善的实训设备管理办法,健全管理制度,加强实践教学环节的管理。

更新实验室设备,保证学生校内实习。在校内实习基地增加了综采机械实训室(一体化教室)、综掘机械实训室(一体化教室),实现了教、学、做一体化。学生在实习期间,学会综合应用所学知识,针对煤矿的不同生产岗位,参与采、掘、开、机、运、通全过程机电设备的选型、操作、维护、控制和运行管理。通过企业兼职教师指导、岗位考评,以及学校教师的监督考评,综合评定学生的毕业实习成绩。

学生到集团煤矿基层实践 1 个月间, 实习指导教师跟班,企业指定经验丰富的技术人员进行现场指导,将课堂建到生产一线。学生毕业实习是以企事业单位员工的身份顶岗实习,加强了学院同企业合作的深度和广度。

(六)建设校企结合的校园文化,用文化育人

营造具有浓厚企业特色的校园文化,聘请潞安集团企业文化办来学院举办文化理念讲座;将企业文化上墙,在全院学生中开展企业文化知识竞赛, 强化职业道德和职业精神的培养;参加潞安集团道德讲堂,参观潞安展览馆、校史馆,让学生了解潞安集团的发展,体验潞安的企业文化,为以后上岗做好充分准备。

三、潞安职业技术学院校企结合的校园文化

潞安职业技术学院高度重视校园文化建设工作,始终坚持把校园文化建设作为贯彻落实党的十八届三中全会精神和全国职教会议精神的重要途径,以此进一步加强和促进大学生思想政治教育和综合素质教育,丰富校园文化建设的内涵,形成

了更加优良的校风、教风和学风。各种德育活动成为学院在校园文化建设中的主要平台，现已基本形成以德育活动为载体、校企结合为手段、校园文化建设为依托的一条链教育模式，作为一所企业院校我院除不失时机地渗透蕴含深厚底蕴的企业文化之外，还开展了以“中国梦”“国学”“感恩”“道德讲堂”等社会主义核心价值体系内容为主题的多种教育活动，这些活动融“思想性、趣味性、教育性、实践性”为一体，注重企业文化与校园文化的融合，内容丰富，形式多样，覆盖全校师生，充分展现了潞安职业技术学院师生团结进取、积极向上、锐意进取的精神风貌，营造了文明和谐的校园文化氛围，有力地促进了良好校风、教风和学风的形成，促进了学院德育工作的发展。

（一）建设校企结合的校园文化环境，加强校企文化融合

校园文化的核心是一种体现学校意志的客观精神，即校园精神。校园文化具有陶冶功能，对学生的思想修养的提升、心理引导、美育都起着重要作用。健康、文明、积极的校园文化能在潜移默化中影响和制约大学生的思想。

1.合理分区，美化、净化环境

按学校《校园文化建设总体规划》，将校园规划为行政区、教学区、实习实训区、景观区、生活区、文体活动区等6个功能区域，对各区域根据专业和职业特点进行规划布置，营造浓厚的职业氛围。

实施“春有花、夏有荫、秋有果、冬有绿”的“四季飘香”工程，对校园环境进行绿化、美化、净化和人文化。进一步美化由景点、绿化带、水系组成的园林景观，贯穿点、线、面。以学校入口广场、绿化带、假山、喷泉、雕塑、校心公园等景观为点，以道路为线，以开阔的流水和休闲广场为面，有开放式，也有合围型，或升或降，或动或静，以不同的主题满足师生不同的学习、

休闲空间需求。

结合企业文化与职业文化元素命名建筑物，赋予其文化内涵。全校师生参与校园环境的绿化，共同创造幽雅怡人的工作、学习和生活环境。这一举措增强了广大师生对校园文化环境的认同感，发挥了多重教育效果。

2.吸收企业文化元素建设校园文化广场

建立企业文化展示区域，介绍优秀企业家、优秀员工；设置校企合作、订单培养、工学结合典范专区，实现校企文化的互融、互动，推动学校与企业的可持续合作；开辟宣传橱窗，展示学生优秀创意作品、优秀毕业生创业典型，发挥榜样的引领作用；设置就业指导、校务公开、安全法制、心理健康等栏目，从各个不同的角度向学生宣传职业教育理念，开阔学生的眼界，培养学生关注天下、关注人生的宽广胸怀。

3.加强校园宣传舆论阵地建设，为学生提供良好的舆论环境

加强校园宣传舆论阵地建设。坚持以正面宣传为主，紧紧围绕学院中心工作搞好舆论宣传，牢牢掌握正确的舆论导向。严格纪律，加强管理，对校园内各类宣传舆论阵地和对外报道、人文社会科学涉外交流等，均建立党委审查制。充分发挥广播、电视、校园网、院内橱窗、学院报纸等媒介的宣传作用，切实加强思想教育和人文素质教育。

重视发挥校园文化的育人功能。建设科学、健康、高雅的校园文化，活跃课余生活，优化育人环境。充分发挥学生社团的作用，加强对学生社团的指导和管理工作。积极开展各类文化活动，促进学生全面素质的提高。重视教室文化、宿舍文化的建设，使之成为学生自我教育、自我管理、自我服务的重要阵地。

(二)创新校企结合的校园文化形式，提高学生道德修养

高职院校主要培养技能型人才，但有才无德的人是无法适

应社会发展的，甚至会对社会造成破坏，因此，高职院校要注重培养学生的道德修养。

提高学生的道德修养，既需要更新教育观念，改革现行教材系统，又需要创新校园文化形式，由于高职学生的管理可能不如正常的高中那么严格，在教育当中很容易忽视道德素质的培育。而高职培养出来的人员要直接去面对社会，所以高职人员的品德教育就很重要。

校企合作的办学模式，开创了德育的新内容、新形式。学院坚持立足潞安、面向煤企、适应时代、服务社会的办学理念，以社会主义核心价值体系为主导，以学生为主体，以建设优良的校风、教风、学风为核心，坚持校企深度融合，将“为人至诚、为业至精”的潞安核心理念以及“以阳光的心开采光明，以感恩的心回报社会”的潞安核心价值等精神植根于校园文化建设之中，初步形成了以德育主题活动、系列文化活动、道德讲堂为载体的校园文化架构，完善了覆盖课堂教学、课外活动以及社会实践的校园文化建设体系，凸显了校企一体的校园文化建设特色。

结合潞安集团的发展，学院开展了多种形式的校园文化活动，将潞安的企业文化理念融入校园文化建设中，开创了校企结合的校园文化新形式。通过开展潞安企业文化专题讲座、推广感恩教育、进行弟子规教育、学习二十四孝、参观潞安展览馆、走入社区和实训基地等，了解潞安“艰苦奋斗、博采众长、追求卓越”的精神以及“以德治企、厚德感恩”的理念，不断践行潞安集团党委提出的“涵养善良、勤俭、感恩三种美德，培养诚信、实干、担当三种品德”。

2014 年 3 月，学院开设了道德讲堂，围绕立德树人的根本任务，深入挖掘学生中的勤俭节约、诚实守信、助人为乐、见义勇为、自强创新、志愿奉献、敬老爱亲等道德实践事迹，树立校内的道德实践榜样，培育和践行社会主义核心价值观，传播了道德正能量，形成了奋发向上、崇德向善的校园力量，营造了积极健康的育人氛围。

通过开创校企结合的校园文化新形式，将企业的发展战略、文化理念融入各种德育活动中，不断提高学生素质，为企业后续发展储存了潜力。

1.“感恩”教育培养学生道德素养

为进一步丰富校园文化生活、提高学生素质修养、强化学生孝敬和博爱意识，让学院全体同学心怀一颗感恩之心，积极面对生活，学院开展了每年一届的“感恩”主题教育活动，通过广泛宣传，举办讲座、演讲、签名等活动，使学生懂得了感恩，明白了如何感恩祖国、社会、父母、老师、朋友，用行动去践行感恩，传播文明，构筑和谐。

(1)“感恩”主题教育活动的做法

第一，感恩教育宣传。在“感恩”主题教育活动开展之初，每天中午、下午课后学院广播站循环播出“感恩”特辑歌曲；在南院教学楼电子屏滚动播出感恩系列标语；在南北院粘贴感恩教育宣传海报；各班召开“感恩”主题班会；思政部老师将“感恩”主题融入课堂，营造了浓厚的知恩、感恩、报恩的氛围。

第二，感恩教育讲座利用下午课后时间，由思政部老师，分别在教学楼五楼大教室和多功能会议室为全院学生举办感恩教育讲座。讲座采用现代化的教学手段，通过视频、音频等多种手段倾情展现了“感恩于心、感恩于行”的主题思想。老师的娓娓阐述和谆谆教诲以及声情并茂的教学课件深深打动了每一位学生。

第三，校园感恩原创短信比赛。通过征集校园感恩原创短信，从数千条的短信中选出了一、二、三等奖和优秀奖。短信内容从感恩父母到感恩老师,从感恩学院到感恩集团、感恩社会,生动地展现了同学们的感恩之心、感恩之情。

第四,召开感恩主题班会。利用晚自习,由各班班主任主持召开以感恩为主题的班会,班会形式多样、内容丰富。例如:“感谢我所拥有的,感谢我所没有的”“感恩老师”“感恩父母”等,由全班每个人发言进行总结,在班级里形成良好的感恩氛围。

第五,感恩签名活动。在下午课后时间,在南院教学楼前,学院领导和全院师生进行了“感恩于心、感恩于行、感恩教育在行动”签名活动,通过签名,让学生积极去践行感恩,自发地将感恩传播开来。

第六,感恩教育演讲比赛。举办感恩教育演讲比赛,先由思政部老师给参加演讲比赛的同学修改稿件,进行演讲辅导。再利用下午的课余时间,由思政部老师协助学生处辅导员共同承办了预赛和决赛。

通过形式多样的感恩主题教育活动,使学生们明白,感恩不单单是培养一种回报父母养育之恩的感恩意识,更是对责任意识、自尊意识和健全人格的培养,是一种追求人生成就的精神境界。

(2)“感恩”主题教育活动的成效

通过本次感恩系列教育活动,学生知道了如何孝敬父母、感恩老师、感恩学院、感恩集团、感恩社会。通过这次感恩活动,学生们明白抱着感恩的心对待生活、学习,是一种智慧。通过这次感恩活动,学生懂得具有感恩的心,会使家庭温暖、学习愉快、生活快乐、校园文明和谐。

第一,进一步提高了全体学生的思想道德水平,增强了学生的感恩信念。让学生用自己的眼睛去看,用自己的耳朵去听,用自己的心灵去感受,从而在学生心中培植起一种感恩的情感——无论对待父母或者师长、朋友或者对手，拥有或是失去、快乐或者悲伤，都能以一颗感恩的心去面对一切。

第二，通过弘扬中华民族的传统美德，促进了校园和谐，融洽了师生关系，促进了家庭和睦，完善了人际关系，推动了和谐社会的构建。感恩活动，引导学生正确处理三大关系，即人与人、人与社会、人与自然的关系，引导学生树立“三爱”意识，即爱人民、爱社会、爱自然的意识。通过感恩活动，让学生懂得感恩不仅是一种美德，更是一种责任和义务。

第三，让全体学生懂得感恩是一种生活态度，是做人的起码修养和道德准则。让每一个参与其中的人都能感受到生命的可贵，生活的美好，都能够向自己身边的人真诚地微笑。

第四，促进了学院素质教育的实施，提高了教育教学质量。通过不同形式的系列活动，为广大学生提供了平台，加强彼此间的交流、学习，让他们以实际行动诠释和谐社会中的奉献、服务精神，传递关爱之心、构建和谐校园。

第五，通过活动延伸，增强对伟大祖国、社会、学校的热爱，引导奋发向上、努力拼搏的内在精神，充实校园精神文明建设的内涵，激励学生为建设和谐校园贡献自己的一分微薄之力，为社会和企业培养了合格的建设者和接班人。

感恩主题教育活动注重感恩教育的实践性，用丰富的主题活动来传递感恩文化。通过开展“学会感恩、与爱同行”“知恩、感恩、报恩”等感恩主题的系列活动，提高了学生素养，强化了学生感恩意识，培养了同学们的团队意识和集体主义观念，形成了积极向上、团结进取的班风，促进了全院良好学风的建设，汇聚了强大的德育合力，提高了学院德育工作的实效性。

2.国学讲座提高学生人文素养

学院通过组织学习弟子规、二十四孝等，使学生了解中华传统文化,引导学生学习和领悟国学精粹,学习传统道德文化,提高他们的个人素质和内在修养,帮助学生塑造正确的社会价值观和荣辱观,为其将来走向工作岗位奠定坚实的思想基础。

通过学习国学、普及传统文化,让学生了解中华民族共有的精神家园,丰富的传统文化,同时让他们感受到传统文化中蕴藏着的超越时空的价值和生命力。历史和现实都昭示我们,中华民族的伟大复兴,必将伴随着中华文化的伟大复兴。而中华文化的伟大复兴,又会推动中华民族的伟大复兴。因此,国学讲座,丰富了校园文化建设,提高了学生的人文素养。

(三)建设校企互融的实训基地,增强学生职业素养

学院坚持立足潞安、服务社会的办学理念,充分发挥企业办学的优势,实现了订单培养、顶岗实习、学训结合,校企双赢,为企业培养了思想过硬、技能过硬的"双过硬"人才。

1.校企一体彰显办学实力

潞安集团先进的技术和企业文化理念为学院的专业体系构建、专业特色形成提供了强有力保证。学院充分利用了这一优势,积极探索实施"校企融合、订单培养、学训结合、工学结合"的人才培养模式。

校企一体的办学模式为我们的专业建设提供了天然优势。学院与集团的常村矿、王庄矿、五阳矿、漳村矿、石圪节煤业、余吾煤业、高河煤业、司马煤业、潞安机械制造厂等煤矿企业合作,建立了合作稳定、运行良好、有保障机制的校外实训基地;学院还建成了煤矿开采技术和焊接技术及自动化山西省高等职业教育示范基地、山西省高技能人才培训基地以及中央财政支持的高等职业学校提升专业服务产业能力矿山机电专业项目和煤矿开采技术专业、3 个矿井通风与安全专业职业教育实训基地项目共计 6 个省级以上的煤炭类专业实训基地项目,为

学院的人才培养提供了强大保障。此外,学院不断进行文化体验和实践,到目前为止,已建立了北村八路军革命纪念馆、集团展览馆、校史馆、煤机合成油等多家德育教育基地。从整体上推进了校企双方在文化和实习实训等多方面的深度合作,提升了学院的办学实力和办学效果。

2.建设校企互融的实训基地环境

在实训基地设置文化长廊,宣传党的职教政策,介绍企业的能工巧匠、金牌工人、技术能手,介绍学生中的创业典型、技能竞赛中的优秀获奖选手,介绍专业发展前景,宣传专业带头人,让学生明确职业发展方向,增强就业创业信心。

按照企业生产标准建设和管理实习实训场室,深入落实 7S 管理,合理安排和组织学生实训。在实习室张贴安全标语、生产操作流程、安全操作规程,学生踏进实习室就仿佛置身于企业生产车间之中。学生在实训时,身着工服,佩戴胸牌,坚持"班前讲要点,班中讲规范,班后谈小结"的实训程序,完成实训的过程考核与评价。

通过建设校企互融的实训基地,将企业文化融入校园环境中,加深了学生对企业的了解,为就业打下了良好的基础。

四、加强校企文化融合,为企业培养优秀员工

学院十分重视学生思想政治教育工作,坚持以"育人为本,德育为先"的理念,认真落实中发〔2004〕16 号《中共中央国务院关于进一步加强和改进大学生思想政治教育的意见》精神。以社会主义核心价值体系为引领, 将人才培养与企业需求相融合、学生思想政治教育与企业员工素质培养相结合,把潞安企业文化植根于思想政治教育工作中,着重培养了学生的纪律意识、安全意识、责任意识和吃苦耐劳精神,增强了思想政治教育工作的针对性和实效性，为潞安以及相关煤炭企业培养了一大批煤炭类专业的高技能技术型人才。

学院通过丰富多彩的实践教育活动引导全校师生积极践行潞安精神，凸显了学院的校园文化特色。学院将“艰苦奋斗、博采众长、追求卓越”的潞安精神融入学生的日常教育，注重学生职业素养的提升，为企业和社会培养具有吃苦耐劳精神、奉献精神、纪律性强、特别能战斗的后备军。

按照以德育建设为引领、校企文化相融合的理念，将“艰苦奋斗、博采众长、追求卓越”的潞安精神植根于校园文化建设之中，弘扬“为人至诚、为业至精”的潞安核心理念，突出企业办高职的教育特点，实施文化育人工程；积极践行“以阳光的心开采光明，以感恩的心回报社会，以真诚的心造福员工”的潞安核心价值，增强师生对潞安精神的认同感。开展了潞安企业文化的专题教育活动，有针对性地对学生进行思想和企业文化教育；推行潞安集团倡导的感恩教育、弟子规教育以及二十四孝教育等学习活动；弘扬“石圪节精神”，开展“我为潞安添光彩”“潞安梦·我的梦”等主题教育活动，为学生展现自我、锻炼能力、提高素质、拓展才华提供了舞台，推动了校园文化建设的蓬勃发展，彰显了校企融合的校园文化氛围。

在具体实施过程中，注重将校园文化建设渗透到学院整体工作计划中，以严格的管理和制度的保障、系列活动的落实来确保校园文化建设有条不紊地推进。现已初步形成以校园主题教育为载体，对学生开展以爱国、感恩、爱心、责任等为内容的校园主题教育活动。在策划、组织中，学院各有关部门要围绕主题，努力开展融“思想性、趣味性、教育性、实践性”为一体，内容丰富、形式多样、覆盖面广的各项活动，共同营造主题突出、健康和谐、积极向上的校园文化氛围。面对新的形势、新的教育规划要求，学院把目标定位在：充分利用主题教育活动这一载体，向学生渗透德育主旨以及校企文化内涵，发挥学生的主体作用，增强他们参与活动的主动性、自觉性、灵活性，实现大学生思想政治素养的提高，使校园文化建设深入人心。

学院注重通过校园文化主题教育活动来潜移默化地提升学生的素养和品位，并将企业文化和企业精神融入思想教育，注重提升学生的职业素质，培养了一支能在高危行业、艰苦行业工作，具有吃苦耐劳精神、奉献精神、感恩精神，纪律性强、责任心强，特别能战斗的企业后备军。校园文化与潞安企业文化相结合，使潞安的核心价值在学院德育实践中得以显现。同时，潞安集团的强大实力，为学院校园文化的发展奠定了坚强的后盾。打造一流培训基地，锻造高职精品教育是学院孜孜以求的目标，培养专业技能人才成为学院对潞安和社会的回报。

第九章　增加德育工作的趣味性

——第二课堂活动

立德树人是教育的根本任务，是深化教育领域综合改革之魂。习近平总书记指出，青年一代有理想、有担当，国家就有前途，民族就有希望。我省教育厅党组明确提出在“十二五”期间实施“人才强教、布局优化、科技创新、职教振兴、均衡发展、文化引领”等六大工程。

进一步深化德育教学改革，在开好开全现有课程的基础上，充分利用学院“第二课堂”这个平台，从教育理念、教学内容、教育方式等方面进行全方位改革，改变传统德育教学中理论与现实脱节、知识与情感脱节和知行脱节的问题。

作为一所企业院校，学院深入学习贯彻党的十八大、十八届三中全会和习近平总书记系列重要讲话精神，认真学习2014年全国教育工作会议和我省“两会”精神，并且不失时机地开展蕴含深厚底蕴的企业精神文化教育，始终贯彻“育人为本、德育为先”的工作方针，把德育建设作为提升学院办学水平的核心工作。开展以德育活动为载体，校企结合为手段，融“思想性、趣味性、教育性、实践性”为一体的“主题教育”活动，举办艺术节、读书报告会、演讲、书法、各类比赛、艺术展览等校园文化活动，充分结合高职学生的认知规律、实际需求和生活实际，重视活动过程中德育与各门学科间的相互渗透，不断增强德育内容的趣味性、实效性和针对性，激发学生的学习兴趣，调动学生们参与、学习的积极性,使学生在不知不觉中受到教育,做到全员、全过程、全方位育人,强调德育引领和文化育人,达到润物细无声的效果。营造了浓厚的校园文化氛围,丰富了学生们的课余文化生活,为广大学生提供了展现自我、锻炼能力、提高素质、拓展才华的舞台,让广大师生在参与活动中受到了熏陶,师生间逐步形成了强烈的情感共鸣,有力地促进了整个学院形成良好的校风、教风和学风。

一、组织开展德育主题系列活动的比赛

(一)各类演讲比赛展风采

1.省级比赛

积极参加上级部门组织的各类比赛活动,锻炼学生的综合能力,展示学生的个人风采,为学生提升素质能力提供了良好的平台。

(1)参加由山西省职业技术教育学会德育工作委员会组织举办的以"感恩资助、立志成才"为主题的演讲决赛

2011年,为贯彻落实山西省职教学会德育工作委员会《关于举办全省职业院校学生"感恩资助、立志成才"演讲比赛的通知》的要求,积极宣传党和国家的资助政策,激励学生学会感恩、刻苦学习、努力进取、立志成才,积极构建和谐校园,我院11中技班卫明同学参加了山西省中职生"感恩资助、立志成才"的演讲决赛,并获得三等奖的好成绩。

演讲过程中,他现身说法讲述自己的真实故事和切身感受,表达了他感谢学校的资助、感恩社会、努力学习、立志成才的积极态度。他声情并茂、慷慨激昂的演讲,感染了在场的所有学生和评委老师。

国家资助体系基本上涵盖了全国所有家庭经济困难的学

生。我们鼓励教师积极与受资助学生进行深入的谈话，鼓励学生不畏困难、不断努力、自立自强，从点滴做起，传递爱心、关爱他人。一些贫困学生自强不息的事例，激励着同学们知恩、惜恩、感恩，激励着他们发奋学习、立志成才、回报社会、报效祖国。

（2）参加山西省2013年职业院校“中国梦”演讲赛

2013年5月30日，由山西省职教协会德育工作委员会主办的2013年职业院校“中国梦”演讲赛在省建筑职业技术学院举行，来自全省16所职业院校的48名师生代表参加了此次比赛。比赛现场，每名参赛者按照抽签顺序依次上场演讲，由在场的评委即时打分评奖。参赛选手个个表现出色，他们以真挚的情感、感恩的情怀表达了他们对“中国梦”的诠释。其中，学院思政部教师张丽、12级地质班同学杨力、12级矿电3班同学李杰、12级机电一体化班同学李鹏超的演讲赢得了在场观众的阵阵掌声，他们的演讲以生动的事例打动人心，兼以精彩的PPT展示，配以美妙的轻音乐，使整个演讲别具一格、独具风采。展示了学院师生良好的精神风貌，具有较高的演讲水平，彰显了学院师生诠释“中国梦”、理解“中国梦”、实现“中国梦”的强大信心与决心。更重要的是体现了学院师生积极向上、勇于争先的进取精神。

本次比赛，我院思政部教师张丽、12级地质班杨力同学、12级矿电3班李杰同学、12级机电一体化班李鹏超同学分别获得了高职教师组二等奖和高职学生组二等奖的好成绩。

2.学院比赛

（1）第一届感恩教育系列活动——“感恩的心”演讲比赛

感恩是中华民族的传统美德，是社会主义核心价值体系的重要内容，每个人都应怀揣一颗感恩的心，做一个懂得感恩的人。感恩，无所谓大小、早晚、快慢与多少，把感恩之情说出来，把感恩之事做出来，感恩祖国、父母、学校、老师、社会，从我做起，从现在做起，从小事和细节做起。

2009年12月16日~12月21日以班级为单位，在本班教室由班主任主持，一名值班组长和班主任作为评委，各班开展以“感恩的心”为主题的演讲比赛初赛，评比出一名选手，参加复赛。评选要求：主题明确，观点鲜明，语言流畅，感情丰富；着装整洁，仪态大方；演讲时间控制在4~6分钟之内；尽量脱稿演讲，必须使用普通话；记分原则为10分制；要求各班同学必须在教室认真听取演讲。

12月22日、23日下午16:00南院102教室举行“感恩的心”演讲比赛复赛，24日下午16:00全院学生到北院学术报告厅，欣赏了11名同学的演讲。决赛参赛名单：08级会计电算化2班王卓“我心中的太阳”、刘鹏丽“感恩父母”、刘静“感谢母亲”，09级会计电算化2班郭清清“心怀感恩”，09级工商管理班葛剑“感恩也是一种责任”，09级焊接技术班陈千“怀抱一颗感恩的心——对挫折微笑”，09级矿山地质班郭海涛“学会感恩，与爱同行”，09级矿井通风班李洪帅“心怀感恩之情”，09级会计电算化3班王瑶瑶“美丽的谎言，伟大的爱”，08级机电一体化班曹磊“用心去感恩”，08级中专202班祁慧东“学会感恩”。

(2)第一届“爱国主义”教育演讲

为引导在校学生高举中国特色社会主义伟大旗帜，深入学习实践科学发展观，教育同学们弘扬“热爱祖国、服务人民、崇尚科学、追求真理”的精神，帮助同学们树立正确的世界观、人生观、价值观、道德观，增强对祖国的自豪感、使命感和责任感，争做社会主义事业的合格建设者和可靠接班人。于2010年11月30日开始，学院开展第一届“爱国主义”教育活动月演讲比赛活动，有来自20个班级的47名同学报名。经过预赛，有10

名学生脱颖而出，于2010年12月24日在北院学术报告厅进行了决赛。最终评选出一等奖:10级工商管理班牛冬丽；二等奖:09级工商管理班王瑶瑶、09级会电3班葛剑;三等奖:定向通风班路通、09级焊接班陈千、10级会电班吉玲玲;优秀奖:09级会电3班张李英、09级会电3班郭晶、10级工商管理班马刚峰、10级通风班马浩堂。

同学们以生动的语言、充分的论证、感人的事例,表达了自己对“爱国主义”的理解和感受,有些同学倡导大家要从一点一滴小事去表达对祖国、对社会、对学校的热爱,比如,节约粮食、节约用水、整理自行车、排队打饭以及要理性表达自己的爱国情怀等等,以实际行动践行爱国主义精神,充分展现了新时期大学生热爱祖国、奋发进取的精神风貌。

(3)第二届感恩教育系列活动之感恩教育演讲赛

从2011年9月25日开始每天晚自习由班主任在本班级组织以“感恩”为主题的演讲比赛初赛。9月26日下午16:30每班选派1名代表参加以“感恩”为主题的演讲比赛复赛,复赛分两组进行,第一组班级为10发电厂班、10级矿电1班、10级矿电3班、10级煤采1班、10级煤采3班、10级工商班、10级焊接技术班、09级机电一体化班、09级化工班、09级会电1班、09级会电3班、09级焊接技术班、09级中技班、定向煤采2班、定向煤采3班、定向煤采5班、定向机电1班、定向机电4班、定向地质班,比赛地点在南院106教室。第二组班级为10级汽修班、10级矿山地质班、10级矿进通风班、09级发电厂班、10级矿电2班、10级煤采2班、09级工商班、09级会电2班、10级机电一体化班、10级化工班、10级会电班、10级中技班、定向煤采1班、定向煤采4班、定向机电2班、定向机电3班、定向机电5班、定向通风班,比赛在南院107教室举行。思政部老师给参加演讲比赛的同学修改稿件，并进行演讲辅导。9月26日、27日两天，思政部4位老师利用下午的课余时间协助学生处辅导员合作承办了感恩教育演讲比赛的决赛。

9月27日下午16:30进行了以“感恩”为主题的演讲决赛。活动既丰富了大学生的课余文化生活，又培养了大学生的感恩之心，引导他们感恩生活，感谢他人。

(4)举办庆五四演讲赛活动

为了庆祝中国共产主义青年团建团90周年及纪念五四运动93周年，积极开展“创先争优”活动，弘扬五四精神，继承优良传统，讴歌新时期学院广大团员青年敢为人先的精神风貌，进一步丰富校园文化生活，展示当代大学生的风采，充分锻炼学院广大团员青年学生的语言表达能力和协作精神，展示学院学子的青春风采。学院团委举办了“重温五四情，共励青春志”大学生演讲赛。

比赛实行淘汰制，分为初赛、半决赛和决赛，各班于2012年4月15日将参赛选手名单报送学院团委办公室，院团委于18日、19日晚上19:00举行初赛，22日至24日进行半决赛，26日进行总决赛。选手们的演讲内容紧紧围绕主题，观点正确、鲜明，见解独到；内容充实具体，实例生动感人；发音规范，吐字清晰，声音洪亮，体现了新时期职业院校学生的精神风貌，弘扬了时代精神。来自11级煤矿开采技术2班的焦云鹏演讲流畅、自然，节奏张弛随着思想感情的起伏变化，富有艺术感染力。演讲具有较强的吸引力、感染力和号召力，能较好地与听众感情融合在一起，营造了良好的演讲效果。荣获“重温五四情、共励青春志”五四演讲三等奖。

(5)第三届感恩教育系列活动之感恩教育演讲赛

由学生处李彪、郭涛、王攀登和思政部组织，于9月23日晚自习在本班级进行以“感恩”为主题的演讲比赛初赛。参加以“感恩”为主题的演讲比赛复赛的学生分两组进行。第一组:11级发电厂班、11级矿电1班、11级矿电3班、11级煤采1班、11级煤采3班、10级工商班、10级焊接技术班、10级机电一体化班、11级应用化工班、11级中技班、10级会电班。第二组:11级汽修班、11级矿山地质班、11级矿进通风班、10级发电厂班、10级矿电2班、10级煤采2班、11级工商班、11级会计电算化班、11级机电一体化班、10级化工班、10级中技班、11级焊接技术班。比赛地点分别是南院106、107教室。9月25日下午16:30进行了以“感恩”为主题的演讲决赛。此次比赛获得一等奖的是11级应用化工班陶涛；获得二等奖的为11级煤矿开采技术2班焦云鹏、11级应用化工班姚成祥,获得三等奖的为11级矿山机电1班武艳荣、11级煤矿开采3班李玉波、陈旭锦,获得优秀奖的为11级机电一体化班霍琪、11级焊接技术班王红燕、11级会计电算化班秦亚丽、11级中技班卫明。

(6)“唱响主旋律、传播正能量、喜庆党的十八大”演讲比赛

为深入学习和贯彻落实党的十八大精神，唱响伟大祖国好、共产党好、社会主义好、改革开放好的主旋律,激发广大学生爱国、爱党、爱社会主义的热情,推动德育工作的深入开展,学院以喜迎“党的十八大”为契机、以德育实践教学为目的,于2012年11月组织开展了结合讲、写、论、谈、演、赛等形式的德育系列活动。

演讲稿比赛活动在全院28个班级间展开,参与人数达400余人,截至2012年12月20日,思政部共收到82篇演讲稿。同学们的演讲稿中,突出了“唱响主旋律、传播正能量、喜庆党的十八大”主题,结合自身实际,用生动的语言、感人的故事,从不同的层面和角度讲述了中国共产党领导中国走向社会主义道路的

成就，深刻诠释了新时代社会主义核心价值体系的内涵。抒发了“唱响主旋律、传播正能量、喜庆党的十八大”的真挚情怀和喜悦心情。

在这次演讲稿比赛活动中，涌现出了一大批综合素质较高、语言表达能力较强的优秀同学。其中，经过评审教师的评审有11份演讲稿进入决赛的参评。最终，一等奖由11级中技班李鹏玉获得；二等奖由12级煤采1班魏晋文、12级地质班杨力获得；三等奖由定单矿山机电1班张贵斌、订单矿山机电1班郑培毅、12矿山机电4班韩玲获得。同学们的演讲稿反映了大家学习党的十八大的热情和深度，展现了全体同学在喜庆党的十八大期间努力学习、积极进取，用实际行动庆祝党的十八大胜利召开的决心。

2012年12月18日，来自学院各班级的42名学生参加了演讲预赛。同样的主题，来自不同班级的他们，以各具特色的形式进行了不同的演绎。来自12地质班的杨力、定向班的王志维、中技班的卫明分别就文明美德、爱国、贯彻党的十八大等主题内容进行了精彩的演讲。参加此次演讲的同学，各有特色，最后有12名同学进入了决赛。

经过激烈的角逐，评选出了一、二、三等奖和优秀奖。特别奖由11中技班卫明获得；一等奖由12机电一体化班李鹏超获得；二等奖由12汽修班张鸿杰、12地质班杨力获得；三等奖由12机电3班李杰、12汽修班宿学锋、12煤采2班刘文豪获得；优秀奖由定向煤采1班王志维、12机电3班张晋霞、12地质班李玉强、12发电厂班张良、12机电一体化班路宏伟、12矿山机电4班韩玲获得。

通过“唱响主旋律、传播正能量、喜庆党的十八大”主题演讲比赛，让同学们聆听到了那些感人肺腑、激励斗志的故事，领悟到了学习党的十八大精神与发展自我相结合,从而传播正能量的现实意义,同时也提升了同学们的人文素质,营造了学习党的十八大的浓厚氛围。本次主题演讲促进了学生之间的互动交流，把全院学习贯彻党的十八大精神的活动推向一个新的高潮。

(7)以“我的中国梦”为主题的教育活动之演讲比赛

2013 年 10 月 28 日举行的“中国梦、教师梦——铸高尚师德师风”演讲比赛。让每个教师都感受到自己的前途命运与国家和民族以及企业、学院、集体的前途命运紧密相连,要立足岗位,真抓实干,树立以实干为荣、以实干图强、以实干兴企的精神,明确自身的历史责任感,为学生播种梦想、点燃梦想,为践行中国梦、潞安梦以及自己的梦做出了美好的诠释。经过学院领导及各系部主任的现场评分,最终,一等奖由思政部张丽获得;二等奖由经贸系郭燕、基础部胡戎、采矿系刘晶获得;三等奖由基础部杨梦茜、郭伟伟,采矿系朱宇慧获得;优秀奖由思政部常灵洁,机电系原政,学生处郭涛、李彪,经贸系付娟娟获得。

2013 年 12 月 9 日学院举办了“放飞青春志,践行中国梦”演讲比赛。对广大学生深刻理解习近平总书记关于实现中华民族伟大复兴的“中国梦”的重要论述,理解“中国梦”的基本内涵、本质要求和实践路径有重要作用。通过演讲大赛号召学生为实现国家富强、民族复兴、企业繁荣发展的伟大“中国梦”而发奋学习、不懈奋斗。让我们的学生敢于有梦、勇于追梦、勤于圆梦,让每位学生都为实现自己的“中国梦”增添强大的青春能量。

经过三天的预赛,有 28 名学生进入决赛,最终一等奖由 13 级定向矿山机电 1 班杨国梁获得；二等奖由 13 级机电一体化□相龙、13 级矿井通风与安全段霄获得;三等奖由 13 级中技高宁远、13 级定向矿电 2 班元云飞、13 级定向矿电 2 班许雨村、

13级会计电算化班吴文博获得；优秀奖分别由13级矿山机电2班茹江波、13级会计电算化班许嘉丽、13级定向矿山机电1班申豪南、13级矿山地质班李凯、13级机电一体化班牛渊获得。

（二）党旗颂纪念活动

为了隆重纪念党的90华诞，深情回顾党的奋斗历史，重温党的光辉历程，热情讴歌党的光辉业绩及伟大成就，继承和发扬党的光荣传统和优良作风，进一步激励全院教职工和学生爱党、爱国、爱校的情怀，学院党办和思政部联合举办了“党旗颂”征文纪念活动。目的是把每一名师生、每一个岗位都融入活动中，有力地推动学院各项工作的健康发展。

这次“党旗颂”征文活动主题为“讴歌学院党建、学习典型事迹、立志报效祖国”。活动时间为2011年5月17日~6月10日。在为期近一个月的“党旗颂”征文活动中全院教职工及学生积极参与，他们独特的文字表达方式，展现了学院师生及职工对中国共产党的深厚情谊，充分抒发了她们爱校、爱党、爱国的热烈情怀。广大师生通过参与这次活动，更加坚信党的领导，更加坚定理想信念，增强了热爱党、热爱祖国的信心和决心，展示了学院思政建设工作的崭新面貌。

1.“党旗颂”教职工征文活动

从5月17日发放“党旗颂”征文通知开始，思政部就陆续收到来自学院各基层、各部门的职工稿件，共31份，教职工们结合个人的亲身经历和感受，赞美新中国天翻地覆的变化，特别是改革开放以来祖国和人民生活的巨大变化，讴歌党的丰功伟绩，充分展示了学院党建工作的崭新面貌，展现了大量优秀共产党员的形象。

31篇征文，有表达阅读历史知识、党的创新理论以及聆听革命故事、观看红色经典影视片、阅读有关经典作品的心得体会；有记述自己学习先进模范人物，特别是学习身边在平凡岗位上全心全意为人民服务的共产党员的事迹的感受……纷纷表达了他们对中国共产党的拥护与热爱。

最终，学院领导及各系部主任评选出获奖的教职工，一等奖由思政部聂丽萍、组宣部李倩、经贸系王毅英获得；二等奖由思政部程海艳、张洪、张丽，院办赵建华获得；三等奖由教务处李治国，思政部田敏、原黎，学生处宋显明、李钰获得；优秀奖由党办延俞箐，组宣部李德红，成教处呼红霞，评估办魏慧玲，思政部贾景华，基础部李芳芳、李小娥，工会胡雪萍、尚丽芳，教务处胡婷婷、胡叶林、田岗强、范婷婷，学生处蔡伟、王攀登、郭涛、李彪、冯云飞、李多娇获得。

2."党旗颂"学生征文活动

活动在全院各班展开，涉及30个班级，参与学生达1300余人，截至6月10日，思政部共收到341篇文章，学生们结合实践课——党的历史以生动的文笔重温了党的光辉历程，歌颂了党的伟大成就，他们从不同视角、不同方法细致入微地表达了对党的情感，字里行间体现了学生们对党的敬仰与热爱。

对于征文的评审，评审教师本着公平、公正的态度先后对职工稿件和学生稿件进行了认真评比，从中推荐出56份优秀稿件编入南苑社报专刊。由贾景华、张洪、张丽、程海艳、张小玲、史朝晖老师指导的这些形式各样的稿件，内容真实可信、感人肺腑。

"党旗颂"征文活动在全院各部门及师生的大力配合下于6月10日圆满结束。最终，学生组一等奖由09级发电厂班张向阳、10级化工班张瑜、10级机电3班杨奇获得；二等奖由10级煤采2班郭荣亮、09级会计电算化2班魏鹏英、09级会计电算化3班王瑶瑶、10级化工班王晓燕、09级会计电算化3班陈亚梅、09 级工商班葛剑获得；三等奖由 09 级会计电算化 3 班郭晶、10 级机电 3 班武帅、10 级机电 3 班闫巍巍、10 级通风班杨志、09 级会计电算化 1 班陈慧琼、定向矿电 5 班李鹏、10 级机电一体化班赵紫明、09 级会计电算化 1 班牛淑芳、10 级通风班马浩棠、09 级会计电算化 3 班张敏、09 级会计电算化 3 班张峰瑜、学生会余志永获得。

通过开展这次“党旗颂”征文活动，达到了对学生进行思想教育的效果，提高了同学们的思想觉悟及广大团员青年的政治素养，培养了学生“爱校、爱党、爱国”的情怀，增强了学生追求理想的决心和毅力，收到了良好的教育效果，更加激发了老师和学生为实现中华民族的伟大复兴而共同奋斗的坚强斗志。

(三)“和谐杯”书法比赛

建设富有特色的校园文化是学校凝聚力、生命力和活力的集中体现，更是学院和谐发展的应有使命。各种丰富多彩的校园文化活动则是展示学院独特文化风采的重要载体。

1.举办“爱国主义”教育书法比赛

为了更好地培养学生写汉字的好习惯并激发学生对中国书法艺术的兴趣，在院领导的关心和支持下，2010 年 10 月 20 日举办了第五届“和谐杯”书法比赛，这是潞安职业技术学院成功举办了四届“和谐杯”书法比赛的继续。此次比赛正值学院开展第一届“爱国主义”主题教育活动，于是学院将 2010 年的“和谐杯”书法比赛与“爱国主义”主题相结合，面向本院大、中专学生和订单班所有学生征集作品，要求作品内容契合主题，以弘扬中华传统文化，倡导艺术创新，展示学生积极向上的精神风貌。

大赛设一等奖、二等奖、三等奖、优秀奖，并积极向有关报纸、杂志推荐。同学们积极响应，热情高涨，特别是订单培养班的学生态度认真,参与热情很高,创作出了很多的优秀作品。截至2010年10月31日,思政部共收到24幅作品,经过思政部老师们的认真评比。最终,一等奖由10级订单矿井通风与安全代润祺获得;二等奖由10级工商管理班董萌、10级订单矿山地质暴林杰获得;三等奖由10级会计电算化班郗月鑫、10级订单机电2班韩云飞、10级矿山机电3班杨奇获得;优秀奖由09级经贸会计3班陈亚梅、09级工商企业管理班王玲、10级机电一体化班张波、09级工商企业管理班高源获得。

此次展出的书法作品荟萃了全院近两届学生的优秀作品,是一次规模大、品位高的展览。赛后举办的书法作品展展示了学院学生书法的创作成果。作品展中,有方正规矩的正楷、飘逸清秀的行书、妩媚多姿的草书、刚劲有力的隶书、如画如景的篆书。可谓题材丰富,形式多样。书法作为汉字特有的一种传统艺术,是修身养德的好形式、好渠道、好方法。通过举办此次活动,陶冶了师生的情操,为学院营造了健康高雅的育人环境,促进了学生的全面发展。

2."唱响主旋律、传播正能量、喜庆党的十八大"书法类比赛

第六届"和谐杯"书法比赛暨"唱响主旋律、传播正能量、喜庆党的十八大"书法类比赛于2012年12月6日开始,本次比赛作品分别为书法类和绘画类,大赛邀请了学院的书法老师参加评审,保证了大赛公开、公正、公平的原则。整个活动流程为:宣传—收稿—初赛—复赛—决赛。比赛作品有软笔、硬笔、绘画等类型的作品,同学们都纷纷参赛,截止到12月20日思政部陆续收到67份书法作品,共有18个班52人参与了比赛,经过初选有60幅作品进入预赛,然后经书法老师评选有15幅作品进入决赛。

这次比赛中同学们热情很高,作品水平上佳。一幅幅硬笔

书法、软笔书法、水粉画、素描等作品展示出同学们精湛的才艺，很多优秀作品脱颖而出。他们挥毫泼墨、尽显其长，均发挥出了较高水平，展现了独特的艺术魅力，展示了自己的艺术风采。

经过参评教师认真负责的评比，12 煤采 3 班郭凌沛获得一等奖；11 级机电一体化班武立、11 级机电一体化班霍琪获得二等奖；12 级机电一体化班范美晨、11 级发电厂班赵焱杰、11 级机电一体化班金梁获得三等奖； 定向煤 1 班连铁鹏、12 级煤采 1 班张超、11 级发电厂班李苗苗、12 级煤采 2 班张宁获得优秀奖。这些作品契合主题，总的来说达到了预期的效果，充实了学生的课余生活，丰富了校园文化生活，促进了校园文化建设，培养了同学们自信的风采、儒雅的举止、高尚的品格。

3.践行“中国梦”书画作品比赛

用优秀的艺术作品为“中国梦”凝聚更多的正能量，以“社会主义核心价值体系”“科学发展观”“感恩祖国、感恩中国共产党、感恩改革开放”“讲文明、树新风”“立足岗位、践行中国梦”为内容的第七届“和谐杯”书法比赛暨“中国梦”书画作品比赛于 2013 年 11 月在学院拉开了帷幕。

在为期一个月的书画比赛中， 全院教职工及学生积极参与，从 11 月 5 日发放“我的中国梦”书画作品比赛通知后，思政部就陆续收到 35 份来自学院教职工及学生的作品， 其中有 21 幅画作、5 张毛笔字、9 张钢笔字。

在本次评选活动中，评审教师本着公平、公正的态度对所有作品进行了认真评比，得出了最终结果。继续教育处的郭世平老师获得特等奖，13 级煤矿开采 1 班的和徐达获得一等奖；13 级矿山机电 1 班的薛明宇、12 级焊接技术班的邓成帅、13 级定向地质班的王晨辰等同学获得二等奖；13 级矿山机电定向 1 班的李浩森、13 级定向通风与安全班的田然、13 级矿山机电 2

班的侯亮、13 级焊接技术班的苗海鹏等同学获得三等奖；13 级矿山机电 2 班张瑞云、13 级定向矿电 2 班张震、13 级地质班张伟、13 级矿电定向 1 班李通、13 级发电厂班的付亚林、13 级矿电定向 1 班申慧杰等同学获得优秀奖。这些作品形式各样(油画、素描、简笔、剪纸、毛笔、钢笔)，内容积极向上，都表达了对学院、对潞安、对祖国的热爱。

“我的中国梦”书画比赛优秀作品在全院进行统一展览，并被推荐至集团文联等相关刊物。丰富和精致的作品，充分展示了广大师生的才华，体现了他们的参与热情。该活动调动了学生的积极性，提高了他们的动手能力，更重要的是让学生更加深刻地了解到“中国梦”的内涵，并努力践行。正可谓，挥毫一展意气风发凌云志，造就灵秀隽美职院学子心！

(四)读书活动

读书是一个人成长的重要方式。读书可以提升修养，拓展人生，读书也可以丰富生活，愉悦身心，读书还可以调节情绪，丰富情感，读书还能拓宽我们的知识视野，提高我们的心灵境界……

温家宝总理曾强调：“一个不喜欢阅读的民族很难成为远离贫穷和平庸的民族，一个没有阅读的学校永远不可能有真正的教育。”读书关系到一个人的生活品质，也关系着整个民族的精神境界。一个人要成长，必须在有限的时间通过书籍这种间接的方式获取丰富的知识，进而运用到实践。一个国家国民素质的提高、一个社会的进步也需要通过推进全民阅读，把书当作精神食粮，形成整个社会的阅读习惯，获取人类源远流长的思想文化精髓。我们应该把读书作为一种生活习惯，作为一种人生态度，持之以恒，坚持终身。

学院从 2008 年开始举办的“读书活动月”活动就是基于以

上思考，通过知识问答竞赛、资料阅读分析、写读书心得、谈读书与人生的关系等形式，促使广大学生养成阅读的习惯，加强和推动读书活动向纵深层面发展，让每位学生“想读书、爱读书、会读书、读好书”，并通过读书活动促进良好校风、学风的建设，为进一步推进素质教育，优化校园文化环境，构建安全、文明、健康、和谐的校园发挥重要作用。

1.第三届“读书活动月”

第三届读书月活动开始于2010年11月，思政部积极组织和宣传此次活动，通过给学生们推荐读物并鼓励同学们到图书馆借阅、写读书体会、记读书笔记等，培养学生“多读书、读好书、会读书”的良好习惯，并编制印发了几百份适合学生的试卷。每份试卷22页，其中有240个客观题，30个主观题，包括文化、历史、文学、社科、哲学、时事等多方面内容，最终以团体知识大赛的形式为11月份的读书活动月画上了一个圆满的句号，大赛评选出了优秀组织奖：10级会计电算化班；团体一等奖：09级发电厂班；团体二等奖：10级矿山地质班、10级矿山机电3班；团体三等奖：10级发电厂班、10级机电一体化班；团体优秀奖：定向煤采4班、09级应用化工班、09级工商管理班，培养了同学们“爱院兴院”的团队协作精神。

2.第四届“读书活动月”

2011年11月，学院举行第四届“读书活动月”活动，活动中学院鼓励学生制订读书计划、借阅图书阅读、摘抄读书笔记、撰写读书体会、诵读名诗名篇名段、参加班级读书知识竞赛，号召大学生告别低级、庸俗、不健康的书籍、杂志、报纸。在校园悬挂标语，开展口袋书阅读；号召学生制订读书计划，各班通过建立图书角、布置宣传学习栏、开展主题班会、出主题黑板报，形成班级特色文化；鼓励同学们到图书馆、阅览室借阅图书，并将有关知识进行分类、汇总、整理，以答卷形式下发给各班进行普及，各代课教师向各班介绍好书，引导学生阅读，让学生了解古今中外的重大事件、社会风貌、风土人情、思想变迁、文化名人等，理解中华民族优秀的文化传统，使人人都树立随时充电学习的理念，增强社会责任感，更好地关注社会、融入社会、服务社会。

3.第五届“读书活动月”

2012 年 11 月开展以“享受阅读，快乐生活，让读书成为一种习惯”为主题的第五届“读书活动月”。各班高度重视，班主任通过召开班会、学生座谈会，动员全体学生积极参与，让每一个学生认识到想读书、读好书、好读书的重要性，让学生感受到终身学习的迫切性，体会读书的乐趣。同时，各任课教师注重引导学生并给学生推荐各种优秀专业书籍，积极协助、配合本次活动，努力在班里营造读书大环境，每周以不同的读书主题让学生展开读书汇报，并加以积极的引导。图书馆、阅览室及全体教师全力配合、认真落实，达到全员读书、共享书香的效果，也很好地促进了学院良好学风的形成。

4.第六届“读书活动月”

为深入贯彻党的十八大文化强国战略，落实党的十八届三中全会精神，推动文化改革，促进全民阅读，实现文化为民、文化惠民的目标，第二届书香“三八——阳光女性·幸福中国”读书征文活动于 2013 年 11 月 22 日在中国现代文学馆正式启动。各基层女工干部将读书征文活动与全总组织的“创建学习型组织，争做知识型职工”活动和潞安集团开展的“读十本好书”等活动，以及女职工提升素质与建功立业工程相结合，广泛宣传发动，积极组织女职工撰写感悟心得。

收到的稿件具有真情实感，积极向上，贴近日常生活和工作，反映了时代精神面貌。在收到的稿件中，有的人结合书中某一章或某一节的核心理念和观点，阐述了自己对“幸福”和“阳光心态”的认识和领悟，畅谈阳光心态与幸福人生的关系；有的人结合个人生活和工作经历，论述了如何培养阳光心态、如何调适心理、如何控制不良情绪以及如何提升幸福能力等；有的人通过叙述发生在自己身边或自己亲身经历的快乐故事、幸福故事，书写了个人对幸福单位、幸福城市、幸福中国建设的认识，礼赞幸福单位、幸福城市、幸福中国建设的可喜成果。此次活动达到了预期的效果，具有深远的意义。

二、注重学生全面发展，发挥和强化德育在各学科中的渗透力

德育对促进学生全面发展起着主导性作用。教育家赫尔巴特说：“教书如果没进行德育，只是一种没有目的的手段；道德教育如果没有教学，就是一种失去了手段的目的。”一般人认为在课堂上对学生进行德育是思想品德老师和班主任的事，跟其他学科老师毫无关系。其实不然，德育工作不仅仅只局限于思想政治理论课课堂上，在我们学习、生活的方方面面都可以展开有效的德育工作，各门学科老师可以有意或是无意地在教学与实践中加以渗透与强化。

按照德育为先、专业为主来全面提升学生素质的培养目标，学院积极鼓励学生参加省内外各类比赛活动，通过参加全省、全国范围的英语风采大赛、职业院校技能大赛、文明风采大赛、数学建模比赛以及职业信息化比赛等赛事活动，提高了学生的团队合作意识以及专业技能，也为学生展现自我、锻炼能力、提高素质、拓展才华提供了更大的平台。

（一）计算机课程与德育活动紧密结合

随着计算机信息技术的不断改进和计算机互联网的迅猛

发展,使人们获取信息、处理信息的方式和能力发生了质的飞跃。同时,一些不道德的信息也在互联网上得到传播,如暴力、色情、恶意侵犯他人隐私的信息等等,大学生如何培养健康的信息筛选意识,树立正确的人生观、世界观,从而在信息的汪洋大海中正确把握人生的方向,形成良好的信息技术道德,成为高职院校德育工作必须解决的难题。计算机课程作为高职院校各专业的必修课,是一门独立的、集知识性与技能性于一体的基础性学科,我们要利用信息网络开展多种形式的德育活动,抓住时机、有机渗透,培养学生良好的信息技术素养。

1.计算机日常教学中的德育引导

良好的习惯可以在潜移默化中养成,也可以靠有意识的训练来培养,在计算机教学中要注意常规教学与有意识训练相结合。

(1)在信息技术课程学习中,强化德育理念,培养学生自觉性

首先,在计算机教学中反复强调一些规范的操作规程。高新科技设施时常会因程序被破坏而处于瘫痪状态,信息技术教师在上机课时应严格要求学生爱护机器设备、遵守机房各项管理规定。如正确的开、关机步骤;注意及时保存数据;存储文件要小心;保持安静,注意清洁;课堂上不能随意聊天、玩游戏、看电影、浏览与课程无关的内容;不能拿删除他人文件取乐;不要猛力敲打键盘;不得私自拆卸、搬移设备,更不得把机房物品带走等等。通过说理诱导和榜样示范等教学方法,及时纠正个别学生的不良习惯,实现信息道德教育在“情”“理”之中潜移默化地进行,把培养学生的良好习惯当作一项教学的基本任务和重要职责来推进。

其次,在讲授因特网网页浏览查询的内容时,信息技术教师有意识地将新闻网、军事网、校园网作为教学示例网页。用国

内外热点时事作事例，既能讲解网页浏览的制作的专业知识，又可以通过这些事例，让学生学会主动关注时事，潜移默化地提升学生的人生观和世界观。使学生明确国家的强大和发展，需要依靠全国各族人民的团结和努力，作为青年学生，必须认真学习，提高爱国情感和民族自尊心，增强自身的使命感。

再次，利用多媒体手段，使学生将高尚的道德内化于行。部分计算机教师别出心裁，在上机课上让学生自己动手制作多媒体课件，既增强了计算机课程讲授过程中的趣味性，吸引了学生学习计算机技能的兴趣，又将德育工作寓于计算机教学中，增强了课程的实用性和教育意义。比如，以“感恩”为主题来制作电子贺卡，感恩对象可以是父母、老师或其他亲人。学生制作的过程就是一次情感反思和情感培育过程，是对对他人、对社会心存感激的意识的强化，可以唤起知恩图报的良知。许多学生在完成作品后，可以通过电子邮件的方式把自己的作品送给感恩的对象，加深双方的情感交流。又可通过制作 FLSAH、Powerpoint 等作品，将其与学校德育部门开展的教育主题结合起来，利用校园网络平台进行优秀作品的展评，让学生在素材收集、创作构思、讨论点评等过程中受到启发和教育。

最后，教育学生认识到“计算机安全问题的重要性”，了解“计算机犯罪”的含义，通过案例教学使学生明白：计算机病毒一旦爆发，将会对人类社会产生巨大的危害。“黑客”会破坏计算机的数据信息，损坏计算机的硬件，造成系统崩溃，甚至使 Internet 瘫痪，严重危害我们的信息安全，这些行为属于犯罪行为，应受到法律的制裁。在“网络通信”教学中，教师因势利导，教育学生在网上注意自己的个人信息安全，包括保护好自己的各种账号以及密码等。加强对学生的法制教育，使学生在今后的学习和工作中，对于保障计算机安全、防止和制止计算机犯罪给予足够的重视。

(2)在学生上网的过程中,塑造德育行为,明确责任意识

在信息产业高度发展、人们对于信息的需求越来越多的今天,网络成了最好的传播媒体。在选择网络信息方面要进行合理引导,使学生通过正确的途径感受网络带来的便捷,从而提高学生的鉴别能力和文化素养。引导学生从内心深处自觉地抵御低级、庸俗、不健康信息的侵蚀,自觉地规范自己的行为。

首先,充分发挥网络信息技术的育人优势。学院以班级为单位设立了德育电子信箱和 QQ 群,充分利用聊天工具与学生交流、谈心,拉近了师生、生生间的距离,及时了解到学生的思想动态和心理需求,了解学生关心的内容,适时地进行纠正和引导,积极发现先进模范并进行宣传、报道,让学生在聊天中也能感受到榜样的力量。互建家校电子信箱,及时掌握学生的家庭教育情况,促进了学校的德育工作。班主任与计算机教师鼓励学生根据个人爱好及专业特点建立个人空间、博客、网站、论坛,让学生在过程中提升了自身素质,构筑了一道美丽、健康的“校园绿色风景线”。

其次,虚拟网络环境中的自由性、开放性、无约束性往往会让长期受到严格纪律约束的学生完全释放甚至是放纵自己,为所欲为。在这个虚拟世界中老师和学生要严格规范自己的行为,不随意制造、传播虚假、不健康信息;教师要让学生清楚地认识到未经他人允许随便抄袭他人的作品,甚至剽窃他人科研成果是可耻的,引导大学生自觉地以诚信准则来约束自己的行为,树立诚信意识,营造人人都讲诚信的学校氛围。

再次,预防网瘾的发生。学院学生处、各班辅导员对夜不归宿的学生进行通报批评,在第一时间发现有网瘾倾向的同学,及时进行批评教育,在源头上避免危害的发生。同时,在每周的

生活班会上，要求学生做到合理安排时间，制订学习计划，逐步养成良好的网络习惯并达到道德上的自律，进行健康有益的网络活动，成为一个高素质的网民。

2.通过计算机技能大赛使学生在竞争中提升和完善自己

学院把突出技能训练作为教学改革的核心内容，坚持培养高技能高素质人才，将计算机应用基础课程"课证合一、课赛结合、以赛促学"作为培养学生专业技能的有效手段，同时也将德育实践活动在具体学科中得到推进。在各项大赛中取得的优异成绩充分展现了学院教师、学生过硬的专业技能，在学院营造了浓厚的学习氛围，丰富了德育内容，增强了师生的竞争意识与协作精神，培养了学生在竞争中不投机取巧、不依靠玩弄手段获胜、按比赛规则竞赛的竞争意识。

(1)学院比赛每年如期开展

自 2004 年开始，至今学院"发展杯"计算机应用能力与信息化教学大赛已经举办了十届了，所取得的成绩是有目共睹的，对于学院计算机技术的发展和师生的计算机技能的提高有很好的促进作用，使师生在"比、学、赶、帮、超"的学习氛围里大步前进，在公平的竞争环境下，发现差距，用积极乐观的心态去改变、去争取，不断完善和充实自己。

2004 年第一届"发展杯"计算机应用能力与信息化教学大赛。在课件制作中，来自 04 级 110 班的任杰凭借"爱我校园"个人网站获得一等奖；04 级 110 班姬志伟的"潞安学院同学录"、04 级 110 班岳美玲的"欢迎你和我一起学习"、04 级 107 班胡彦军的"可爱的校园"获得二等奖；04 级 110 班吴莎莎的"历史的文化"、04 级 103 班王怡忻的"明天会更好"、04 级 110 班马筱初的"学院腾飞"、04 级 113 班杨晶的"电子商务课件"、04 级 104 班郭霈丹的"英语课"、04 级 304 班周芳"一分钟"获得三等奖;04 级 108 班赵怀玉、03 级 201 班张茜、04 级 112 班高美琴、04 级 112 班李丽萍、04 级 107 班申耀辉、04 级 112 班张兰芳获得优秀奖。中文录入计算机专业组获奖名单:张龙飞获得一等奖;刘鹏、任杰获得二等奖;邢晨东、李丽、严栓英获得三等奖;李东东、王海燕、吴莎莎、周晓芳、周克芳、程跃波获得优秀奖。在中文录入非计算机专业组获奖名单:04 级 103 班王星、04 级 101 刘伟班、04 级 101 班高英杰获得一等奖;04 级 112 班高美琴、02 级 104 班刘军波、04 级 111 班苗琛、04 级 112 班张兰芳、04 级 111 班李慧琴获得二等奖;04 级 111 班王巍、04 级 111 班郝彦伟、04 级 111 班王晓娜、04 级 103 班李婷婷、04 级 104 班张丽娜、04 级 104 班武林泽、04 级 104 班范程娇、04 级 112 班李丽萍、04 级 101 班岳兰兰、04 级 105 班马蔚、04 级 103 班崔鹏、04 级 101 班王志霞、04 级 104 班袁鹏获得三等奖。

第二届"发展杯"计算机应用能力与信息化教学大赛。课件制作中,04 级 110 班张龙飞以论坛设计、05 级 101 班姚云春以网站设计、05 级 106 班雷鸣以影视剪辑获得一等奖; 网页制作方面,05 级 101 班王琛、05 级 101 班王明莉、Flash 制作 04 级 113 班杨晶、幻灯配音 05 级 116 班张茜获得二等奖;网页制作方面 05 级 101 班孟海涛、 幻灯制作 05 级 111 班董志明、04 级 113 班武跃伟、05 级 109 班来明明、05 级 104 班谷保明获得三等奖。优秀奖——网页制作:05 级 101 班霍秀玲、05 级 102 班张艳、05 级 101 班都海平、05 级 101 班廉军军、05 级 112 班王瑞、05 级 101 班裴娅娜、05 级 101 班常佳佳、05 级 101 班李晨霞; 优秀奖——幻灯制作:05 级 102 班魏佳慧、05 级 102 班李娜、04 级 113 班王浩辉、04 级 113 班毛志卫。中文录入——中专组,05 级 207 班杨静获得一等奖;04 级 201 班郝继英、04 级 202 班李勇、04 级 204 班秦晓佩、04 级 302 班崔魏、04 级 203

班李翔、04 级 302 班张祥获得二等奖；05 级 207 班郭雷、05 级 205 班马进、04 级 303 班牛龙章、05 级 207 班李涵玉、04 级 203 班姬青云、04 级 302 班申路娟、05 级 301 班杨勇获得三等奖；05 级 210 班暴美鹏、05 级 203 班栗晶、04 级 203 班张婷、04 级 303 班申丽娜、05 级 207 班李素丽、05 级 212 班秦宁、04 级 203 班李平、05 级 206 班栗慧杰、05 级 206 班郝晓宇获得优秀奖。中文录入——大专组，05 级 101 班王明莉、04 级 110 班张龙飞获得一等奖；05 级 101 班姚云春、05 级 105 班谭娟娟、05 级 111 班董志明、05 级 109 班来明明、05 级 102 班李娜、05 级 101 班霍秀玲获得二等奖；05 级 107 班李俊梅、05 级 107 班王建波、05 级 102 班魏佳慧、05 级 101 班常佳佳、05 级 102 班陈川、05 级 101 班连军军、05 级 105 班连成红、05 级 101 班巩成、05 级 112 班赵岩、05 级 101 班王二玲获得三等奖；05 级 101 班王琛、05 级 102 班王卓、05 级 103 班张亮、05 级 105 班廉小霞、05 级 101 班李晨霞获得优秀奖。电子竞技大赛中第一名由 05 级 113 班 Angel zone：景文科、马力、梁文强、李亮、刘阳宫获得；第二名：04 级 302 班 SK：向明鉴、连超、沈少凯、张祥、张锋杰；第三名：04 级 101 班 A509：李景亮、刘晋、李浩、肖明超、王斌。

第三届“发展杯”计算机应用能力与信息化教学大赛。中文录入中专组 06 级 205 班张仙文获得一等奖；04 级 204 班徐东、04 级 204 班崔巍、06 级 207 班牛海燕获得二等奖；06 级 211 班沙仲祺、04 级 204 班刘洋、06 级 203 班王慧、06 级 204 班韩浩、06 级 211 班孙泽霖、06 级 210 班马帅、06 级 211 班赵大伟、06 级 203 班张亚丽、04 级 204 班张恒、06 级 203 班郑琦、06 级 204 班庞慧君、04 级 204 班韩磊获得三等奖；大专组 06 级 106 班高鹏利获得一等奖；06 级 107 班付晓岗、06 级 116 班常娟娟、06 级 109 班陈旭岗获得二等奖；06 级 113 班王小丽、06 级

101 班米小瑞、06 级 101 班李凯、06 级 115 班张静扬、06 级 113 班赵丽丽、06 级 104 班郭爱珍、06 级 104 班王君君、06 级 106 班陈云获得三等奖。CS 比赛中有 26 个战队参加，包括小牛队、雪狼队、半条杀手、颓废精英、疯狂战队、ET、黑鹰战队、redbird 等等，在游戏中提升自己的计算机应用水平，对网游学生玩家提供了很好地展示自我的平台。课件制作有 39 名学生参加，获得前 5 名的是 06 级 115 班王天雪、06 级 115 班冯青、06 级 115 班黄红香、06 级 115 班王红燕、06 级 115 班聂静。

第四届“发展杯”计算机应用能力与信息化教学大赛。中文录入比赛中，大专组：一等奖由机电工程系 07 级机电 3 班徐东获得；二等奖由机电工程系 06 级 106 班高鹏利、经贸管理系 07 级电子商务班朱科、经贸管理系 07 级电子商务班李莉、机电工程系 06 级 107 班付晓岗获得； 三等奖由采煤 07 级 2 班秦玮栋、发电厂 07 级 2 班苗木杰、06 级 107 班亢旻、07 级电子商务班王丹、06 级 102 班王乐、06 级 115 班王媛媛、07 级机电 3 班王浩、07 级电子商务班高欢、矿电 07 级 2 班于朝旭获得。中专组：一等奖由 06 级 205 班张仙文获得；二等奖由 06 级 207 班牛海燕、07 级 202 班裴龙龙获得；三等奖由陈莎、牛帅、王晨、张琪、郭蓓蓓获得。Office 办公软件比赛一等奖由 06 级 106 班高鹏利获得； 二等奖由 07 会电 1 班陈艳佳、07 发电 1 班王远旭、06 级 107 班亢旻获得； 三等奖由 07 级电子商务班吕英英、07 级电子商务班郎艳艳、07 级机电 1 班、李再蕾获得。电子竞技比赛中 CS 比赛第一名 06 级 102 班 Fratic 战队、第二名采矿工程系采煤 07 级 2 班 Scilent 战队、第三名发电 07 级 2 班 110 战队获得。本次比赛中还加入了大学生喜爱玩的网络游戏——魔兽比赛，第一名由发电厂 07 级 1 班范跃伟获得；第二名由煤采 07 级 2 班王森浩获得。跑跑卡丁车比赛中，第一名由经贸管理系 06

级 103 班魏翔获得；第二名由中专技工部 07 级 206 班李治鹏获得；第三名由中专技工部 06 级 202 班牛帅获得。通过这些比赛既深化了课堂上的知识，又锻炼了学生的应用能力，还巩固了兴趣，把游戏作为了一种推动、学习进步的手段，让大家轻松愉快的享受计算机带来的好处。

第五届“发展杯”计算机应用能力与信息化教学大赛。中文录入比赛大专组一等奖由 08 级发电厂班及电力系统班马骉获得；二等奖由 07 级电子商务班朱科、李莉、08 级矿井通风与安全班甘露获得；三等奖由程志远、王丹、刘倩、佟亚伟、王朝霞、邵帅帅、吕英英、马永恒、高晓晖、徐鑫鑫获得。中专组一等奖常静；二等奖赵世春；三等奖原晴、常锦超获得。创意设计比赛发电厂及电力系统 07 级 2 班郭权获得一等奖：08 级矿井通风与安全班徐鑫鑫获得二等奖；刘卫峰、王丹、任勇民获得三等奖。CS 比赛，第一名由 08 级煤采 2 班 killer 战队获得；第二名由 07 级电子商务 Power Fire 战队获得；第三名由 07 级应用化工 cpp. Wolf 战队获得。

第六届“发展杯”计算机应用能力与信息化教学大赛。中文录入中马骉获得一等奖；张宇辰、孙亚萍、刘倩、张培文获得二等奖；董鹏、王晓东、王静、郝豆豆、李首良、赵丽、刘海婷、韩芳获得三等奖；梁丹、崔海东、陈明、陈亚梅、时桐获得优秀奖。office 办公软件中一等奖由韩超、曹波、申浩、李彦强获得；二等奖由娄一骄、陈千、张崇金、李高峰、刘海婷、张向阳获得；三等奖由李觐、任晓晨、赵梦云、梁燕、董鹏、王萍、王艳鹏、赵瑜、杨泽、刘磊、段楠楠、尹磊、马骉获得。教师组课件制作比赛中，赵芬艳获得一等奖；贾景华、程海艳、李雁、赵丽霞、马利伟获得二等奖；秦韶艳、薛龙英、史朝晖、刘海霞、沈雪梅、周欢获得三等奖。

第七届“发展杯”计算机应用能力与信息化教学大赛。教师课件比赛获奖名单：一等奖获得者为机电系吴彩霞、采矿系王敏、信息管理中心姚秀梅、思政部原黎；二等奖获得者为思政部张丽、张小玲、田敏、经贸系李艳玲、采矿系刘海霞、冯锦华、学生处、李彪；三等奖获得者为思政部张洪、基础部李芳芳、李小娥、张莉丽、采矿系卫丽君。学生课件比赛获奖名单：一等奖获得者为10级矿山地质班任杰；二等奖获得者为09级会计电算化2班张宇辰、09级发电厂及电力系统班白永晓、10级煤矿开采班罗京晓、定向矿井通风与安全班石文鹏；三等奖获得者为09级焊接技术及自动化班陈千、09级发电厂及电力系统班张向阳、10级工商企业管理班逯云芳、10级煤矿开采班田丰、09级会计电算化2班侯小芳；优秀奖获得者王文奇、申明峰、姚堃、韩亚科、卫鹏、李辰。Office办公软件比赛中，一等奖由09级应用化工班娄一骄、09级应用化工班张培文获得；二等奖由张宇辰、侯小芳、赵瑜、陈千、杨静、张向阳获得；三等奖由09级发电厂及电力系统班余志永、09级发电厂及电力系统班白永晓、10级煤矿开采3班李鹏、10级矿山地质班任杰、10级会计电算化班李亚姣、杨晋获得。中文录入比赛获奖名单：一等奖由10级会计电算化班刘林广获得；二等奖由09级会计电算化2班张宇辰、10级矿山地质班任杰、10级矿井通风与安全班王晓东、09级发电厂及电力系统班白永晓获得；三等奖由10级会计电算化班李瑶、李亚姣、程晋欢、杨晋、10级矿山机电班齐庆、胡迪、09级发电厂及电力系统班王静、定向煤矿开采2班常凯、10级矿山地质班孙佳赟获得；优秀奖定向煤矿开采2班张旭东、10级工商企业管理班郭志强、10级矿山机电班王砚鑫、09级会计电算化2班刘海婷、09级会计电算化3班陈亚梅、10级机电一体化班杨静获得。

第八届“发展杯”计算机应用能力与信息化教学大赛。多媒体课件制作比赛获奖(教师组)名单:一等奖获得者有机电系吴彩霞、思政部贾景华;二等奖获得者有思政部原黎、程海艳、张小玲、张丽,基础部赵芬艳,采矿系冯锦华,经贸系桑丽;三等奖获得者有思政部张洪、田敏、韩芬,经贸系张珊珊,采矿系赵丽霞、刘海霞、史朝辉、马啸雪,基础部李芳芳、李小娥、张莉丽,招生办魏慧玲。中文录入比赛中:一等奖获得者有10级会电班刘林广;二等奖获得者有11级矿物加工班郝琛飞、11级煤采2班曹亮、11级矿山机电2班冉春磊、11级煤采2班牛凯元、11级中技班张嘉;三等奖获得者有11级机电一体化班张光、10级机电一体化班杨静、10级会计电算化班李亚姣、10级机电一体化班陈凤、10级会计电算化班杨晋、11级会计电算化班刘莉、11级矿山机电1班陈鹏鸣、10级会计电算化班程晋欢、11级应用化工班郭勇、11级会计电算化班杨艳。图文混排和电子图表比赛中:一等奖获得者为10级会计电算化班李亚姣;二等奖获得者为11级机电一体化班李倩、11级矿山机电1班郭琛刚、10级会计电算化班杨晋、11级机电一体化班赵耀欣;三等奖获得者为11级应用化工班韩超、11级机电一体化班樊汝岚、11级会电班段苏桐、11级矿井通风与安全班丁甲伟、10级会计电算化班程晋欢、11级中技班白慧君、11级应用化工班李治兵、11级应用化工班陶涛、11级煤采2班牛凯元、11级会电班王琪、郭倩、11级焊接技术班王红燕。多媒体课件制作比赛中:一等奖获得者为11级机电一体化班李倩;二等奖获得者为10级工商管理班郭志强、10级会计电算化班刘鑫、11级应用化工班张艳;三等奖获得者为10级工商班陈星星、范霞、逯云芳、张文洁、孙丽潇,11级应用化工班侯露雲、10级机电一体化班李静、张波、杨静,11级矿山机电1班石梦飞。

第九届"发展杯"计算机技能大赛。多媒体课件制作比赛获奖(教师组):特等奖获得者为经贸系王毅英、武装部田素文;一等奖获得者为采矿系史朝晖、经贸系张珊珊、思政部韩芬;二等奖获得者为基础部李杉杉、李芳芳、牛华栋,采矿系刘海霞,机电系王雷、吴彩霞、刘霞,经贸系苗路霞、桑丽,思政部张丽、程海艳、张小玲;三等奖获得者为基础部陈俊义、秦韶艳、任引弟、李国琴、黄潞敏、雷凤霞,思政部田敏、原黎、葛秀丽、常灵洁,机电系马利伟、白雪、周欢,经贸系魏慧玲、郭燕。多媒体课件制作比赛中,一等奖获得者为12级发电厂班王敏;二等奖获得者为11级发电厂班李苗苗、赵焱杰,11级中技班李鹏玉,12级会计电算化班秦岚、赵岩,12级煤采3班张泽世;三等奖获得者为11级应用化工班张艳,12级发电厂班刘淼,12级会计电算化班陈珊、岳波、刘萍、郝鹏雨。中文录入比赛一等奖获得者为12级煤采1班李焕;二等奖获得者为12级矿山机电3班杨泽晋,12级煤采1班冯斌、刘辉,12级汽修焊接班刘燚,11级发电厂班赵焱杰;三等奖获得者为12级矿山机电2班崔国宇、刘恒岐,12级矿山机电1班鲍凯丽、贾冬冬、段苏桐,12级发电厂班张佳,11级发电厂班李苗苗、韩文旭,12级会计电算化班王富敏。图文混排和电子图表比赛:特等奖获得者为12级煤采3班马潇锋;一等奖获得者为11级机电一体化班李倩;二等奖获得者为12级会计电算化班刘萍、岳波,12级矿井通风与安全班常宇,12级矿山机电1班段苏桐,12级矿山机电4班曹济斌;三等奖获得者为12级煤采2班李冰洋,11级应用化工班李治兵、12级会计电算化班秦岚、12级煤采3班贾朋云、申科,12级矿山机电4班刘旭鹏、石震江、李荣哲,12级矿山机电1班李康、鲍凯丽。

第十届"发展杯"计算机应用能力与信息化教学大赛。本届大赛是为参加2014年山西省职业技术院校信息化教学大赛和

2014年第四届全国大学生计算机应用能力与信息素养大赛选拔优秀选手，大赛于2014年3月10日开始，4月20日结束。来自全院的89名学生选手、12名教师选手参加了比赛。

这次比赛对比赛项目、选手选拔、奖项设定等相关内容进行了详细说明和周密安排。大赛分为两组——教师组和学生组。教师组3月4日开始报名，3月6日针对《山西省教育厅关于举办2014年山西省职业院校信息化教学大赛的通知》中赛项要求进行统一讲解。教师组共有四个比赛项目。分别是：多媒体教学课件比赛、信息化教学设计比赛、信息化课堂教学比赛（后增加）、网络课程比赛。

参赛的教师作品思路清晰，内容完整，层次鲜明，体现了职业教育"做中教、做中学"的教学特色，充分发挥了信息技术对教学的支撑作用，符合学生学习的心理规律，明显提升了教学与实训效果。在信息化教学设计教师组比赛中，基础部胡戎、杨梦溪获得一等奖；经贸系桑丽、机电系李蓉获得二等奖；思政部韩芬，机电系卞泽宇，采矿系刘晶、朱宇惠获得三等奖。在多媒体教学课件比赛中，信息管理中心高波获得一等奖；信息管理中心李艳霞获得二等奖；信息管理中心常燕、王庆玲获得三等奖。最终，胡戎代表学院参加信息化课堂教学比赛，杨梦茜、桑丽参加信息化教学设计比赛，高波参加多媒体教学课件比赛，《现代煤矿管理》课程团队和《矿山运输与提升》课程团队参加网络课程比赛，这次网络课程比赛的课程在已有精品课程的基础上由经贸系桑丽、机电系杜聿静和信息中心袁俐俐进行了修改。5月12日学院将材料全部准备好上报到大赛组委会。

学生组IC3-2005赛项，竞赛软件平台为Win XP+MS Office 2003，考试形式为网络上机测试，成绩达到"IC3认证"合格标准，即可获得"IC3国际认证"。学生组3月初开始报名，截至3月18日共有89名学生报名参加初赛,51名学生胜出;3月24日至4月19日利用第二节课课后时间、双休日,对学生进行集训,由常红梅、高波、李艳霞、王庆玲、贾慧慧5人集中辅导。4月20日,44名学生参加了全国计算机大赛院校赛,经过初赛筛选出的44名学生成绩全部合格,并取得了证书。12级煤采3班马潇锋(辅导老师常红梅)、13级应用化工2班李想(辅导老师李艳霞)、13级矿山地质班李凯(辅导老师高波)获得特等奖,并代表学院参加5月24日在中央民族大学举办的全国总决赛;13级矿井通风班刘清安、13级煤采2班袁孝峰、13级机电一体化班郭秋尘获得一等奖;13级矿电3班刘永建,13级矿电2班张俊连、常浩,13级煤采1班牛慧栋、刘旭,13级焊接技术班牛宇,13级矿山地质班杨文杰,13级矿电1班李长青,13级煤采2班郑琳,13级应用化工1班申慧敏,13级焊接技术班李腾获得二等奖;13级会计电算化班张晨瑜,13级矿电2班葛佳云,13级机电一体化班李岩,13级矿电3班杨志坚、崔垚田,12级应用化工班杨颂歌、13级机电一体化班刘冲、靳俊会、王磊、贾冰松,13级定向矿电1班常勇,13级煤采2班郭健,13级矿电1班杨钧翔获得三等奖;13级矿电2班石亚兵、13级矿电3班韩浩东、13级会计电算化班张蓉蓉、13级机电一体化班李子忠、13级定向矿电1班崔立荣、13级矿山地质班张伟、13级煤采1班朱瑞宾、13级矿电1班冯嘉明、13级煤采2班马雄雄、13级定向通风班王尧、13级会计电算化班申琴琴获得优秀奖。

每年的信息化技术比赛,不仅让师生在赛场上检验了自己对计算机基础常识掌握的程度,推动了学院教师教学改革创新,提高了教师信息素养、信息化教学水平,还展示出了大家的计算机操作和应用技术的水平。例如,在第三届、第四届、第五届时举办的CS比赛,学生们纷纷组队参赛,这不仅调动了学生学习计算机技术的主动性和积极性，同时，也使学生在游戏比赛中体会到了团队协作的重要性，明白了心往一处想、劲往一处使，紧密配合、互相支撑，才能形成一股强大的力量，成为一个战无不胜、攻无不克的钢铁团队，从而战胜对方，正所谓“同心山成玉，协力土变金”。这对他们日后在生活中和走上工作岗位后，快速融团队具有巨大的帮助，作为团队成员要懂得在适当时候发挥个性和创造力，在必要的时候收敛锋芒，树立整体意识、全局观念；摆正自己的心态，不可太过计较个人得失；与同学、同事要建立相互沟通、相互信任、相互包容、相互补台、相互谦让、互相理解、互相关心的融洽关系。这对学生的德育意识有很好的启迪作用。

（2）全国比赛中喜获佳绩

在 2014 年 5 月 26 日，由全国高等院校计算机基础教育研究会、全国高等学校计算机教育研究会、教育部职业院校信息化教学指导委员会、教育部铁道职业教育教学指导委员会、教育部煤炭职业教育教学指导委员会、《计算机教育》杂志社主办，中国铁道出版社、中央民族大学、北京计算机教育培训中心、北京国铁天勤文化发展有限公司承办，同时获得 Certiport Inc、SOHU 等多家机构支持，在中央民族大学举办的“第四届全国大学生计算机应用能力与信息素养大赛”总决赛落下帷幕。我院荣获大赛 IC3-2005 赛项高职组团体一等奖。

这次大赛共有来自全国各地 291 个院校的 15000 多名学生参加。经过激烈角逐，潞安职业技术学院代表队各项比赛成绩傲人，学院 2012 级煤矿开采 3 班的马潇锋同学在 IC3-2005 赛项的全国总决赛第一轮中获得高职组一等奖，并成功晋级，参加了第二轮的海峡两岸赛（案例题环节，基于项目的竞赛），与来自台湾的选手一决高下，获得本赛项高职组唯一特等奖

（高职组冠军）。2013级应用化工2班的李想同学获得高职组一等奖，2013级矿井地质班的李凯同学获得高职组二等奖。2013级矿井通风班的刘清安同学、2013级煤矿开采2班的袁孝峰同学和2013级机电一体化班的郭秋尘同学获得高职组三等奖。学院信息中心主任兼大赛指导教师常红梅荣获指导教师特等奖，指导教师李艳霞荣获一等奖，高波荣获二等奖。此外，马潇锋同学还荣获邀请赛 Spreadsheets 2010 赛项一等奖，李凯同学获得邀请赛 Dcuments 2010 赛项二等奖，李想同学获得三等奖。

2014年8月19日至24日，在“第四届全国大学生计算机应用能力与信息素养大赛”中获得一等奖和特等奖的马潇锋、李想同学又应邀参加了“第四届全国大学生计算机应用能力与信息素养大赛”的海峡两岸比赛，最终，马潇锋同学获得了IC3-GS4-常用软件赛项特等奖（冠军）、李想同学获得了IC3-GS4-计算机基础赛项特等奖（冠军），通过在宝岛台湾的数日相聚，加强了海峡两岸师生和学校间的学术和文化交流，促进了两岸计算机基础教育的发展，为我们学院计算机基础教育的课程改革积累了宝贵的经验，更为我们加强素质教育、提高学生素养提供了强大的动力。

（二）英语风采大赛

我们学院的学风是：“厚基础，宽知识，重实践，有技能。”英语不仅是一门学科，更是一门语言，是信息的载体。通过第二课堂，即课外活动这个广阔的、有目的的语言氛围和适用场合，为学生提供充分获取可理解性语言输入和有效语言输出的一个有利场所，这是学院在外语教学方面非常重视的。在日常教学中，利用一切可能的机会，开展包括英语情景进课堂、英语话剧排演、英语风采大赛、英语口语比赛、英语歌曲大赛、英语作文大赛、英语演讲比赛等形式多样的实践活动，以班级为单位组建英语兴趣小组，由教师定期进行指导，根据中国的传统节日安排学生进行学习交流，为学生提供真实情景，让大家在轻松愉快的氛围里增长知识。

通过这些丰富多彩的形式让学生在学习外国语言之同时了解西方语言、文化、民族习惯、风土人情，使他们懂得不同国家之间的文化不同，人们的交际方式、思维方式不同。引导学生汲取外国文化的精华，提高文化品位，培养人文素养和人文精神，同时帮助学生保持清醒的头脑，明确学习的目的，坚定自己的政治立场，借助语言的学习了解相关的文学、历史、地理等综合知识。

1.省级比赛

2008 年，由郝俊宏老师指导的李晓荣获“山西省英语风采大赛”学生赛二等奖，康晶晶荣获“山西省英语风采大赛”学生赛三等奖。

2009 年，由郝俊宏老师指导的李恒兵荣获“山西省英语风采大赛”学生赛二等奖。与此同时，郝俊宏于 2009 年 1 月荣获“外语教学论文一等奖”。

2013 年 4 月，由赵芬艳老师指导的白晨光荣获“山西省第七届英语技能大赛口语”学生赛一等奖。

2013 年 4 月，由胡戎老师指导的辛颖荣获“山西省第七届英语技能大赛口语”学生赛三等奖。

英语风采大赛不但展现了学院学生的英语风采，还激发了学生学习英语的兴趣， 提高了学生的口语水平和对英语的实际应用能力，为学院学风建设做出很大贡献。历届比赛得到领导和老师的一致赞赏，在学生中反响很大。学英语之风，魅力无限。

2.学院比赛

教育部于 2004 年 1 月颁布《大学生英语课程教学要求（试

行)》特别强调对学生的交际、使用语言、驾驭语言能力的提高，对大学生英语教师的教学方法、教学理念提出新的要求和挑战，也对学生的英语学习提供了新的目标与方式。我们学院英语教师不断外出学习，改变传统教学模式，开展以学生为主的英语课外活动，采用灵活开放的教学方式，充分利用课堂、课外时间和空间为学生创设形式多样的“仿真”语言环境和尽可能多的语言交际机会，满足学生对于英语学习的实用性的需求，注重培养学生的自学能力，以增强学生学习英语的兴趣。

郗月鑫在 2011 年 5 月荣获第六届英语风采大赛优秀奖，2012 年 4 月荣获第七届英语风采大赛二等奖。2012 年 4 月赵宇鹏荣获第七届英语风采大赛一等奖、郭琪荣获第七届英语风采大赛二等奖。

其中，第九届英语风采大赛决赛于 2014 年 3 月 20 日下午 4:00 在 107 教室举行。比赛邀请学院副院长王成旺，学院党办主任延俞庆以及相关系部负责人莅临比赛现场，学院英语教师担任评委。决赛分为主题演讲和现场提问两个环节。赛程中，新颖的比赛形式极大地调动了学生的英语兴趣，各位选手使尽浑身解数，沉着表现，挥洒自如。3 号选手郭海珍的演讲深情婉约，在介绍音乐主题时，为我们献上悠扬的英语歌曲；13 号选手段宵的演讲激情澎湃，用一幅幅生动的图片和道具为我们阐释了乐观的重要性。选手们的英语能力和个人风采，让现场观众和评委称赞不已。经过两个小时激烈角逐，13 级应用化工 1 班的辛颖和郭海珍两位选手拔得头筹，荣获本次大赛一等奖，并代表学校参加 4 月份举办的“山西省第七届英语技能大赛”，取得了三等奖的好成绩。

英语爱好者们情感丰富、表演给力、语言流畅，真正做到活学活用英语。调动了同学们学习外国语言文化的积极性，丰富了大家的课余生活，完善了自身的英语口语表达能力。

（三）数学建模比赛

数学模型是对实际问题的一种数学表述，是针对一个特定的对象，为了一个特定目标，根据特有的内在规律，运用适当的数学工具，做出一些必要的简化假设，得到的一个数学结构。数学结构可以是数学公式、算法、表格、图示等。

大学生数学建模竞赛是由美国工业与应用数学学会在1985年发起的一项大学生竞赛活动，目的在于提高学生学习数学的积极性，提高学生建立数学模型和运用计算机技术解决实际问题的综合能力，鼓励广大学生踊跃参加课外科技活动，开拓知识面，培养创新精神及合作意识，推动大学数学教学体系、教学内容和方法的改革。学院学生从2007年到2013年，连续多次参加全国大学生数学建模专科组比赛，在备赛、参赛中培养了创新意识、团队精神，不断提升了自己的综合素质，充实了自己。

2007年9月21日上午8:00~2007年9月24日上午8:00，历时72小时，由胡忠良老师指导的学生组05级机电工程系103班郝晓轩、采矿系116班李文慧、采矿系104班郭治旺荣获“2007年全国大学生数学建模”竞赛二等奖。

2008年9月19日上午8:00~2008年9月22日上午8:00，由牛华栋老师指导的学生组机电工程系机电07级2班李志伟、管会敏、张金钢荣获“2008年全国大学生数学建模”竞赛二等奖；郭伟伟教师指导的学生组经贸系07级工商管理班关伟、07级会计2班武挺、牛菲荣获“2008年全国大学生数学建模”竞赛三等奖；由刘武军教师指导学生组的经贸系07级工商管理班白世武、采矿工程系07级应用化工班李雪芳、07级电子商务班槐姣姣，张振华教师指导的学生组经贸管理系07级会电1

班徐静、陈帅帅，机电系矿电 07 级 2 班张志恒，牛华栋教师指导学生组的机电工程系机电 07 级 2 班常辉、杨春珍和采矿工程系 07 级化工班牛裴裴三个团队分别荣获“2008 年全国大学生数学建模”竞赛优秀奖。

2009 年 9 月 11 日上午 8:00~2009 年 9 月 14 日上午 8:00，学院共有六支队伍参赛，由郭伟伟指导的机电系 08 级发电厂班王婧飞，08 级矿山机电班曹营、李明荣获“2009 年全国大学生数学建模”竞赛一等奖；牛华栋指导的采矿系 08 级矿井通风班杨波波，经贸管理系 08 级会计电算化 1 班李倩、赵晓威荣获“2009 年全国大学生数学建模”竞赛三等奖；牛华栋指导的采矿系 08 级矿山地质班韩合飞，经贸管理系 08 级会计电算化班李小慧、马志岗荣获“2009 年全国大学生数学建模”竞赛优秀奖；张振华指导的张利东、郭艳霞、刘卫峰，学生组采矿系 08 级矿山地质班杨树文，08 级矿井通风班卢强、蒋志杰分别荣获“2009 年全国大学生数学建模”竞赛优秀奖；张瑞娟指导的机电系 08 级汽修焊接班车凯、陈彩光、张慧鑫荣获“2009 年全国大学生数学建模”竞赛优秀奖。

2010 年 9 月 10 日上午 8:00~2010 年 9 月 13 日上午 8:00，学院共有五支队伍参赛，李小娥指导的机电系 09 级发电厂班刘杰，经贸系 09 级工商班刘小玲、王艳鹏荣获“2010 年全国大学生数学建模”二等奖；牛华栋指导的采矿系 09 级应用化工班党青云、刘伟军，机电系 09 级矿山机电班张向阳荣获“2010 年全国大学生数学建模”三等奖；张振华指导的机电系 09 级机电一体化班张崇金，采矿系 09 级应用化工班李智伟、高琳艳，采矿系 09 级应用化工班高浸芝，机电系 09 级矿山机电班李怀应、赵瑜荣获“2010 年全国大学生数学建模”竞赛优秀奖；郭伟伟指导的采矿系 09 级采煤 1 班刘明、唐瀚宙、高雅楠荣获

"2010 年全国大学生数学建模"优秀奖。

2011 年 9 月 9 日上午 8:00~2011 年 9 月 12 日上午 8:00，学院共有四支队伍参赛，牛华栋指导的机电系 09 级发电厂班张向阳、09 级机电班李晓丹、采矿系 09 级应用化工班党青云荣获"2011 年全国大学生数学建模"竞赛优秀奖；李小娥指导的机电系 10 级发电厂班张泽宇、10 级矿山地质班杨斌、经贸系 09 级工商班陈灿霞荣获"2011 年全国大学生数学建模"竞赛二等奖；李芳芳指导的机电系 10 级发电厂班张栋、采矿系 10 级采矿 1 班唐晓春、经贸系 09 级工商班刘小玲荣获"2011 年全国大学生数学建模" 竞赛优秀奖；牛华栋指导的机电系 10 级机电 1 班(定向)张炎宇、采矿系 10 级采矿 1 班王承豹、经贸系 09 级工商班王玲荣获"2011 年全国大学生数学建模"竞赛三等奖。

2012 年 9 月 7 日上午 8:00~2011 年 9 月 10 日上午 8:00，学院共有七支队伍参赛，由郭伟伟老师指导的采矿系 11 级应用化工班李治兵、侯田丽、孙宇会荣获"2012 年全国大学生数学建模"竞赛二等奖，机电系 11 级机电 3 班赵宇杰、李凯、牛晓伟荣获"2012 年全国大学生数学建模"竞赛优秀奖；张瑞娟老师指导的采矿系 11 级应用化工班孟繁石、韩慧、陈晨荣获"2012 年全国大学生数学建模"竞赛优秀奖；牛华栋老师指导的机电系 11 级机电 3 班李慧清、袁辉、张宁宁，采矿系 11 级通风班柴强、李树申、王翔飞荣获"2012 年全国大学生数学建模"竞赛优秀奖；李芳芳老师指导的机电系 11 级机电 3 班宋凯、董建伦、栗宇超，机电系 11 级机电 1 班段邯郸、郭琛刚、景泽来荣获"2012 年全国大学生数学建模"竞赛优秀奖。

2013 年 9 月 13 日上午 8:00~2013 年 9 月 16 日上午 8:00，学院共有七支队伍参赛，郭伟伟老师指导的采矿系 12 级煤采 3 班周鹏，12 级应用化工班何爽、韩琴荣获"2013 年全国大学生数学建模”竞赛二等奖，采矿系12级应用化工班田嘉慧、朱婧、张瑗荣获“2013年全国大学生数学建模”竞赛优秀奖；张瑞娟老师指导的机电系12级机电2班郝亚军、12级应用化工班杨松歌、李含露荣获“2013年全国大学生数学建模”竞赛三等奖；李芳芳老师指导的采矿系12级应用化工班张耀伟、韩丹亚，12级煤采3班张泽世荣获“2013年全国大学生数学建模”竞赛优秀奖；李小娥老师指导的机电系12级矿山机电3班卫雅倩，12级机电一体化班王林鹏、师泽军荣获“2013年全国大学生数学建模”竞赛优秀奖，采矿系12级煤采1班（定向）王子维、刘凯、张帅荣获“2013年全国大学生数学建模”竞赛优秀奖；牛华栋老师指导的机电系11级机电一体化班王慧源、武立、蔡妮荣获“2013年全国大学生数学建模”竞赛二等奖。

牛华栋荣获“2009年全国大学生数学建模”教师组山西省赛区三等奖。2010年3月郭伟伟荣获“2009年全国大学生数学建模”教师组山西省赛区一等奖。2011年3月李小娥荣获“2010年全国大学生数学建模”教师组山西省赛区二等奖；牛华栋荣获“2010年全国大学生数学建模”教师组山西省赛区二等奖。2012年3月李小娥荣获“2011年全国大学生数学建模”教师组山西省赛区三等奖。2013年5月郭伟伟荣获“2012年全国大学生数学建模”教师组山西省赛区二等奖。2014年5月牛华栋、郭伟伟荣获“2013年全国大学生数学建模”教师组山西省赛区二等奖；张瑞娟荣获“2013年全国大学生数学建模”教师组山西省赛区三等奖。

（四）各类技能大赛

职业技能竞赛重在考察学生的实践能力，同时参赛学生也需要有一定的理论基础知识，这就要求学院在教学中要注意处理好理论与实践的关系，重视实践的同时也不能忽视理论的教学；此外，技能竞赛既考查学生应用技能解决问题的能力，也考查他们的身体素质和心理素质，这就要求既要注重对学生职业能力的培养，也要关注对学生综合素质的培养。

学院在专业人才培养形式上，注重依托行业、企业发展职业教育，切实推动工学结合、校企合作的人才培养模式，以技能竞赛为引导，以激发学生学习兴趣、提升学生职业能力为目的，实行模块式、目标式培养，让在校学生通过参加各类专业技能比赛，不断提高实战水平，积累竞赛经验。

2013 年 6 月，在经贸系老师的精心指导下，来自经贸系 11 级会计电算化班元园、李政毅、杨艳、杨娜同学连续几个月训练到晚上 10 点后，周末全天集中练习，最终在强手如林的比赛中，荣获山西省第七届职业院校技能大赛（高职组）“会计技能项目优秀奖，郭燕老师获得“优秀指导教师”荣誉称号。

2013 年 6 月，采矿工程系组队参加山西省第七届职业院校技能大赛（高职组）“煤矿安全（煤矿瓦斯检查）”项目，经过激烈的角逐，学院殷晨阳同学获得三等奖，刘志杰、杨志同学荣获优秀奖，赵荣贵、马啸雪老师获得“优秀指导教师”荣誉称号。

2014 年，采矿工程系组队参加山西省第八届职业院校技能大赛（高职组）“煤矿瓦斯检查”项目，13 级矿井通风与安全专业的李国宏、韩春波、王勇三位同学获得优秀奖，张凯、赵荣贵老师获得“优秀指导教师”荣誉称号。

2014 年，来自学院 13 级汽修专业的苏乐乐、刘伟、武雅昊同学在山西省大学生汽车维修技能大赛中荣获团体三等奖，与前两年参赛取得第五名的成绩相比有很大的进步。这是学院为推动高等职业学校教学改革，提高职业学校汽车运用与维修专业教育质量和学生实际操作技能水平，检验制造业和现代服务业技能型紧缺人才培训和培养工程实施状况所做出的努力。

通过组织参加各类技能大赛,不仅提高了学生学习的积极性,促进了学生实际操作技能的提高,增强了技能强身的使命感和紧迫感,而且使学生们在比赛中树立了公平竞争、合同协作、互相学习、取长补短的健康的竞争意识,为其今后凭借一技之长谋得一席之地提供了内在力量。

三、提供才艺展示平台,培养学生的综合素质

对青年学生来说,社会实践是了解国情、增长本领的最好课堂,是磨炼意志、汲取力量的火热熔炉,是施展才华、开拓创业的广阔天地。大学生参加社会实践,对于其了解社会、奉献社会,锻炼毅力、增长见识、发挥自主创造力,接受精神鼓励和文化熏陶具有不可替代的重要作用。对于坚定在中国共产党领导下,走中国特色社会主义道路,实现中华民族伟大复兴的共同理想和信念,坚持正确的政治方向,增强历史使命感和社会责任感,培养中国特色社会主义事业的合格建设者和可靠接班人具有极其重要的意义。

学院遵循不同专业学生的成长规律和教育规律,以了解社会、服务社会为内容,以形式多样的活动为载体,以稳定的实践基地为依托,以建立长效机制为保障,开展寒暑假“三下乡”“四进社区”、青年志愿者服务、就业创业见习、社会调查、生产劳动、“中国志愿者在行动”、公益活动、文艺演出、科技发明和勤工助学等活动,通过各种途径为学生提供锤炼和充实自己的机会,激励保持积极向上、乐观进取的心态,引导学生在实践中学习知识、增长才干。

(一)积极落实各项政策

校团委根据计划负责校级重点示范团队的组织,充分挖掘各方资源,尽可能组织更多的实践团队,以满足学生参加实践的需求。狠抓落实,全面负责学校社会实践工作并制定年度方案,通过报刊、广播、电视、互联网等媒体深入宣传报道学生社会实践的重要意义、实践情况以及实践成效,为学生社会实践营造良好的舆论氛围和激励环境。

制定行之有效的考核办法和激励机制。调动各方力量参与实践活动。学校党政领导和共青团干部、思想政治理论课教师、辅导员和班主任都要参加学生社会实践活动。要将学生社会实践与教师社会实践结合起来,组织党政干部、教师参加和指导社会实践。鼓励专业教师参与、指导大学生社会实践。构建激励机制,调动干部、教师参与社会实践的积极性。

社会实践的学生参与率及活动效果要作为学院组织社会实践工作的重要考核指标。学生参加社会实践活动的成绩要达到良好以上方可参加奖学金的评定,多次参加实践的,成绩取最高的一次,非当年取得的实践优秀成绩只可作为评奖的准入条件,而不能作为综合素质的加分条件。学校对表现优秀的团队和个人进行奖励表彰,奖项设置包括:优秀组织奖、优秀团队奖以及优秀领队(老师)奖和先进个人奖,并对特别优秀的个人和集体,向上级部门推荐评奖。另外,学校还将评选的优秀社会实践调查报告和论文,结集出版。

(二)文艺活动展示学生风采

学院按照上级主管部门的有关规定,结合本校的学生特点开展了一系列有声有色的校园文艺活动,一年一度的元旦文艺晚会、五四校园风采大赛已经成为培养和影响学院学生艺术素养的固定平台;围绕主题活动举办书法展、手抄报展览、各类演讲赛、知识大赛、辩论赛等教育活动。通过开展各种文化艺术活动,提升活动的感染力,展示学生的才能,激发学生的学习和实践热情。

1.五四青年节文艺会演

为了纪念五四,学院召开了“2010 年度五四表彰会”。表彰了 2009~2010 年在团的建设、青年工作中涌现出的先进集体和先进个人,其中,张向阳、党青云在五四表彰会上被评为“优秀团员”。受表彰的集体和个人都是创建文明校园活动中的优秀代表,充分展现了新一代青年奋发有为、拼搏进取的崭新形象,是全院青年学习的榜样。

院领导在讲话中强调,希望受表彰的老师和同学能够珍惜荣誉、戒骄戒躁,并以此为动力,在各自的工作、学习、生活范围内开拓进取,创新实践,不断做出新的贡献。表彰先进,这对于动员和带动广大团员青年进一步弘扬五四精神,带动广大团员青年立足本职、联系实际,深入开展创先争优活动,进一步形成崇尚先进、学习先进、争当先进的良好氛围具有重要意义。

2011 年 5 月 4 日,为庆祝五四青年节举办了文艺演出暨颁奖仪式。文艺演出以一首《团歌》拉开帷幕,学院领导向学院的青年朋友们表达了节日的问候,向获得五四表彰的先进集体和先进个人表示了祝贺。之后开始了文艺表演,有合唱《祖国不会忘记》《长江之歌》《我们走在大路上才艺展示》《青春从这里起飞》《团结就是力量》、舞蹈“火把节”、红歌联唱《我和我的祖国》等。在节目进行中,颁发了模范团干奖、优秀团员奖、先进青年奖、优秀青年教师奖,先进团支部、先进社团奖。最后以一曲《歌唱祖国》结束了演出。

这一年学院的工作方针是:以培养人才为中心,以机制创新和质量创新为重点,认真抓好八项重点工作,在 2010 年开展“兴院、爱院”活动的基础上,确立了“质量提升年”的目标。在教学质量上、硬件设施上、校园环境上、师生思想素质上都有大幅度提升。共青团更应发挥主力军、突击队的作用,带领青年朋友们紧跟党走，弘扬“我与学院共发展”的活动主题。学院的青年一定能够高擎五四精神的火炬，在振兴学院，建设学院号角的鼓舞下，以昂扬的斗志和饱满的热情，扎实工作，开拓进取，创造出无愧于青春、无愧于时代的崭新业绩！

2012 年，为了隆重纪念五四运动 93 周年，弘扬五四爱国主义精神，继承五四光荣传统，激励广大青年团员努力学习，为树立和宣传学院青年的先进典型，展示学院青年的青春风采，总结经验，树立典型，在学院形成崇尚先进、学习先进的风气，从而更好地激励和引导广大青年团员发奋学习、矢志创新、奋发成才，为构建和谐校园和实现“强专业、扩培训、讲学习、抓提高、促发展、保增长”十八字工作要求的宏伟目标做出积极贡献，在五四运动 93 周年来临之际，学院团委决定举办“重温五四情，共励青春志”文艺活动暨表彰先进集体和个人颁奖仪式。

学院青年学生、青年教职员工于 4 月 15 日认真排练、精心组织，经过班级推荐，各系、部验收评选，最终选定了 10 个节目，包括开场曲《年轻朋友来相会》，合唱《我们众志成城》《走向复兴》，说唱表演《学院党建新面貌》，吉他弹唱《嘀嗒》，励志歌曲联唱《阳光总在风雨后》，舞蹈《映山红》，配乐朗诵《放飞青春》，结束曲《中国共青团团歌》。颁发了先进团支部奖、“重温五四情、共励青春志”演讲比赛奖项及优秀青年教师奖，郗月鑫、赵宇鹏、焦云鹏在表彰会上被评为“优秀团员”。

2013 年以“高举五四旗帜，争做学院先锋”为主题的五四纪念活动在学院举行，各支部按照标准，认真考核、严格把关，并按所分名额和评选条件，由学生处把关，在辅导员和团支部书记的主持下，通过推荐，民主选举，认真评选出先进团总支(团支部)、模范团干、优秀团员、先进青年。

通过评优活动，达到激励先进，鞭策后进，促进全面工作的目的。各团支部本着实事求是的态度，坚持标准，充分发扬民主，反复酝酿，慎重负责，真正评选出了表现突出、成绩显著、令人信服的团总支和个人。为学院教职员工树立了先进的榜样，激励了广大青年朋友抓住机遇，向先进典范学习，从内在包装自己，充实自己，在学习、奉献、奋斗和创造中领悟青春。

2014 年是五四运动 95 周年之际，学院为深入贯彻习总书记五四讲话精神，号召学院的管理者和教师努力成为社会主义核心价值观的示范者与引领者，将社会主义核心价值观融入教学科研实践中，内化于心，外化于行。举行了不同层次的座谈会，组织党员干部、教师、学生围绕“五四精神的时代意义与学院发展”进行了学习交流，在会上青年教师踊跃发言，纷纷畅谈自己的体会和感受。

学院党委书记在五四青年教师座谈会上，认真听取青年教师的工作汇报和个人收获，并指出青年教师要明确个人定位，确定自我发展方向，严格要求自己，志存高远、向善崇德、潜心研究，多读书、读好书，虚心向老教师请教，不断提升自己的专业水平和个人影响力，培养责任意识，发挥团队协作精神，创造有利的环境，在工作中体味属于自己的教育人生。

多年来，院团委在院党委的正确领导下，紧紧把握住学院评建的良好机遇，不断加强理论学习，并且组织了丰富的课余文化活动。团委一班人带领广大青年学生锐意创造、奋力拼搏，为学院的发展做出了积极贡献。在各部门的通力配合下，全院各级团组织振奋精神，开拓创新，主动服务于学院的方方面面，各项工作都有了长足的发展。

实践充分证明，青年是推动历史发展和社会进步的一支生机勃勃、积极向上的力量。尤其是经过评估以后，学院有了新的提高，办学质量有了巨大的提高。全院各级团组织继承五四以来的光荣传统，更加自觉地担负起了党交给的光荣责任。广大青年牢记时代赋予的使命，牢记党和人民的重托，大力弘扬五四精神，自觉投身到建设和谐、美好校园的实践中去，真正喊出了“打造一流培训基地，锻造高职精品教育”的豪言壮语！

2.“庆元旦，迎新年”元旦联欢晚会

2011 年 12 月 30 日 19:00~21:00，由学生会宣传部将举办元旦晚会的计划通知各班班长，以班级为单位，每班至少出三个节目。11 月 30 日 ~12 月 7 日为节目准备阶段，各班由班主任下达通知：学生可与学生家长商量，有兴趣和文艺爱好的学生家长也可来参加晚会并表演节目，由学生将名字报到班主任处；学院各社团、学生会各部都至少准备一个节目。12 月 8 日 ~9 日将节目单和演员名单交至南院教学楼 110 教室（文体部）。12 月 10 日 ~12 月 23 日为节目预选阶段，评委以公平公正的态度，严格按照节目要求对每个节目进行评价，优者留，差者下。评审结束后，对待定和确定的节目进行排练，落选的节目停止排练。21 日进行节目复选，以初选的形式对初选中待定和确定的节目进行评审，仍是确定、待定和取消三个选项，被投取消票过多的节目停止排练。23 日，对节目进行终选，对所有节目进行评审，按照评委票数决定节目的去留，将节目数控制在 20 个左右。之后，由文体部对节目进行排列。24 日宣传部贴出关于元旦晚会的海报并在全院范围内进行宣传，选定晚会主持人并将名单交于节目组；学术部拟写主持人稿。25 日各演员、工作人员、主持人等将对晚会舞台、服装道具的要求交到学生会手中。26 日 ~29 日为节目彩排阶段，各节目按顺序依次上台排练，主要是为了察看节目是否排练好，以及让演员体会舞台效果，在舞台上定点、列队等。主席团确定嘉宾名单并交于宣传部；宣传部制定嘉宾请柬、横幅、对联等；礼仪队组织礼仪小姐并对其进行培训；生劳部负责购买招待嘉宾的茶叶、水果、瓜子以及装饰用品（气球、彩灯、彩带等）；文体部为演员、主持人事先预定好服装及道具。30 日 19:00~21:00 晚会成功举办。

通过自主报名，学生会选拔，从学生中选出主持人、演员，使同学们的组织才能、艺术才能等得到了充分发挥，使同学们在活动中增加了技能、学会了沟通和交流，学生们的整体团队意识、参与意识、责任意识都得到了加强。

2013 年，潞安职业技术学院为庆祝元旦佳节，进一步推进学校文艺活动的蓬勃发展，丰富校园文化，活跃学习氛围，给同学们一个真正展示自我风采的舞台，同时也为即将毕业的定向生举办欢送仪式，学生管理处、学生会于 2013 年 1 月 1 日举办了元旦晚会，晚会以“绽放青春烟火”为主题，以新颖的题材、经典的节目、舞台表演的形式向各位老师致以节日的问候，祝愿他们桃李天下、竞放芬芳；祝愿刚进入学院的新生在未来的大学生活中能开开心心、学业有成；祝愿即将毕业的师兄师姐们在未来的道路上“潮平两岸阔，风正一帆悬”。

2014 年，学院举办“同铸复兴路，共圆中国梦”校园文艺展演，动员全体教职员工及学生积极准备，推出思想艺术性与观赏性相统一的文艺作品，通过认真组织、精心策划，着力讴歌伟大的祖国、伟大的中华民族以及美丽的潞安，以唱歌、跳舞、小品、相声、朗诵等多种艺术形式演绎和展现了我们文明和谐的校园风貌。

通过开展此项活动，学生会全体成员尽职尽责完成任务，文体部、宣传组、礼仪组、后勤组、生劳部、学术部等各部门分工明确、协力配合。未分配到任务的学生会成员作为观众参加晚会，并肩负着维持会场秩序及应对突发事件以及调动会场氛围的责任。台上看似短短两小时的文艺会演，却需要幕后的工作人员、演员付出很大的努力，与此同时，其中的收获也是显而易见的。借助晚会这个平台，培养了班级集体主义观念，增进了同学友谊，增强了班级凝聚力、向心力，丰富了校园文化，活跃了学习气氛，挖掘出了大量艺术人才，激发了学生们的创作热情，展现了潞安职院人的良好风采。

第十章　增强德育工作的针对性

——德育主题教育活动

德育工作必须注重实践、形成特色，尤其要发挥德育主题教育活动在德育工作中的重要作用。德育主题教育活动是落实德育工作的一个重要方式，更是增强德育教育针对性和实效性的一个典型手段，它已经成为当前高校思想道德建设实现高标准、严要求的一项具体实践。

德育主题教育活动融“思想性、趣味性、教育性、实践性”为一体，注重将学生的思想政治教育贯穿于整个德育工作的始终，以形式各样的系列活动为载体，弘扬爱国主义、感恩、人文关怀等主题，传播以爱国主义为核心的民族精神和以改革创新为核心的时代精神，全面激发学生的爱国情感、责任意识、感恩意识，充分展现学生团结进取、尊师爱友、懂得感恩、甘于奉献的精神风貌，营造蓬勃向上、文明和谐的校园文化氛围，积极培育优良的校风和学风。

一、传承爱国精神，践行青春志向

爱国主义教育作为德育主题教育的一项重要内容，在新时期下越发显示出它的重要性。尤其是当代的大学生，更需要时刻弘扬爱国主义精神，培养爱国主义情怀，坚定爱国主义信念，增强追求理想的决心和毅力，树立以爱国主义为核心的民族精神，把爱国之情化为报国之志，以实际行动报效学校、报效祖国,以正确的人生观、价值观、世界观践行青春的志向。

(一)爱国主义篇

在几千年积淀形成的历史中,中华民族形成了以爱国主义为核心,团结统一、爱好和平、自强不息、勤劳勇敢的伟大的民族精神。其中,爱国主义表达了祖国人民对祖国的一种深厚的情感,强调国家赋予人民的责任与职责,它同时也是一种崇高的思想品德。

从精忠报国的岳飞,到收复台湾的郑成功,从孙中山、秋瑾等资产阶级革命家到李大钊、毛泽东等无产阶级革命家,无一不继承了中华民族"以天下为己任"的爱国主义优良传统,无一不把振兴中华的责任担于肩头。可以说,爱国主义作为一种精神支柱和精神财富已经升华为强烈的爱国意识, 更是一种道德力量,对国家、民族的生存和发展有着不可估量的支撑作用。

1.新时代下的爱国主义内涵

爱国主义是中华民族最宝贵的精神财富, 是振奋民族精神、振兴民族大业和增强民族凝聚力的强大动力。"爱国主义"一词在不同的历史时期蕴含着不同的内涵。本意指个人或集体对所属国家的一种积极认同的态度和行为, 具体表现在情感、思想与行为上;其中情感是基础,思想是灵魂,行为是体现。经济的全球化,带来了机遇与挑战,同时,"爱国主义"在时代的风潮中也被赋予了新的内涵。

新时期的爱国主义内涵丰富, 汇集了爱国主义的优良传统,吸纳了新的时代精神。现阶段,爱国主义突出表现为民族精神、时代精神,为建设中国特色社会主义现代化献出自己的力量。

(1)爱国主义与爱社会主义

当下,爱国主义首先体现在对伟大祖国的热爱。具体应该努力做到：

热爱祖国。我们每一个人都要有为祖国独立富强而奋斗的精神，要有一切有利于国家富强、人民幸福的思想。青年一代要不断增强民族自尊心、自信心、自豪感。新世纪的大学生是社会主义现代化事业的建设者和接班人，更应在思想上、行动上自觉维护国家和民族的根本利益。

建设祖国。爱国主义的实践目标是振奋民族精神，增强民族凝聚力，树立民族自尊心和自豪感，巩固、发展最广泛的爱国统一战线，把人民群众的爱国热情引导和凝聚到建设中国特色社会主义的伟大事业中。

保卫祖国。抗击侵略、保卫国土是爱国主义的突出表现。要保卫国防和国家安全，同一切出卖祖国利益、损害祖国尊严、危害国家安全、分裂祖国的言行进行坚决的斗争。

富强祖国。把社会主义祖国建设成为世界强国，是新时期爱国主义的目标。美国前总统约翰·肯尼迪有一句名言：不要问国家能为你做些什么，要问问你能为国家做些什么！

(2)爱国主义与拥护中国共产党的领导

新中国是社会主义国家，是在中国共产党领导下才得以建立和发展的。任何时候我们都要积极响应中国共产党的号召，拥护中国共产党，时刻遵循党的指示，扎扎实实做好爱国与拥护中国共产党的统一。

(3)爱国主义与参与经济全球化

在经济全球化的形势下，爱国主义对于维护国家的主权、尊严，依据国情，发展本国的政治制度和民族精神有积极的意义。在经济全球化背景下坚持爱国主义，必须防止狭隘民族主义。还要防止妄自菲薄、崇洋媚外的民族虚无主义。

(4)爱国主义与弘扬民族精神

爱国主义始终是贯穿于中国历史发展的，是民族精神的核心内容。任何时刻我们都要弘扬伟大的民族精神，使民族精神深入人心。

(5)爱国主义与弘扬时代精神

现在，和平与发展是时代主题，多极化和经济全球化深入发展是趋势。在这种背景下爱国主义突出表现在弘扬以改革创新为核心的时代精神上。也只有这样，最终才能完成发展中国特色社会主义、实现中华民族伟大复兴的历史重任。

2.“爱国”赋予的现实意义

深入开展爱国主义教育，是高校思想教育战线的一件大事。高校深入开展爱国主义教育活动，可以牢固树立马克思主义思想，弘扬爱国主义优良传统，激发爱国热情，振奋民族精神，凝聚人民力量，增强党的号召、祖国的引领、民族的凝聚，筑牢团结奋斗和繁荣发展的思想基础。这些对于维护祖国统一、民族团结、反对分裂，有十分重要的现实意义。要教育大学生全面、正确领会祖国统一、民族团结的立场和方针，用马列主义、毛泽东思想、邓小平理论、“三个代表”重要思想和科学发展观武装自己的头脑，用新中国的辉煌成就教育学生，唱响社会主义好、改革开放好、伟大祖国好的主旋律。

(1)高举中国特色社会主义伟大旗帜的需要

胡锦涛同志曾指出，要不断深化对我国历史和国情的认识，对改革开放35年伟大进程要认识，进一步增强民族自尊心、自信心、自豪感，坚定走中国特色社会主义道路、实现中华民族伟大复兴的信念。今天，爱国主义是中国特色社会主义事业的力量源泉，社会主义是爱国主义向前发展的充分保证。大力弘扬爱国主义精神，就是要坚持爱国主义与社会主义的高度统一，始终坚定地跟党走中国特色社会主义道路，将个人的成长和发展融入国家发展、民族振兴的时代洪流中。

(2)全面建设小康社会的迫切需要

这是党和国家到2020年的奋斗目标，是全国各族人民的根本利益。全面建设小康社会是我国现代化进程必然会经历的一个发展阶段，是改革开放以来党和国家始终坚持的奋斗目标，是一项宏伟、艰巨的伟大历史任务。要完成好这个历史任务，一定会遇到很多压力和困难，会遭受许多风险和考验。因此，必须大力弘扬爱国主义精神，在以习近平总书记为核心的党中央正确领导下，同心同德，奋发图强，集中全党全国人民的智慧、力量，紧跟时代发展步伐，保持昂扬向上的精神，战胜艰难险阻，为实现全面建设小康社会的奋斗目标而努力。

(3)迎接经济全球化挑战的需要

科技发展日新月异，经济全球化带来了前所未有的机遇，对爱国主义教育也有深刻影响。经济全球化不是经济利益一体化，各民族国家仍然有自己的经济利益，需要保护民族工业，维护本国经济利益，也就是说，经济全球化不会导致政治的一体化。在全球化过程中西方资本主义发达国家一直对我国进行文化价值的渗透，因此爱国主义需要国家政治合法性的重要保障。全球化条件下，西方某些发达资本主义国家倚仗其经济实力推行强权政治，企图动摇民族国家主权象征的政府权威。面对一些人的政治淡漠，如何以一种思想或理论汇聚人心、重建政治信心，成为中国急需解决的重大问题，要解决这一难题就离不开爱国主义精神。这就要求我们一定要热爱自己的国家，尊重其他民族，不盲目排外，不盲目崇洋，在国际舞台上塑造良好的形象；要扩大对外开放，积极投身经济全球化，吸收发达国家的技术经验和其他文明成果；要高扬爱国主义的旗帜，维护国家主权，加快提高我国的综合国力与国际竞争力。

(4)努力造就高素质人才的需要

世界综合国力的竞争,集中表现为科学技术和高素质人才的竞争。高素质人才是决定国家民族前途命运的重要力量,更是建设创新型国家的强劲依托。必须突出加快科技发展和高素质人才的培养,真正把爱国主义落到实处。青年是国家的未来、民族的希望,青年人的蓬勃朝气和创新精神是国家发展、民族进步的最大动力。面对从未有过的机遇和挑战,青年一代肩负着崇高的历史使命。必须在广大青年中大力弘扬、培育爱国主义精神,努力深入学习中国特色社会主义理论体系,时刻用马克思主义中国化的最新理论成果武装头脑,牢固树立科学的世界观、人生观与价值观,正确把握人生的航向。必须提高综合素质,努力学习科学知识,积极陶冶文明素养;努力增加知识积累,积极加强品德修养;努力锻炼强健体魄,积极培养良好的心理素质,实现个人的全面发展,成为新时期合格的社会主义建设者与接班人。

3.新时期下如何"爱国"

"爱国"是一种崇高而神圣的情感,随着社会的发展我们爱国的情感也在悄然发生变化,这种变化需要我们以全新的姿态去面对。新时期下,如何"爱国"成为人们热议的话题。

(1)把爱国当作一种亲情

自古以来,伟大的中华大地上就流传着许多爱国的经典传说。这些爱国人士对祖国怀着一种深切的情感,把国家当作亲人,投注满腔的亲情。无论是国家危亡时期还是鼎盛时代,皆不因贫穷而摒弃,不因富裕而自喜。时刻把国家比作母亲,对母亲的情感日益剧增。这种亲情在新时期下延续着它的力量。

把祖国看作母亲,对母亲的情感在时间的流逝中逐渐加深。祖国发生危难时,我们要挺身而出为国尽职,时刻保护祖国的荣誉与尊严，不容任何企图破坏祖国安定团结的恶势力入侵，给予祖国母亲最真挚的情感与荣耀。

(2)应当理性爱国

改革开放30多年来，中国经济发展迅速，可以毫不夸张地说，我国已经属于世界强国之一。在这种历史前提下，“弘扬民族精神”依然具有极强的现实意义，更有必要，更迫切。

在弘扬爱国主义传统的召唤下，每一个公民必须做到：

第一，从自身做起，从现在做起。古有岳飞、文天祥，今有邓稼先，这些民族英雄的报国业绩和功勋鼓舞着我们，爱国就要从现在做起，知国、爱国、报国。为了中华崛起，贡献自己所有的力量。每一个爱国者都要身体力行。爱国，需要的是到现实中去实践。

第二，立足现实，胸怀广阔。爱国主义是一种崇高的境界，不同于狭隘的民族主义。所以，爱国主义应与国际主义相结合，要有宽广的胸怀与毅力，更好地体现和践行爱国主义精神。

第三，志存高远，立志报国。一个民族，如果没有志存高远的志向、无限宽广的胸怀、达于至善的理念，就不可能立于世界民族之林，更不可能治理好自己的国家。随着世界多极化、经济全球化的发展，每一个中国人都应以博大的胸襟，为祖国统一、祖国强盛、祖国发展共同努力，勇往直前。

第四，集思广益，牢记祖国在我心。未来中国将基本实现全方位的现代化，实现中华民族的伟大复兴。一个全新的中国必将屹立于世界东方。为使这一“好梦”能够成真，全体中国人要集思广益，时时事事想着要为祖国多做贡献，为民族增光添彩，也就是说“生命不息，爱国不止”，永远思考和践行爱国、报国。

最后，与时俱进，爱国要创新。多年来，我们开动脑筋，为了祖国的发展，为了祖国的进步而勤奋创造，努力实践，完成了一项又一项爱国主义活动。在长期实践中,我们深深体会到,爱国主义如同其他高尚的精神一样需要与时俱进,需要随着世界潮流的发展而不断创新。永远保持生机和活力的爱国主义,必然会转化为中华民族前进的强劲动力,推进伟大的祖国在全面现代化的大路上快速前进。

4.学生如何践行爱国主义

爱国主义不仅需要继承,也需要发扬、需要表达。当今和平年代,我们需要以何种方式表达自己的爱国情怀？新时期的大学生又需要如何做？

(1)要牢记祖国历史,了解国情,了解中国面临的机遇和挑战

要了解祖国的过去、认识祖国的现在,自觉为祖国的未来承担责任,做出奉献乃至牺牲。

(2)努力培养和不断升华爱国主义情感

1925 年 3 月，身在美国纽约的著名诗人闻一多有感于时事,将被帝国主义掠走的澳门、香港、台湾、威海卫、广州湾、九龙、旅大,比作七个与母亲离散的孤儿,写出七块土地对祖国的眷念,澳门是“七子”之首。澳门你可知“妈港”不是我的真名？我离开你的襁褓太久了,母亲！但是他们掳去的是我的肉体,你依然保管着我内心的灵魂。300 年来梦寐不忘的生母啊！请叫儿的乳名,叫我一声“澳门”！母亲！我要回来,母亲！“七子”之歌表达的是一种发自肺腑的情感,一种坚定的信念,产生了深远的影响,激励每个中国人将爱国之情化为效国之志。

(3)努力学习,在实践中培养爱国主义情操

在形式各样的德育主题教育活动中,涌现出许多优秀的表现爱国主义主题的作品。从这些作品中,我们可以深刻体会到同学们满腔的爱国热情。他们积极主动参与这些活动,使自身爱国主义情感得到了升华。

5.爱国主义主题教育蓬勃开展

为纪念中国共产党诞生93周年和辛亥革命104周年，全面加强贯彻国家教育部及省教育厅思政理论课教学要点的要求，增长学生国情、国史的相关知识储备，培养学生强烈的爱国主义精神，营造浓厚的爱国主义情怀，我院积极开展爱国主义主题教育活动，以此来引导学生树立正确的人生观、价值观，弘扬爱国精神，培养以爱国主义为核心的民族精神。学生积极参与这些形式各样的爱国主义主题教育活动，用自己的实际行动表达爱国之情，激励自己努力学习，把爱国之情化为报国之志，以实际行动报效祖国。

爱国主义教育活动的主要形式：

（1）爱国主义教育主题班会

可在全院班级组织召开"继承革命遗志、弘扬爱国情怀、立志报效祖国"主题班会。由各班级自行组织，各班班长和思想政治信息员根据本班实际情况制定出详细的实施方案，通过演讲、故事讲述、知识竞赛、小组讨论等不同的形式，探讨如何高举爱国主义伟大旗帜，自强不息，艰苦奋斗，将爱国之志转化为报国之行。通过内容不同、形式各样的班会总结书面材料，感悟开展主题班会的实践意义，培养学生的爱国主义情怀，增强追求理想的决心和毅力，坚定爱国主义信念。

（2）爱国主义进课堂活动

爱国主义进课堂活动可通过一些学生喜闻乐见的活动加以落实，活动必须体现针对性与实效性，保证充分的教育效果。组织学生观看红色经典影片：适当安排时间组织学生观看红色经典影片。比如，观看《辛亥革命》。通过观看影片引导学生正确看待辛亥革命波澜壮阔、风云变幻的历史，认识其胜利的深远影响、失败的经验教训，继而学习、继承革命先驱的爱国情怀和高尚品德，沿中国特色社会主义道路顽强拼搏、奋勇向前，开创国家和民族的辉煌未来。思想政治理论教师对学生进行爱国主义的课堂教育：思想政治理论教师在课堂知识传授过程中，利用现代化的教学手段，对学生进行国情、国史、党情、党史以及校情、校史的深入讲解。激发学生“爱校、建校、兴校”的热情及为实现中华民族的伟大复兴而共同奋斗的坚强斗志。

学生们通过观看红色经典影片及聆听思想政治理论教师的爱国主义课堂讲授，从而自觉形成“爱校、兴校、爱国、兴国”的政治意识，时刻铭记历史，奋发图强，以宽广的胸怀投入为社会主义现代化建设中去。

(3)大型德育讲座

充分利用第二节课课堂时间，组织学生聆听以“辛亥革命”“党史校史”“大学生人文素养”等为主题的大型德育讲座。大型德育讲座以上大课的形式进行，主讲教师从“辛亥革命”“党史校史”“大学生人文素养”三个方面精心讲解，以生动真实的事例向学生传达积极向上的核心内容，使学生在学习中认清了自己肩负的责任和使命，树立了正确的世界观、人生观、价值观。

(二)荣辱观教育篇

现代社会生活多样性的特点给了每个人选择生活方式的自由。但是无论如何都不能离开做人的底线，不能颠倒是非。社会主义荣辱观正是从这一角度为我们提供了必须树立的社会价值观和人生观。它理应成为社会的共识，成为每个人做人的标准。

胡锦涛同志关于荣辱观的重要讲话，从人们的思想实际出发，蕴含鲜明的时代特色，引起了强烈共鸣。“八荣八耻”这一重要论述，为我们明辨是非、区别善恶、分清美丑提供了参考依据，必将推进公民道德建设的发展。

1.如何牢固树立八荣八耻的正确荣辱观

一个社会的全面发展是物质文明、精神文明、政治文明、生态文明的共同发展。社会风气的好坏直接彰显了社会的文明程度。大学生有必要加强思想道德建设,以正确的价值观为指导。是非、善恶、美丑的界限绝对不能混淆,坚持什么、反对什么,倡导什么、抵制什么,必须旗帜鲜明,立场坚定。

当前,我国经济社会发展总体形势良好。但社会生活中也出现了不健康、不文明的现象,拜金主义、享乐主义、个人主义在一些人中仍然存在,思想混乱,道德缺失,是非、善恶、美丑混淆。诸多问题的出现与蔓延,对社会道德体系造成了严重冲击,损害了社会风气,影响了经济社会的健康发展。

(1)引导自我认识:激发"八荣八耻"荣辱观自我教育的动力

对于高素质的大学生，差距是激发他们学习超越的动力，同时也是推动他们自我教育的动力。因此,传播"八荣八耻"荣辱观时，我们首先引导大学生结合自身情况初步了解八荣八耻。一方面,认识新的荣辱观提出的背景、内涵、时代意义等;另一方面,认识自身与新的荣辱观的差距。

然后引导大学生正确深入认识新的荣辱观。"八荣八耻"荣辱观涵盖了爱国主义、集体主义和社会主义思想的丰富内涵，反映了社会主义道德规范的基本约束,是时代精神、人生观、价值观、世界观的集中体现。"八荣八耻"荣辱观的提出,有利于社会风气的好转、有利于社会与人的和谐发展。

在学生对"八荣八耻"荣辱观有了一个深刻的认识之后，再引导大学生对自我进行剖析。通过自省、对比和询问等途径认识自己的道德水平，同时找出自己的道德水平与"八荣八耻"荣辱观存在的差距。这样,学生就有了自我教育的动力。

(2)激发自我学习:逐步树立"八荣八耻"的正确荣辱观

自我学习是受教育者根据自我需求，设定教学目标进而决定学习内容、方式、进度和资源，为结果负责的学习过程。大学生“八荣八耻”荣辱观的自我学习需要经历三个步骤：

设定学习的目标。“八荣八耻”荣辱观作为全民族的基本道德规范，规定了基本的是非、善恶和美丑。因此，最基本的目标就是以荣为荣、以耻为耻。但是，大学生理应走在时代前列，带头树立、践行“八荣八耻”荣辱观，不以“荣”小而不为，不以“耻”小而为之，对社会上的不良风气和行为进行坚决抵制。

选择学习的内容、方式、进度和资源。针对大学生的不同特点，“八荣八耻”荣辱观应该有多样化的学习内容、方式、进度与资源。一般而言，学生可以结合自己的专业知识，多渠道学习“八荣八耻”荣辱观的丰富内容，把握其理论渊源，这样，他们学习的进度就比较快。

为学习的结果负责。对自己的学习结果负责就是要知道自己是否真正的掌握了“八荣八耻”荣辱观，是不是已经学以致用、身体力行了。如果大学生在学习之后仍然不能分清是非、善恶、美丑，仍然做一些违反道德的事情，那证明学习是没有效用的。因此，大学生在学习“八荣八耻”荣辱观的过程中，一定要对学习的后果负责。

(3)经常性自我激励：推动“八荣八耻”荣辱观自我教育的深入进行

在“八荣八耻”荣辱观的自我教育过程中，传统环境与传统思维、传统习惯与传统观念、懒惰与享乐等个人劣性的阻碍不可避免，我们面对挫折和压力，容易选择恐惧、退缩，导致学习失败和修养停滞。所以，经常性自我激励是维持自身高效发展的关键。

要经常性地自我审视和自我控制。荣辱观的学习和实践过程不是一帆风顺的。改革开放以来,我国的经济建设取得了举世瞩目的成绩,社会道德风尚发生了变化,呈现出积极向上的健康态势。但在一些地方仍存在着是非善恶的界限混淆、美丑荣辱不分的现象,出现了“道德滑坡”。因此,大学生“八荣八耻”荣辱观的学习和实践必然会背负舆论压力,学生会产生怀疑、犹豫、畏难等一些情绪,所以要引导学生正确认识到这种观念发生的源头,帮助他们进行自我控制,实现自我激励。

(4)自我评价:保持“八荣八耻”荣辱观自我教育的长效性

“人贵有自知之明”。自我评价是受教育者对自己的思想、愿望、行为和特点的判断与评价。自我评价较高的人具有很强的自信,往往会取得一些成就。积极的自我评价有助于保持身心健康,实事求是的自我评价有助于自我教育与完善。

要学会评价他人的行为,“八荣八耻”荣辱观学习是一个道德修养的提升过程,一个人的道德水平总是相对发展的,永远不可能达到顶峰。因此,我们要正确评价自己的“八荣八耻”荣辱观的学习程度和自己的道德水平,首先要学会评价他人。通过对比,才能正确定位自己,评价自己。找出长处和短处,发现优点和缺点,进一步为自我教育确定新的目标,最后形成自我教育的长效机制,提高整体水平,促使全民族道德水平得到大幅提升,促进中华民族的伟大复兴。

2.八荣八耻荣辱观教育深入人心

社会主义荣辱观,明确了我国社会道德的价值取向和行为准则,体现了中华民族民族精神的时代要求,有很强的思想性和现实针对性。社会主义荣辱观中提出的八荣八耻,全面阐述了树立正确价值观的具体要求,明确是非、善恶、美丑界限,对推动良好社会风气的形成有重要的现实指导意义。

荣辱观古已有之,荣辱心人皆有之。不同时代、不同民族、具有不同价值观的人们，其荣辱观也是不同的。恩格斯曾说，“每个社会集团都有他自己的荣辱观”。社会主义荣辱观，回答了社会主义社会中，什么是光荣与耻辱。树立社会主义荣辱观，要发扬优良传统，体现时代精神；要立足本国，面向世界；要把握今天，面向未来。

“八荣八耻”荣辱观阐明了社会主义思想道德建设的指导思想、方针原则以及对公民的道德规范，坚持了以为人民服务为核心，以集体主义为原则，以爱祖国、爱人民、爱劳动、爱科学、爱社会主义为基本的道德要求。其丰富内涵保障了社会主义市场经济的健康发展，为建设与之相适应的道德体系提供了充足的思想基础。

“八荣八耻”展现了现代社会的特性。随着科技的发展，人们公共生活领域不断扩大，相互交往也日益频繁，社会分工日益细密，这就使得“八荣八耻”在维护公众利益、公共秩序，保持社会稳定方面表现更加突出，成为公民个人道德修养和社会文明程度的重要展示。

每个时代都有那个时代所追寻的精神风尚。“八荣八耻”的荣辱观，旗帜鲜明地指出我们应该做什么，不应该做什么，它是我们每个公民应有的价值取向和行为准则。

（三）辛亥革命主题教育篇

深入开展辛亥革命100周年主题教育活动具有划时代的意义。1911年（清宣统三年）中国爆发了资产阶级民主革命。它是在清王朝日益腐朽、帝国主义侵略进一步加深、中国民族资本主义初步成长的基础上发生的。目的是推翻清朝的专制统治，挽救民族危亡，争取国家独立、民主和富强。辛亥革命结束了中国长达两千年的君主专制制度，堪称一次伟大的革命运动，它在政治、思想上给中国人民带来不可低估的影响力。

1.辛亥革命100周年回眸

辛亥革命——近代中国的资产阶级民主革命。2010年是辛亥革命100周年,100年前,辛亥革命推翻了持续两千多年的封建专制,民主共和的观念从此深入人心。作为一次民主革命,这次革命成功推翻了清朝的统治,结束了中国两千多年来的封建专制统治,开启了民主共和新纪元,从此共和观念深入人心。

回眸100年的历史,伟大的民主革命先行者孙中山先生带领无数中华儿女进行了艰苦卓绝的反帝、反封建斗争,开启了一次前所未有的社会变革,对新民主主义革命以及整个中华民族的命运有着非凡的意义。我们怀着对革命者的崇敬、对其爱国精神的敬佩,要将辛亥革命的无声力量发扬光大。

为牢记斗争历史,传承革命精神,深切缅怀孙中山先生等辛亥革命先驱的历史功勋,学习和弘扬他们伟大的爱国主义精神。我校举办纪念"辛亥革命"征文活动。学生通过文字表达对中国共产党和祖国的深厚情谊,充分展示了学生爱校、爱党、爱国的热烈情怀,推动了爱国主义思想教育,提高了学生的爱国思想觉悟,提升了学生的政治素养,促进德育工作再上新台阶。

2.辛亥革命的意义与启示

辛亥革命是中国的一次划时代的创新和改革。它革除的君主专制是一个延续了几千年的制度,创立的资产阶级民主共和制度是一种全新的制度,尽管困难很多,历尽艰难,但革命先驱者没有放弃,不屈不挠,呕心沥血,努力发掘凝聚、振奋国人的经济、政治、文化等积极因素,唤起国民,共同救国,通过艰苦奋斗达到革故鼎新。封建君主专制制度是几千年来中国人民遭受剥削压迫、贫困苦难的根源之一,它严重阻碍了中国历史的发展,彻底推翻君主专制制度是中国人民从贫困和落后状态中解放出来的必要前提。在民族危亡时刻,以孙中山为代表的革命党人提出推翻清朝专制政府建立民主共和国的主张，开辟了几千年来中国革命新纪元，开始了近代中国人民斗争的新篇章。

辛亥革命的那些仁人志士留给我们一种敢闯、敢干、敢为天下先的大无畏精神。这种精神是一种宝贵的人文精神。辛亥革命中的知识分子和思想进步的爱国进步群体，在民族危亡时刻，心怀救国赤子情怀，投身民主革命，发动了武昌起义，推翻了清王朝的封建专制统治。孙中山任临时大总统，表现出高昂的革命精神和平易近人的民主作风。南京临时政府在短短的三个月内，颁布了三十几道革命法令，如改用阳历、限期剪辫子、废除跪拜、禁止缠足、禁止吸食鸦片、禁止刑讯、销毁刑具、"振兴实业，改良商货"等，都带有移风易俗、革故鼎新的民主精神。《中华民国临时约法》是带有革命和民主性的国家根本大法，规定了国内人民的民主权利，它的公布，为人民的民主权利提供了法律保障，有利于民主精神的发扬。

纪念辛亥革命就是要牢记历史给予我们的教育和启迪，要继承革命先辈们的优良传统，特别是要学习孙中山先生爱国、革命和不断进步的优秀品格。时代在发展，这种炽烈的爱国精神将成为我们民族永恒的感召力量。今天，我们仍要高举这面大旗，把中华儿女的智慧和力量凝聚在一起，为实现中华民族的伟大复兴而奋斗。

弘扬辛亥革命精神要大力弘扬敢闯、敢干、敢试的创新精神，要弘扬"民主、自由、平等、博爱"的精神。敢于与腐败势力做斗争，廉洁自身，将这种精神内化为中华民族光耀千秋的精神财富。

二、关注时事政治，鼓舞青年斗志

时事政治教育是学校对学生进行立场教育，培养学生良好的政治素质的重要渠道，必须大力加强时事政治工作，因势利导。在关键时期，要积极开展能吸引青年学生注意的活动，贯彻理性爱国的观念，鼓励学生把拳拳爱国之心转化为远大理想，积极投身社会主义现代化建设之中。了解当代学生的政治态度，增强对学生进行思想政治教育的实效性，提高学生对政治的关注程度。

当代大学生思想较活跃，求新意识较强，他们关注国内外大事，关心对国家和社会发展有重大影响的问题，虽然他们入世不深，与社会接触并不多，但他们爱憎分明，对社会负有强烈的责任感，对国家的未来充满信心。

当代大学生是国家的未来，民族的希望。他们的举动、言行体现了一个民族的整体风貌。因此，我们应该积极地引导更多学生关注国内外大事，关心国家命运，将热点、难点问题与形势政策教育紧密结合，实现形势政策教育的真正目的，通过共同探讨热点问题，引导学生自觉运用马克思主义立场、观点、方法分析问题，认清国内外发展形势，增强学生的民族意识和爱国情怀。

(一)扎实进行中国梦主题教育

为深入学习习近平总书记对“中国梦”的深情阐述，教育引导广大师生深刻领会实现中华民族伟大复兴是中国近代以来最伟大的梦想，根据党中央、省委及省教育厅“我的中国梦”主题教育活动的总体部署，我校因地制宜地组织开展以讲、写、论、谈、演、赛等为主要形式的“我的中国梦”主题教育活动。通过活动营造全员学习中国梦的浓厚氛围，激发学生的历史责任感，使每个学生都能播种梦想、点燃梦想，都敢于有梦、勇于追梦，为实现自己的“中国梦”增添强大的青春能量。

在开展形式各样的“中国梦”主题教育系列活动的同时还

要注重对此项活动的及时总结，真正将学习中国梦、践行中国梦行动落实抓好，并把它作为时刻前进的动力，以实际行动报效祖国。

1.中国梦与个人梦

今天，在我国经济社会深刻转型的关头，要成功地全面建设小康社会，实现社会主义现代化，建成富强、民主、文明、和谐的社会主义现代化国家，需要点燃全体人民创造宏伟蓝图的激情。而中国梦，正是这种历史脉动的潮声，时代精神的口号。

中国梦就是实现民族复兴、国家富强、人民幸福。一方面，要全面建成小康社会，建成富强、民主、文明、和谐的社会主义现代化国家，实现中华民族的伟大复兴；另一方面，要让生活在我们伟大祖国和伟大时代的全国人民，共同享有人生出彩的机会，共同享有梦想成真的机会，共同享有和祖国时代一起成长与进步的机会。这样的中国梦是整个中华民族长期的梦想，是亿万人民世代相传的夙愿，它本质上是无数个人梦的汇合和升华，代表历代中国人对幸福的不懈追求，体现了民族整体性与国民个体性的一致。

"中国梦"三个字，语气铿锵有力；从语意学的角度看，中国梦更加生活化、市民化，具有很强的包容性。

"中国梦"是中国共产党自己的梦，也是中华儿女的梦；是提炼最大公约数、最能引起广泛共鸣的梦。

"中国梦"，是中国人皆可以有的梦。

第一，它不分阶级与阶层，富人、穷人可以做；白领、蓝领可以做；知识分子与没文化的人可以做，当官的和普通市民也可以做。

第二，它不分政党，共产党人可以做，其他党派、无党派人士也可以做。

第三，中国梦是多元化的，领导人希望中国变成世界强国，这固然是中国梦；老百姓希望中国变得更加富裕，衣食住行娱乐变得更加舒适，社会更平等，更有正义，也是中国梦；学界人士希望中国变得更现代化，更民主自由，又怎么不是中国梦？

中国梦就像一个万花筒，离不开中国这个筒，但可有百般图案，千般花样，活力无限。

第四，多元性并不否定共通性。我们都希望中国变好，自己的生活水平提高，都希望与期待祖国蒸蒸日上。

中国梦以其包容性、多元性、共通性，把中华儿女团聚在一起，推动我们共同奋斗。这个奋斗目标，不是虚无缥缈的，而是与国家和个人可实现的需求愿景紧紧结合在一起的，为个人与国家找到了一个信念和理想的共同诉求点。

2.中国梦的理论与现实意义

中国梦的理论与现实意义深刻，具体体现在：

一是高举中国特色社会主义伟大旗帜，以邓小平理论、“三个代表”重要思想、科学发展观为指导，深刻领会“中国梦，归根到底是56个民族共同的梦”，对广大学生进行爱国主义、民族团结和理想信念教育，不断增强学生自觉维护民族团结和投身社会主义建设事业的决定和热情。

二是“中国梦”活动可积极营造热爱祖国、民族团结、励志奋进的舆论氛围，引导学生将个人成长成才与民族团结、国家富强和人民幸福结合起来，更加坚定自觉投身社会主义现代化建设的决心和信心。

三是通过参加“中国梦”活动，认真践行社会主义核心价值观，着力讴歌伟大的祖国、伟大的人民、伟大的中华民族，集中展示广大师生热爱祖国、维护团结、乐于奉献、朝气蓬勃、昂扬向上的精神风貌，营造良好的校园文化氛围。

3.践行青春志向，铸就中国梦想

在“中国梦”号角的引领下，无数洋溢着青春气息的年轻一代开始果敢地追逐自己的梦想，尽管梦想与现实的距离或远或近，但奋斗的脚步始终在继续……

（1）“我的中国梦”主题宣讲活动——讲

结合广大师生关注的理论热点，依托党的十八大精神校内宣讲团，发挥时政讲堂的渠道和平台作用，学院在校内组织开展“我的中国梦”主题宣讲活动。宣讲教师围绕民族国家视野下的中国百年史脉络、中国梦的内涵和意义、中华传统文化的教育和革命传统教育等内容，进行形势与政策教育、企业文化教育和健康心理辅导等，强化广大师生对责任和使命的认识，树立共圆中国梦的梦想。

（2）“我的中国梦”主题班会教育活动——论

“我的中国梦”主题班会教育活动涉及各班级，人人都参与其中。主题班会教育活动由各班级积极发动，认真组织，形式丰富多彩。围绕“我的中国梦”主题，各班班长或思想政治信息员根据各班的实际情况制定出详细的实施方案，精心策划以“爱国主义”“新中国成立65周年”“文明风采”“讲文明、树新风、争做时代活雷锋”“感恩之心，报效祖国”“中国梦、潞安梦、我的梦”为内容的主题班会，用实现中华民族伟大复兴的“中国梦”，建设亿吨煤炭新基地、打造产业发展新高地、开创幸福潞安新天地、全面开创既强又大国际化新潞安的潞安梦来凝聚学生、激励学生、启发学生，营造良好的校园文化氛围。

这些内容不同、形式各样的主题班会，启迪了学生明确“中国梦”的实质内涵，树立属于自己的“中国梦”。引导学生认真践行爱党、爱国、爱校的誓言，更多地学习党的先进理论知识和祖国的灿烂文化，用理论和知识武装自己的头脑，提升自我，加强锻炼，为中国梦的早日实现贡献力量。

(3)把"我的中国梦"融入学院的思想政治理论课堂——谈

我院思想政治理论教师在课堂传授知识的过程中，利用现代化教学手段，将"我的中国梦"主题内容宣传教育融入思想政治理论课堂全过程，通过师生互动、学生发言、教师总结等课堂实践活动，激发学生践行梦想的决心，并外化为自觉的行动。同时，思想政治理论课教师针对课堂实践内容做出了相应的策划、总结，对中国梦的内涵和价值进行了必要的研究，真正把"我的中国梦"融入学院的思想政治理论课堂中，使中国梦的基本内容及内涵深入每一个同学心中，达到了预期的教育效果。

通过思政教师在课堂上讲授中国梦，学生自觉形成了学习中国梦的意识，使他们发奋图强，克服一切困难，以实际行动履行诺言，自觉将个人成长与祖国发展相结合，用"中国梦"凝聚强大精神能量，学习先进、崇尚先进、争当先进，努力践行"中国梦"。

(4)"我的中国梦"演讲比赛——说

围绕近代以来中国人民坎坷追梦历程的深刻启示和新中国成立以来特别是改革开放以来的辉煌成就，我院开展了以"铸高尚师德师风""践行青春志、同铸中国梦"为主题的教师演讲、学生演讲活动。在演讲中，广大教职员工和学生讲述自己亲历亲见的"中国梦""潞安梦"及个人的梦想。演讲主题鲜明、内容丰富具体，充分体现了参赛者为实现"我的中国梦"而不懈奋斗的积极向上精神。启发学生更加深切地思考什么是"中国梦"以及作为一名在校大学生怎样去实现"我的中国梦"。

(5)观看青春励志电影、阅读励志书籍——读

学校向学生推荐青春励志电影及优秀励志图书，利用课余时间，组织学生观看和阅读青春励志影片和优秀图书，引导学

生通过读书领会“中国梦”的历史底蕴和时代内涵，了解我国革命、建设和改革的历史进程、辉煌成就、宝贵经验和前进方向。通过有效组织学生观看和阅读，帮助学生树立正确的世界观、价值观和人生观，形成朝气蓬勃、昂扬向上的精神风貌。

(6)以“中国梦、我的梦”为主题的书信感恩教育活动——写

开展以“中国梦、我的梦”为主题的书信感恩教育活动，书信内容多样如给父母亲的一封信、给院领导的一封信、给老师的一封信等，全体同学通过文字表达对学院领导、老师及父母亲的感恩情怀，从而感受到中国特色社会主义道路和制度带来的优越性，营造交流、互动的校园文化氛围。

(7)“我的中国梦”为主题的征文、书画比赛——写

紧密结合山西省职教协会德育工作委员会的工作安排精神，我院在全院师生中广泛开展“我的中国梦”征文和书画作品比赛活动。

①征文比赛——通过在全院范围内开展“中国梦”教职工及学生征文活动，鼓励学生用文字记录和表达爱国之心、强国之愿、报国之志。征文活动主题为“放飞青春志，共铸中国梦”。全院师生积极参与，运用诗歌、散文、议论文等形式不同的表达方式参与投稿，展现了师生对学院、对祖国的深厚情谊，充分抒发了她们爱学院、爱祖国的热烈情怀。广大师生参与其中，更加坚定了实现伟大中国梦的信念，增强了爱学院、爱祖国的信心和决心。

通过开展“中国梦”征文活动，达到了宣传“中国梦”的活动目的，使师生对学习中国梦、践行中国梦的重要性和必要性有了深刻认识。同时，也帮助学生确立了积极的奋斗目标、价值取向和精神追求，培养和提高了学生的思想水平、政治水平和写作水平，激发了学生报效祖国、以奋发有为的精神状态投入为

实现中华民族伟大复兴光荣梦想的社会实践中的热情，增强了同学们追求梦想的决心和毅力，表达了同学们的爱国之心、强国之愿、报国之志，强化了学生对自身责任和使命的认识，帮助他们树立了以实干兴邦精神奋力实现中华民族伟大复兴的光荣梦想。

②书画比赛——通过开展以“我的中国梦”为主题的书画比赛，用优秀的艺术作品为“中国梦”凝聚更多的正能量。同学们通过自己的独特视角而全新创作，对充满激情、充满艰辛、充满希望的“中国梦”进行书画、剪纸等形式各样的演绎，书画作品所表达内容体现正能量、设计精致，充分展示了广大师生的才华，体现了他们对“中国梦”时代内涵的独到理解，提升了学生的文化追求，表达了对学院、对潞安、对祖国美好祝福的热烈情怀，传播了积极向上的社会文化、企业文化、校园文化。

(8)“同铸复兴路，共圆中国梦”校园文艺展演——演

举办“同铸复兴路，共圆中国梦”青年歌手大赛，同学们通过认真准备、精心策划，以动听的歌声讴歌伟大的祖国、伟大的中华民族以及美丽潞安，演绎出青年一代的文明风采，展现出美丽校园莘莘学子的青春风貌。

(9)“我的中国梦”主题实践活动——行

为了让学生了解延安精神、感受延安精神、积极学习延安精神，我院结合“延安精神”主题教育活动，将学习延安精神活动常态化，使学生加深了对“中国梦”的理解。

学院及时安排以“走基层、看变化、共圆中国梦”为主题的社会实践活动。以参与式观察和服务式体验相结合的形式，引导学生感悟由千万个“中国梦”组成的民族梦、时代梦，采撷收集有代表性的“百姓梦想”。利用学生业余时间开展“新时代、新雷锋”社会实践活动；组织学生参观潞安集团展览馆、学院校史

馆；精心组织寒假"走基层"社会实践活动；启动大学生参与"梦想中国、梦想潞安"的志愿者行动计划等，从而把主题教育活动推向高潮。

（10）以"最美中国""最美潞安""我的大学生活"为主题内容的摄影创作大赛——行

组织以展现"最美中国""最美潞安""最美大学生活"为内容的"美丽瞬间"摄影比赛活动。师生们的照片从不同角度记录了校园里的美丽瞬间，把最美的校园、最美的环境、最美的教师、最美的学生、最美的生活、最美的故事拍摄得极具美感和艺术魅力。观察身边的校园，睁开发现美的眼睛，我院师生们用心灵和行动记录感动与收获，一副副照片展现了"最美中国""最美潞安""最美大学生活"等积极向上的正能量，培养了学生热爱生活、赞扬美好生活的品质，也进一步营造了健康向上的校园文化。

（11）培育选树学院先进典型——行

高度重视先进典型的培育选树工作。利用学报这一宣传平台，表彰和宣传一批热爱祖国、践行梦想、事迹突出的教职员工的先进典型事迹并制作学报加以宣传，通过树立典型，激励全体师生学习先进、崇尚先进、争当先进的良好校风的形成，促进校风校貌建设。

总之，学院开展"中国梦"主题教育活动，目标明确，思想统一，措施到位，效果突出。通过丰富多彩的系列活动深刻解读"中国梦"的历史底蕴和时代内涵，宣讲我国革命、建设和改革的历程、辉煌成就、宝贵经验和前进方向，涌现出一批热爱祖国、践行梦想、事迹突出的先进师生典型。"我的中国梦"主题教育活动促使广大师生形成勤奋工作、不懈奋斗的良好氛围，使学生增强了对党的热爱和对中国特色的社会主义建设的认同，极大地激励他们为中国未来崛起而读书的热情。

（二）加强中国特色社会主义的政治理论教育

坚持和发展中国特色社会主义，是新时期党和国家的全部理论和实践的主题，也是全面贯穿党的十八大报告的主线。广泛深入开展中国特色社会主义宣传教育，是进一步深入学习宣传贯彻党的十八大精神的重要举措，是当前思想文化工作的首要任务，对团结动员广大人民群众在新的起点上坚持和发展中国特色社会主义具有重大的意义。

按照中共中央宣传部关于《中国特色社会主义宣传教育的工作安排》和省教育厅关于贯彻落实省委宣传部《中国特色社会主义宣传教育实施方案》的具体要求，结合山西转型跨越发展的实际，紧密围绕“中国特色社会主义”这一贯穿党的十八大报告的主线，我院科学落实教育规划纲要，系统谋划，认真组织，通过形式多样的系列活动，号召广大师生深刻认识中国特色社会主义的实现途径、总依据、总布局、总任务，通过宣传教育和实践增强广大师生对于中国特色社会主义的道路、理论与制度自信，从而激励全体学生发奋学习、不懈奋斗。

1.学习中国特色社会主义理论的意义

开展“中国特色社会主义”的宣传教育工作是一项系统工程，也是一项长远的政治任务。

一是高举中国特色社会主义伟大旗帜，深入学习贯彻党的十八大精神、省教育厅精神以及潞安集团的“两会”精神，坚持以邓小平理论、“三个代表”重要思想以及科学发展观为指导，不断增强广大师生对中国特色社会主义的道路自信、理论自信和制度自信。

二是深刻理解习近平总书记关于实现中华民族伟大复兴的“中国梦”的重要论述，全面系统地学习中国特色社会主义理论体系，使广大师生明白实现“中国梦”必须走中国特色社会主义道路，必须弘扬中国精神，必须凝聚中国力量。

三是以“中国特色社会主义”为主题，进一步激励广大师生积极投身学习和工作当中，为夺取中国特色社会主义的新胜利，立足岗位，真抓实干，树立实干为荣、实干图强、实干兴企的精神。

2.中国特色社会主义理论学习的必要性

中国特色社会主义理论体系具有伟大的历史意义，这奠定了它在思想政治领域不可动摇的地位。因此，中国特色社会主义理论是各高校思想政治理论课的重要组成部分，探索其现实意义，对于帮助学生树立科学的世界观、人生观、价值观以及形成辩证唯物主义认识论和方法论都有重要的指导作用。

(1)帮助大学生树立科学的世界观、人生观、价值观

世界观是人们对整个世界的根本认识。不同年代有着不同的社会现状，不同年代的人也有不同的历史使命。树立正确的世界观是正确把握世界发展规律的前提，而大学生只有正确把握世界发展的规律，认清时代特征，才能在将来适应社会，科学、客观地根据时代与社会的发展规划自己的成才之路。

人的社会属性决定了个人不能脱离社会存在，个人的成长也不能忽视国家和社会对人的要求。毛泽东思想和中国特色社会主义理论明确了我国各个时期的历史任务，是各个时期路线、方针、政策制定的根本指南。只有深刻领会、掌握其基本思想和科学含义，才能对国家的发展方向和人才需求做到心中有数，从而设计科学的人生。也只有在科学的人生观的指导下才能创造辉煌的人生价值。所以，认真学习毛泽东思想和中国特色社会主义理论体系，掌握其基本内容，对树立世界观、人生观、价值观具有非常重要的指导意义。

(2)为大学生辩证唯物主义认识论和方法论的形成奠定哲学基础

中国特色社会主义理论的精髓——实事求是作为一种思想路线,是科学的辩证唯物主义的认识论和方法论。可以从对实事求是的科学含义以及基本内容的解读中看到辩证唯物主义的哲学基础,这些哲学方法对大学生认识社会、认识自己,认识问题、处理问题具有重要的借鉴意义。因为大学阶段是人生的重要阶段,人生道路虽然漫长,但重要的就那么几步,大学期间是大学生为将来打基础的关键时期。正确的认识论和方法论对大学生实现自我认识和科学的人生目标具有重要意义。

在大学阶段,大学生开始思考自己的人生走向,确立自己的成才目标。规划人生,确认目标,须从自己的实际出发。从所处的时代背景和社会环境出发。只有充分考虑这些实际,才能保证大学生的自我规划合理的、科学、能够被社会接受、具备成功条件。因此,大学生要尊重实际,用辩证的、发展的、全面的观点看待问题,掌握辩证的方法论。

综上所述,毛泽东思想和中国特色社会主义理论体系的伟大意义奠定了它在中国的过去、现在和将来不可动摇的地位,探索其现实意义,使当代大学生学习、认识它的同时体会到它的强大生命力,认识到毛泽东思想和中国特色社会主义理论体系是一个科学的理论体系,其内容是丰富的,生命力是旺盛的。这对于当代大学生的影响是深远的。

3.“中国特色社会主义”主题教育活动

今后,根据“中国特色社会主义”宣传教育活动的要求,我院可以举办和开展以下系列活动:

(1)“中国特色社会主义”的主题宣讲活动

结合广大师生关注的理论热点,依托校内宣讲团,发挥党委时政讲堂的平台，通过学院电子屏幕、橱窗专栏、学院校报对中国特色社会主义的内涵和意义进行宣讲，使广大师生在学习中加强对自身责任和使命的认识，走好复兴路，共圆中国梦，坚定走好中国特色社会主义道路的自信。

(2)"中国特色社会主义"主题班会教育活动

围绕"中国特色社会主义"主题，将党的十八大精神以及中国特色社会主义理论的相关知识融入课堂，组织并开展好相关主题班会。精心组织和策划以"中国特色社会主义理论体系""中国梦""感恩之心，报效祖国"等内容为主题的班会，更好地培养学生、凝聚学生、激励学生，营造良好的校园文化氛围。

(3)"中国特色社会主义"的主题实践活动

及时宣传和安排以"走基层、看变化、扎实走好中国特色社会主义道路"为主题的社会实践活动。通过不同的视角，让广大师生感悟并收集有代表性的"百姓梦想"。

利用学生的业余时间开展形式多样的社会实践活动；组织学生参观潞安集团展览馆、学院校史馆等实践基地；组织学生参加潞安道德讲堂与学院道德讲堂，精心组织开展假期"走基层"社会实践活动；并撰写假期实践报告，鼓励大家利用手机把身边的好人好事、文明新风、校园文化、学生诉求等记录下来。利用学院橱窗、校园广播、集团新闻媒体进行宣传报道，通过一系列的实践活动把主题教育活动推向高潮。

(4)以"中国特色社会主义"为主题的学生社团活动

充分调动学院学生社团的主导作用，利用南苑爱心社团和金帆文学社的平台，就一些专题在全院进行征稿宣传。围绕"感恩祖国""爱国、兴国""中国特色社会主义""出彩人生、中国梦、我的梦""讲文明、树新风"等话题办学生社团自己的报纸，搞学生自己喜欢的活动，这样可以充分提高学生对中国特色社会主义道路的认知，使学生深入理解中国特色社会主义是实现中国梦的必由之路。

(5)培育选树学院先进典型

高度重视先进典型的培育选树工作，抓好用好典型，表彰和宣传一批热爱祖国、践行梦想、事迹突出的先进典型。激励全院形成学习先进、崇尚先进、争当先进的良好院风，激励学生努力成为大有作为并能担负重任的栋梁之材，促进学院的校风校貌建设。

将中国特色社会主义宣传教育作为经常性工作，一以贯之、久久为功。全面谋划、突出重点、有序推进。坚持团结稳定鼓劲，以正面宣传为主，突出主题活动的思想，并坚持贴近实际、贴近生活、贴近群众、密切联系单位实际。寓教于乐、寓教于理、寓教于行，切实做到入脑入心。

(三)社会主义核心价值体系教育

在社会主义和谐社会建设过程中，社会主义核心价值体系具有其他任何价值体系无法替代的整合力、凝聚力、影响力和感召力，在中国整体社会价值体系中居于核心地位，发挥着主导作用，决定着整个价值体系的基本特征和基本方向。因此，坚持社会主义核心价值体系教育是完全必要的，我们必须将这一教育扎实落实，深入贯彻到每一个学生的行为意识当中，帮助其树立正确的人生观、价值观、世界观。

1.社会主义核心价值体系的创立

社会主义核心价值体系是中国共产党在新世纪面对国内外政治经济新形势做出的重要理论创新，其创立对社会主义发展起到了积极的推动作用，促进了良好社会风气的形成与高尚道德行为的养成，更好地保障了社会主义精神文明的建设。对社会主义核心价值观进行深入探讨和解析，可以使全体社会成员认同核心价值观。建立社会主义核心价值体系,须坚持马克思主义在意识形态领域的指导地位,牢牢把握社会主义先进文化的前进方向,大力弘扬民族优秀文化传统,积极借鉴人类文明成果,充分调动积极因素,凝聚力量、激发活力,进一步打牢全国人民团结奋斗的思想道德基础,形成奋发向上的精神力量,为构建社会主义和谐社会提供精神动力。

(1)提出背景

从2002年10月开始,中央电视台每年都会推出"感动中国"年度人物评选活动,反响热烈。从人民公仆郑培民、航天英雄杨利伟、爱心歌手丛飞,到乡村邮递员王顺友、自立自强的优秀大学生洪战辉等,他们的身份、经历虽不同,但他们的故事都令人热泪盈眶,震撼着每一个中国人的心灵。从他们身上,我们明白了什么是理想、什么是信念、什么是精神,他们以实际行动从不同角度诠释了社会主义核心价值体系的真谛。

2006年10月,党的十六届六中全会通过的《中共中央关于构建社会主义和谐社会若干重大问题的决定》,首次明确提出社会主义核心价值体系的概念,其基本内容包括四方面:马克思主义指导思想、中国特色社会主义共同理想、以爱国主义为核心的民族精神和以改革创新为核心的时代精神、社会主义荣辱观。

2007年胡锦涛总书记在"6·25"重要讲话中强调,要大力建设社会主义核心价值体系,巩固全党全国人民团结奋斗的共同思想基础。

党的十八大报告明确指出,社会主义核心价值体系是兴国之魂,决定着中国特色社会主义发展方向。没有社会主义核心价值体系的引领,社会主义建设就会迷失方向、失去根本。党的十八大从国家、社会、个人三个层面概括了社会主义核心价值观，即："倡导富强、民主、文明、和谐，倡导自由、平等、公正、法治，倡导爱国、敬业、诚信、友善。"

(2)基本内容

马克思主义指导思想是社会主义核心价值体系的灵魂。马克思主义是我们立党立国的根本指导思想，是社会主义意识形态的旗帜和灵魂。在社会主义核心价值体系中，马克思主义提供的是科学的世界观，是认识世界和改造世界的立场、观点、方法。中国共产党坚持把马克思主义基本原理同中国具体实际紧密结合，形成了毛泽东思想、邓小平理论和"三个代表"重要思想，形成了科学发展观和构建社会主义和谐社会等重大战略思想。这些理论成果都是中国化的马克思主义。马克思主义指导思想是中国特色社会主义共同理想形成的理论基础，动摇马克思主义的指导地位，就会动摇中国特色社会主义的理论根基，动摇团结一致走中国特色社会主义道路的决心和信心。

中国特色社会主义共同理想是社会主义核心价值体系的主题。在中国共产党领导下，走中国特色社会主义道路，实现中华民族的伟大复兴，是现阶段中国各族人民的共同理想。这个共同理想，把党在社会主义初级阶段的目标——国家的发展、民族的复兴与个人的幸福紧密联系，把各个阶层、各个群体的共同愿望有机结合，经过实践检验，有广泛的社会共识，令人信服的必然性、广泛性和包容性，强大的感召力、亲和力和凝聚力，这是保证全体人民在政治上、道义上、精神上团结一致，凝聚智慧和力量，克服任何困难、创造美好未来的强大精神纽带和动力。

以爱国主义为核心的民族精神和以改革创新为核心的时代精神是社会主义核心价值体系的精髓。以爱国主义为核心的伟大民族精神，深深地融入我们的民族意识、民族品格、民族气质之中,成为各族人民团结一心、共同奋斗的精神支柱。以改革创新为核心的时代精神，是马克思主义与时俱进的理论品格、中华民族富裕进取的思想品格与改革开放和现代化建设实践相结合的伟大成果,已经深深融入中国经济、政治、文化、社会建设各个方面,成为推动各族人民不断开创中国特色社会主义事业新局面的强大精神力量。以爱国主义为核心的民族精神和以改革创新为核心的时代精神是马克思主义与时俱进的思想源泉,是推进中国特色社会主义伟大事业的精神动力,更是开展社会主义荣辱观教育的重要内容和主导精神。

社会主义荣辱观是社会主义核心价值体系的基础。以“八荣八耻”为主要内容的社会主义荣辱观,是与社会主义市场经济相适应、与社会主义法律规范相协调、与中华民族传统美德相承接的社会主义思想道德体系。社会主义荣辱观旗帜鲜明地指出了在社会主义市场经济条件下，应当坚持和提倡什么、反对和抵制什么,为全体社会成员判断行为得失、做出道德选择、确定价值取向,提供了基本的价值准则和行为规范。大力弘扬社会主义荣辱观，才能加强和巩固马克思主义的指导地位,推进中国特色社会主义事业又好又快地发展,进而使以爱国主义为核心的民族精神和以改革创新为核心的时代精神在全社会得到弘扬。

社会主义核心价值体系四个方面的基本内容相互联系、相互贯通、有机统一,共同构成了完整的社会主义核心价值体系,构成了社会主义意识形态的主体内容。没有马克思主义科学理论的指导,社会主义意识形态就失去了方向和灵魂;没有中国特色社会主义共同理想,社会主义意识形态就失去了内核和主题;没有民族精神和时代精神,社会主义意识形态就失去了精髓和主旋律;没有社会主义荣辱观,社会主义意识形态就失去了价值坐标和道德标准。

党的十六届六中全会《决定》第一次提出建设社会主义核心价值体系的战略任务，这对于深化对中国特色社会主义本质的认识，对于大力推进和谐文化、和谐社会建设，具有十分重要的意义。社会主义核心价值体系是社会主义制度的内在精神和生命之魂，它决定着社会主义的发展模式、制度体制和目标任务，在所有社会主义价值目标中处于统摄和支配地位。没有社会主义核心价值体系的引领，构建和谐社会、建设和谐文化就会迷失方向。

2.社会主义核心价值体系系统的严谨性

以社会主义核心价值体系引领大学生价值观教育，以社会主导价值观调和不同价值观之间的冲突，是当前价值观领域的重大课题。在解决这一问题的过程中，我们要不断形成社会价值体系的构建与个体价值观的形成相统一的理念、价值观教育中的体系性与层次性相协调的理念、价值观的民族性与全球性相协调的理念以及多元价值与主导价值相协调的理念，这些教育理念的形成是增强价值观教育的可操作性和实效性的重要思想前提。

价值观形成为价值观教育的实施提供了可能性，也为教育在个体价值观形成过程中起到独特的作用提供了可能性。同时，大学生在价值观领域变迁和分化的现状也恰恰使对其实施教育具有必要性，为了使校园生活和社会生活在具备稳定性的同时呈现多样性，我们越来越需要在学生的学习、成长和发展过程中建立导向，对大学生的价值观进行引导和控制，通过协调各种价值观之间的冲突，使具有多元追求的个体能认同占社会主导地位的价值标准，从而形成能支配和影响他们学习、生活和社会实践等各个领域的基本指导思想，为他们在认识事物、评价事物以及做出行为选择的过程中提供思想上的标准与动力。要实现对大学生有效的价值观教育,使教育在大学生价值观的形成过程中起到更好的导向作用,需要我们在教育实施过程中不断形成一些新理念:

其一,社会价值体系的构建与个体价值观的形成相统一的理念。

建设社会主义核心价值体系,是在对当前我国社会价值观领域存在的现状进行高度抽象的基础上提出的重大任务。以坚持马克思主义指导思想、确立中国特色社会主义共同理想、弘扬以爱国主义为核心的民族精神和以改革创新为核心的时代精神、树立社会主义荣辱观为基本内容的社会主义核心价值体系,是我国社会主义意识形态的性质和方向的集中体现,是社会主义市场经济条件下进行社会文化建设和思想道德建设的基本要求。在大学生价值观教育过程中坚持社会价值体系的构建与个体价值观的形成相统一的理念,就是要把上述四方面的基本内容融入教育的全过程,并由此而融入经济、政治、文化和社会建设诸领域,从而在大学校园内形成积极健康的精神风貌,形成全民族团结、奋发、向上的精神合力。

从构建社会价值体系的角度来看,人们对于社会各方面生活的认同以及其共同价值观的产生具有诸多根源。在当代社会的文化和价值观领域,既有技术发展所带来的技术文明和人们对技术的价值认同,又有在一定的人口、地域基础上形成的社会价值认同,以及在特定的政治体制之下形成的政治价值认同。技术性的价值认同在情感上基本是呈中性的,它在不同国家、不同民族中具有普遍性;而民族和社会政治的认同则在不同国家中具有不可替代性,这也正是维系民族和国家的重要精神纽带,只有民族和国家的全体成员在社会、政治领域具有共同的价值观时，整个民族和国家才能形成对事物较为一致的是非判断和行为标准，并由此使全社会一致团结、共同向上。因此，建设社会主义核心价值体系，使之在中国社会的价值观领域包括大学生的价值观领域占有主导地位，是建设中国特色社会主义的重要内涵，也是当前我们面临的重大任务。

从个体价值观形成的角度来看，它是外部世界在个体内心的沉淀，是个体在社会的发展和变迁过程中形成的对事物的判断标准和行为尺度。当代大学生在其丰富的社会实践中价值观往往受到多种因素的影响，并受到多种价值观的渗透，因而呈现出多样性、多元化的特点，甚至还在一些方面表现出与社会主导价值观之间的不协调。因此，我们需要通过舆论宣传和文化教育等多种途径，本着构建社会价值体系与打造个体价值观相统一的原则，以社会主义核心价值体系引领对大学生的价值观教育，对个体的价值观进行具有导向性的培植，促进个体价值观的转化与成型，使当代大学生能在自觉践行社会主义核心价值观的过程中健康成长。

其二，价值观教育中的体系性与层次性相协调的理念。社会主义核心价值体系的四方面不是简单的综合，而是一个有机统一的整体，其中每一方面的内容都不是孤立地存在的，而是相互联系、相互贯通、相互促进的，这四方面的内容在结构上具有层次性，并呈现出由中心到外缘的紧密联结，每一个部分都承担着不同的角色。其中，马克思主义指导思想和中国特色社会主义共同理想处于整个体系的中心，它们直接决定了社会主义核心价值体系的根本性质和方向，以爱国主义为核心的民族精神、以改革创新为核心的时代精神和社会主义荣辱观处于体系的外缘，他们为社会主义核心价值体系的建设提供了重要的思想基础和精神支撑。因此，我们在教育和引导过程中必须理清层次，正确处理好体系内部各要素之间的相互关系，只有这样，才能使社会主义核心价值体系真正成为促进我国社会主义各项社会关系稳定而有序的重要保证。

社会主义核心价值体系不仅在结构上具有层次性，而且其内部各个要素之间还处于不断的互动之中。马克思主义指导思想是我们认识社会发展规律、把握未来方向的强大思想武器，马克思主义又是不断发展着的科学，中国特色社会主义共同理想是马克思主义的理想信念与中国国情的具体结合，建设中国特色的社会主义事业，是现阶段我国人民的奋斗目标，也是我国人民对马克思主义最真实、最可靠、最具体的实践。在这两个中心要素相互渗透的过程，一方面，越来越彰显出体系内在的张力和生命力；另一方面，还对外缘不断施展着辐射功能。在新中国的发展历程中，共同的理想和信念向来都是巨大的精神力量并能转化为物质力量。

在价值观教育中坚持体系性与层次性相协调的理念，就要既从整体上把握社会主义核心价值体系四项基本内容的不可分割性，又要有层次地理清各个组成部分的角色、地位以及它们之间的关系，使大学生能在宏观上确立起两个认识：一是坚持用马克思主义的立场、观点和方法来认识当代中国社会主义建设的实践；二是深刻理解高举中国特色社会主义伟大旗帜对于当代中国的深远意义，并在实践中坚持把弘扬民族精神、时代精神以及树立社会主义荣辱观作为思想和行动的支点，使大学生真正成为既有崇高理想信念，又有正确的人生观、价值观的一代新人。

其三，价值观的民族性与全球性相协调的理念。当代大学生身处经济全球化的大潮之中，经济全球化像一张看不见的大网把世界各国的经济融入一个不可分割的有机整体之中。在经济全球化不断打破地域、民族、制度、文化障碍的进程中，资本的跨国流动、资源的全球配置、信息的自由传递、人员的交往、文化的交流都越来越频繁，这一进程也迫使人们不断形成适应经济全球化发展趋势的价值观念和行为取向。大学生也深刻认识到，唯有融入全球化的进程之中，才能更好地促进民族国家的发展。在人们对世界的感知逐渐趋同的情况下，全球化的观念日渐深入人心，而当代大学生也开始学习并已逐步学会站在全球的视角来看待事物。

但是，迄今为止，民族国家仍是世界的主要行为体，国家和政府在全球经济和其他领域竞争中的作用不仅没有削弱反而有所加强，各国政府都在努力为自己的企业和国民创造更多的市场机会和生存空间。经济领域内全球性网络的建立也没能够取代人们对民族的认同和国家的认同，历史的、地区的、习俗的、语言的、文化的、政治的因素仍然是人们之间产生联系的内在纽带，仍然在不同国家的人们之间发挥着不同的凝聚力和向心力，这种观念领域的民族性依然是民族国家向前发展的重要精神力量。

由此看来，人们的全球观念并没有取代人们的民族观念和国家观念，但是由经济全球化而引发的全球政治和全球文化现象却也真实地改变着我们周围的世界。就政治而言，世界各国之间既出现了为治理全球问题而对全球统一的行为准则与法律规范的呼唤，而这一现象也对传统的国家主权观念与法制观念形成挑战；世界各国之间既在公共行政管理层面有可相互借鉴的经验，也有因历史上不同的民族发展道路选择而形成的政治体制上的差异性。因此，不同国家之间在相互借鉴和相互竞争中共存是目前世界的客观现状。就文化而言，各国之间在科技与管理层面有越来越多的可相互借鉴之处，各国也都普遍接受民主、自由、平等、效率、公正、和平、发展等价值观念，但是不同国家之间尤其是发达国家与发展中国家之间在某些领域存在严重分歧。

其四，多元价值与主导价值相协调的理念。一方面，确立社会主导价值在价值观教育中的地位，明确在价值观教育中坚持价值导向，对于凝聚社会思想、促进社会和谐与稳定具有重要意义。在社会主义核心价值体系之下，我国社会的主导价值观在内容和价值取向上具有一定的集中性和统一性，使我们逐步形成相对一致的价值目标和价值标准。但是，在复杂多变的社会环境和鱼龙混杂的思想观念影响下，大学生的价值观是多元分化的，同时还呈现出良莠不齐的特点，这些价值观与我国社会主导价值观之间既存在着一致的地方，也存在着矛盾、冲突甚至对抗的一面。价值观之间的相互冲突和对抗的缓解与解决需要运用价值协调的方法，需要我们在社会主义核心价值体系引领下，在确立坚定正确的理想信念、弘扬民族精神和时代精神的基础上，以社会主义荣辱观为基本的价值取向和行为准则，使大学生在相互冲突和对抗的价值观之间做出理性判断与合理取舍，走出价值观领域的迷惑与困境。价值观的形成就是一个不断地树立价值目标、确定和修正价值标准、形成综合的评价体系，从而做出正确行为选择的过程。

另一方面，坚持价值导向也并不意味着“独尊儒术”式地打造全社会价值观的唯一性，相反社会生活的丰富性使得价值表达过程中主体和客体之间的关系呈现出复杂多样的相关性，这一特性客观地决定了价值观领域存在着多样性和差异性。在社会主义核心价值体系下，主导价值观在基本价值取向上具有整体性、理想性、精神性的特点，而个体的价值追求则更多地显示出多元性、分散性、物质性的特点，两者之间在外部特征上看似相互对立,但在价值观的实践领域却具有复合性和依存性。主导价值取向的整体性是对多元、分散的个体价值取向的高度抽象与整合,主导价值取向的精神性又是对个体价值追求物质性的升华,两者之间的这一相关性正是价值观"教育"和"引领"的空间所在。如何在承认差异和包容多样的基础上追求统一,使两者之间形成特定的张力并有效地把价值冲突控制在一定范围之内,则是当前价值观"教育"和"引领"中所面临的课题。

确立并坚持多元价值与主导价值相协调的理念,既需要我们重视大学生的主体地位及其个性发展,尊重其价值选择的多样性,还需要我们在价值观教育过程中能把握好理论解释与宣传的尺度,切实找到主导价值与多元价值并存的途径,使主导价值既能有效地引导个体的价值取向,又能对多元价值形成良好的控制力,而过于理想、先进的价值解释则容易使价值目标走向虚化,并降低教育的可操作性与实效性。因此,我们既要让大学生认识到个体的活动对于自身的生存和发展所具有的价值,促使他们向内积极地追求个体的自由、幸福和全面发展,又要在此基础上认识到个体活动对社会和他人具有的价值,促使他们向外积极地追求社会价值的实现,把多元的自我价值追求与爱国、创造、奉献、共同社会理想的实现有机结合起来,将社会主导价值的实现作为总体的价值目标,将多元的价值追求作为走向主导价值实现的可操作的途径。

我们需要引导大学生追求进步、文明、健康的生活方式,确立积极进取的人生态度,致力于改善价值观形成的内外部环境。与此同时,思想政治理论课是实施价值观教育和传播主导价值观的主渠道,要敢于面对学生多样的思想观念和价值观念,并在情与理的互动中展示理论应有的魅力,消除他们学习理论的抵触情绪和逆反心理,并以理论课为基础着手建设大学生价值观教育的知行互动机制，鼓励学生广泛参与社会实践，把初步形成的正确价值观落实到行动中去，在实践中创造有价值的人生。

3.社会主义核心价值体系的意义

社会主义核心价值体系是维系社会健康协调运转的精神纽带、推动社会不断发展的精神动力、指引社会前进方向的精神旗帜。我们必须坚持马克思主义在意识形态领域的指导地位，牢牢把握社会主义先进文化的前进方向，弘扬民族优秀文化传统，借鉴人类有益的文明成果，倡导和谐理念，培育和谐精神，进一步形成全社会普遍认同的共同的理想信念和道德规范，打牢全党全国各族人民团结奋斗的思想道德基础。

(1)思想上正确认识和把握几个关系

正确认识和把握建设社会主义核心价值体系与坚持社会主义基本制度的关系。社会主义核心价值体系的建设与社会主义制度的建设相互联系、相互促进，统一于发展中国特色社会主义的伟大实践中。社会主义核心价值体系是社会主义制度的内在精神和生命之魂，是社会主义制度在价值层面的本质规定。社会主义制度是社会主义核心价值体系的外在表现形式，是社会主义核心价值体系在制度层面的具体体现。

正确认识和把握建设社会主义核心价值体系与制定执行政策和法律法规的关系。建设社会主义核心价值体系，靠教育，也要靠政策和法律法规。党的政策和国家的法律法规，是联结社会主义核心价值体系和经济社会发展实践的关键性环节。这就要求我们在制定政策和法律法规时，要体现建设社会主义核心价值体系的要求；执行政策和法律法规时，要让人民群众切实享有党的政策和国家的法律法规带来的好处，进一步提高人民群众建设社会主义核心价值体系的积极性和创造性。

正确认识和把握社会主义核心价值体系与多样化社会思想的关系。它们之间的关系总体而言,就是主导和被主导。既不能因为强调建设社会主义核心价值体系而简单地排斥社会思想多样化,也不能因为存在社会思想多样化的倾向而怀疑和否定社会主义核心价值体系的主导作用,关键是进一步提高我们用社会主义核心价值体系引领多样化社会思想的水平,在社会思想领域形成既百花齐放又主旋律鲜明的生动局面。

(2)操作上把握好几个方面的统一

社会主义核心价值体系是社会主义意识形态最重要的一部分,是建设社会主义和谐文化的根本。建设社会主义核心价值体系,是一个长期的历史过程,必须以辩证唯物论和历史唯物论为方法论,在操作层面要把握以下四个方面:

一是先进性与广泛性的统一。社会主义先进文化的建设的一个基本原则就是要把先进性要求与广泛性要求结合起来,建设社会主义核心价值体系也必须坚持这个原则。在社会主义核心价值体系建设中坚持先进性要求,是由我国的社会主义性质和中国共产党的先进性决定的。社会主义价值体系建设的最终目标不是使人们的价值观念、思想境界仅仅停留在低水平、低标准上,而是要将不同觉悟、不同层次的人们引向更高的精神境界。先进性代表一种崇高趋势和最终追求,只有理直气壮、旗帜鲜明地提倡,才能发挥它凝聚引导、潜移默化的作用,才能不断将人们向更高、更新的层次提升。

二是民族性与世界性的统一。社会主义核心价值体系要有中国特色。所谓中国特色,就是要继承和吸收中华民族优秀文化传统中的积极因素和合理成分,并用中华民族的语言和风格准确地加以表达。我们不能丢弃历史文化血脉和价值传统,而是要在马克思主义的指导下,努力做好优秀价值传统的承接工作。中华民族文化传统中的许多价值观念在今天仍然具有传承价值和借鉴意义。如中华民族追求理想社会的观念、民本观念、和谐观念、诚信观念、天人合一思想，以爱国主义为核心的勤劳勇敢、团结统一、爱好和平、自强不息的民族精神，等等。

三是稳定性与开放性的统一。一个民族的核心价值体系，是该民族文化中最稳定的内容，是该民族绝大多数成员的行为规范和评价尺度。因此，它本身不能、事实上也不可能经常变化。一个民族的核心价值体系具有相对稳定性。从根本上说，就是一个民族对现代绝大多数社会成员价值取向的认同。然而，核心价值体系的相对稳定性并不意味着它是静止的、一成不变的，随着社会生活的变迁，随着经济、政治、文化和社会的发展，核心价值体系也会不断变化。因此，一个民族的核心价值体系又呈现出开放性。这种开放性的传承，就是价值体系的变迁过程。

四是理想性与现实性的统一。社会主义核心价值体系与其他社会核心价值体系的最根本的区别是，它具有社会主义性质，体现了社会主义的发展目标，包含着我们中国共产党人的理想信仰。理想是对美好生活状态的设想和期望。理想具有高于现实、超越现实的品格，是感召、激励和鼓舞我们为之奋斗的力量源泉。但是，在社会主义制度下建构和培育社会主义核心价值体系，不能仅仅依靠对未来社会的预见、希望和理想来支撑，更要依靠社会主义的直接实践和社会现实。社会主义核心价值体系的建设又必须具有现实针对性，能够切实解决当前人们普遍关心的利益问题、普遍存在的思想问题，能够切实促进社会和谐、支撑科学发展，不断增强人民群众对中国共产党领导、社会主义制度、改革开放事业和全面建设小康社会目标的信念和信心，将远大的社会理想和现阶段的工作目标真正统一起来。

三、缅怀一代伟人，学其高尚品质

毛泽东同志是伟大的马克思主义者、无产阶级革命家、战略家、政治家、思想家、理论家，中国共产党、中华人民共和国、中国人民解放军的主要领导人，一生为了中国人民的解放事业和社会主义革命、建设事业做出了不可磨灭的巨大贡献。毛泽东同志也是一位杰出的诗人、书法家，是一座高耸入云的文化“泰山”，他创造了连绵起伏、横绝天地、气贯长虹的“毛体书法”。他的思想情操和艺术风范，不但震撼了世界，也改写了历史。

我们纪念、追思、缅怀毛泽东同志，就要认真学习、宣传、贯彻党的十八大精神，高举中国特色社会主义伟大旗帜，坚持以马克思主义、列宁主义、毛泽东思想、邓小平理论和“三个代表”重要思想为指导，深入贯彻落实科学发展观，坚持社会主义文化前进方向，推进社会主义文化大发展、大繁荣，为社会和谐发展和中华民族的伟大复兴而贡献力量。

我们纪念、追思、缅怀毛泽东同志，就要学习、继承毛泽东同志的高尚品质和伟大精神，全心全意为人民服务，为人民谋幸福，强我中华，爱我中华，为国家的富强、人民的幸福而无私奉献，努力奋斗。

毛泽东的生平和思想，是一座值得中国共产党人永远学习的精神宝库，为我们提供了取之不尽、用之不竭的精神食粮。学习毛泽东不仅要学好毛泽东思想，而且要从毛泽东身上学习他坚定的革命信念、高尚的人格、高瞻远瞩的战略思维和世界眼光、活到老学到老的学习精神、对人民的一腔热情、杰出的领导方法和领导艺术、廉洁奉公洁身自好的典范等等。

举办“纪念毛泽东同志诞辰 120 周年”主题教育活动，将活动推向红色宣传教育的更高品位。开展书画作品、征文创作、制作报刊等活动。通过一幅幅饱含深厚感情、个性鲜明、神采飞扬、用笔简洁流畅、章法细致真切、意蕴深远隽永的书画作品，表达对毛泽东同志的无限热爱、无限崇拜和无限敬仰之情，展示“纪念毛泽东同志诞辰120周年”主题教育活动的艺术成果。

此次活动充分表达了我院师生对毛泽东同志的深厚感情，达到缅怀一代伟人毛泽东同志，歌颂一代伟人毛泽东同志的丰功伟绩的目的；弘扬毛泽东同志的书法艺术，展示学院德育工作发展过程中取得的丰硕成果；展现学生的蓬勃活力，增强凝聚力；对学生心灵进行一次红色洗礼，为学院文化建设注入了精神动力。

文化是民族的命脉，是人民的精神家园。实现中华民族的伟大复兴，离不开中华文化的繁荣昌盛。建设社会主义文化强国，是时代和人民的召唤。通过这样的活动，可以展现学生沉静自信的姿态，见识他们广大的灵性，感受到他们超越自我、渴望腾跃的激情。

早在新中国成立前夕，周恩来同志就号召广大青年以毛泽东同志为榜样，注重学习，实事求是，明确方向，坚持真理。对于当代青年来说，昨夜的星辰依然闪烁，脚下的世界早已改变。在这个知识经济独领风骚的信息时代，我们既不必像先烈那样为了实现民族的解放而出生入死，也不用像父辈那样为了甩掉落后的帽子而战天斗地。但是，同样严峻的历史任务正等待着我们去完成，那就是全面建设小康社会，实现中华民族伟大复兴。因此，我们应当从青年毛泽东的成长经历中汲取营养，将爱国之心化作报国之行，不断追求知识的更新和素质的完善，把学习和创造写在青春的旗帜上！

毛泽东从小就酷爱读书。他不仅广读博览，而且学习目的也很明确，那就是拯救受苦受难的民众。他在湖南大学图书馆自修的时候，面对贫穷落后的祖国和风雨阴晦的世界，发出了“要改革社会，就要革命；革命靠谁？就靠青年”的呼声。当五四运动的暴风雨来临时，毛泽东组织起青年社团，创办了《湘江评论》……就是在这样的风风雨雨中，青年毛泽东逐渐崭露头角，走上了中国的历史舞台！面对领袖青年时代那不平凡的经历，当代青年又该怎样思考自己的人生旅程呢？当今世界，科技飞速发展，竞争空前激烈，任何一个民族如果稍有松懈，就有被淘汰的危险。

时代召唤青年，青年创造未来。我们要以青年毛泽东为榜样，把自己的前途和民族的命运紧紧连结在一起，树立创业为本的生存理念，发扬追求卓越的进取精神，与祖国共奋进，与社会同发展，与时代齐进步，在服务人民和奉献社会中实现自己的价值，争当开拓者，勇做弄潮儿，用一流的业绩装点如歌岁月，用不断的超越渲染似水年华——数风流人物，还看今朝！

四、重视学情教育，培养师生情愫

（一）入学教育

对学生管理工作而言，新生入学教育是不能忽视的重要环节。从学生入校开始就要从思想、政治、能力、行为等各方面对他们加强培养，帮他们夯实基础，为将来的思想教育和管理奠定良好基础。

1.入学教育简述

入学教育是帮助新生了解高校教育特点从而快速融入大学生活的有效环节，也是对大学生进行健全人格和健康心理培养的新起点。这项工作可以使新生尽快适应大学生活，提高心理素质，培养专业兴趣，强化专业意识，树立人生目标。

入学教育理论上指高等院校为刚入学新生提供的各种活动、课程与服务，旨在帮助他们尽快地适应大学生活，顺利完成学业。

2.入学教育开展的必要性

入学教育是新生接受大学教育的第一课,是对大学生进行政治思想、心理健康及专业思想教育的重要环节。很多新同学进入校园后对大学的学习生活十分陌生,好奇心很重,充满了希望和向往,总想尽快了解大学的特点,明确自己应确立什么样的奋斗目标。所有这些,都能在入学教育中得到答案。

一年级是大学生活的关键时期,是大学生的心理和学习各方面出现问题较多的时期。对新生来说,如何尽快适应新环境,顺利完成角色转变,关系到以后的发展,而入学教育可以帮助新生了解高等教育的目的、意义,帮助学生了解规章制度及相关机构设置,能帮助学生尽快适应校园新环境,融入大学生活。入学教育针对大学新生的特点, 对帮助他们融入大学生活,树立新的目标,提高心理素质,培养专业兴趣,顺利完成大学学业奠定良好基础提供了有力保障。

3.入学教育影响学生发展

新生入学时往往带有不同的思想情绪, 有以下几方面表现:

(1)大学与中学存在差异

学生进入大学后,班级、寝室、社团成为他们学习生活的主要环境,各方面的人际关系也发生了变化。假如他们的意志、情感和性格等因素一时难以适应变化了的环境,就会带来学习和生活上的困难。

(2)新生会带着复杂的情绪来到大学

因为高考的偶然性,一部分学生发挥失常,来到比自己预想差的学校,可能会带有怨气、不服气的心理。还有一部分人把自己看得过高,对大学的现实状况大失所望,感觉到事事不如意,原有的怨气便成为泄气或傲气。要不一蹶不振,要不目中无人,学习热情逐渐消退,学习生活得过且过,游戏人生。

(3)有部分学生所修的专业是服从调配的

由于对所调配的专业不了解,缺失了对所学专业的兴趣。

因此,新生入学教育是转变角色的一个重要阶段。可以帮助他们转变思想、愉悦心情、克服障碍、坚定理想,逐渐去适应大学生活,以最佳的状态投入大学学习生活中。

(二)毕业生德育主题教育

针对毕业生德育的重点做好成才教育、毕业生就业创业教育、职业道德教育、诚信教育等主题教育工作,通过系统的德育教育工作,帮助毕业生缓解因就业压力产生的焦虑,增强心理承受力,树立正确择业观,正确处理个人和国家、集体的关系,正确认识自己与社会,激发爱国之情、报国之志、效国之行。

毕业生处在即将走向社会的特殊转折阶段,因此,德育工作尤为重要。毕业生既要考虑如何顺利毕业,又要考虑就业问题,压力很大。一些学生在政治追求、职业选择和适应社会等问题上存在着不同的思想动向。毕业生的思想状况明显要比低年级的学生复杂得多,部分毕业生中存在不健康的心态,这无疑增加了思想政治工作的难度和深度,鉴于此,绝不能放松德育教育。德育工作的重点还有以下几个方面:

1.毕业生就业与创业教育

毕业生就业与创业教育是一种全新的教育理念,可以培养学生的就业与创业意识、能力,满足知识经济时代对大学生创新精神与能力的需求,满足社会结构调整时期对人才的需求。因此,要对“业”有充分认识。使学生的就业观由被动的就业观念转变为主动的创业观念,鼓励学生把创业作为职业的选择,将自己的专业技能和兴趣特长相结合,创造出更大的价值。

对大学生进行有意识的就业、创业专业知识指导。创造条件让学生将学习与实践相结合，形成开放的弹性教学系统，始终将就业与创业教育作为大学教育的一部分，鼓励学生走出去就业与创业，给学生继续学习的机会，鼓励大学生敢于创新，提出新的观点和思想。给学生更多的理论性指导，通过就业与创业教育让更多大学生把握就业与创业机会，理性就业与创业。

2.感恩教育

大学生感恩教育作为青年学生思想政治教育的重要部分，对培养学生健康积极的思想品质，促进个体健康成长，保证社会和谐发展有着重要作用。同时，对学校的长远发展也有着深远的意义。

开展毕业感恩教育活动属于思想教育的层面。形式一般为毕业生座谈会、毕业晚会、毕业典礼、毕业班畅谈理想等。

提升感恩教育活动效果根本在于创新活动思路与形式。要让毕业生在毕业前留下宝贵经验；要让毕业生在毕业时对母校留下美好的记忆；要让毕业生在毕业后展现母校风采，宣扬母校优良校风。

第一，依托多元化载体开展感恩教育。毕业生要在离校的时候，既能文明离校，又能心怀不舍，记录母校时光；能够从感恩教育中深受启发，惦念母校，为母校争光，为母校发展贡献力量。

第二，加强感恩教育的创新力度，提高组织力量，利用载体保持联络，加强沟通，全面提升毕业生感恩教育的成效。

通过系统的德育教育工作，可帮助毕业生缓解因就业压力产生的焦虑，增强心理承受能力，树立正确的择业观，正确处理个人和国家、集体的关系，正确认识社会，激发爱国之情、报国之志、效国之行。可以增强毕业生的主人翁意识，把实现理想抱负与求实的科学态度相结合，面对现实，顾全大局，增强社会适应力，努力使学生以一种高尚的心态，积极走向社会。

五、进行诚信教育，塑造高尚情操

诚信教育事关国家的繁荣富强、民族的兴旺发达和社会主义事业的兴衰成败，事关高校的生存与发展、学生的前途与命运。高校教育工作者应该重视诚信教育，思考高校诚信教育存在的问题，积极探讨诚信教育的方法和措施，培养出诚实守信的大学生，使中华民族的未来充满希望。

（一）诚信是学生成才的基础与前提

诚信是一个人成才做事的基础和前提，是大学生思想道德的根本。在大学生中开展诚信教育，是大学生能够成长的需要，也是时代和社会的要求。加强诚信教育必须加强诚信实践教育。学校可以与社区、企事业单位等建立诚信实践基地；通过建立践行诚信的模拟情境，给学生提供亲身体验、感受诚信行为的机会；在专业实习阶段重视对学生诚信实践的指导；还可开展以诚信为主题的假期社会实践活动，在劳动、调查、参观、宣传中传播诚信文化，宣讲诚信思想，实践诚信原则，塑造诚信品质。此外，学校还应注重建立科学的校内信用评价体系和完善的校内信用监督机制。

培养德、智、体全面发展的技能型人才，必须加强德育工作，牢牢把握“以德治教，育人为本”的理念，寻求进行思想品德教育的多种途径。

诚信是当代大学生必备的基本品质和成才的必备素质。诚信是中华民族的传统美德。中华民族五千年的灿烂文明史中，诚信教育已在神州大地扎下了深厚的根基，有悠长的历史渊源，培养了一大批倡导诚信的仁人志士，留下了很多脍炙人口的佳话，激励着一代代的中华儿女为国家和人民做出贡献。中华民族是礼仪之邦，重信守诺。关于“诚信”，孔子曾讲“民无信不立”，孟子曾说“朋而有信，人无信而不交”。

诚信是公民道德规范的基本要求。在伦理道德观念中，“诚信”是对他人和社会的一种承诺。一个人如果事事讲信用，那么他的事业将会走向成功。反之，一个处处背离信用的人，久而久之定会失去周围人的支持和信任，最终抑郁、不得志，其人生将黯淡无光。当代大学生应把诚信看作与生命一样重要，以诚信为自身道德品质的生命，注重自身诚信意识的培养。

诚信也是一个民族和国家的精神要求，是现代社会文明的标志。党的十六大报告中着重提出“认真贯彻公民道德建设实施纲要，弘扬爱国主义精神，以为人民服务为核心、以集体主义为原则、以诚实守信为重点，加强社会公德、职业道德和家庭美德教育，特别是加强青少年的思想道德建设，引导人们在遵守基本行为准则的基础上，追求更高的思想道德目标。”可见，讲诚信，既是个人的事，也是关乎整个民族生存与发展的大事。

当代大学生是诚信的实践者和传播者。人无信不立，国无信不稳。在大力倡导诚信的今天，作为祖国建设的生力军，当代大学生必须积极行动，与时俱进、开拓创新，爱国学习、厚德成才，以诚信为处世做人的原则，从道德操守入手，从现在做起，塑造大学生的诚信形象。同时，必须清醒地看到，大学生的诚信教育在某些方面仍不成熟、不完善，部分大学生的诚信品质仍不理想，存在一些问题和弊端，亟待解决。

诚信教育对大学生健康人格的形成、学业的发展都有重要作用。大学是人才荟萃的地方，学生们来自四面八方，有不同的生活和学习习惯。学生应以“诚信”为基础，真诚相对，和睦相处，实现“自立”，做到“慎独”，求真务实，言行统一，努力营造团结协作、健康向上的大学生活，使自己不断进步，尽快成长。

加强大学生诚信教育，是一项长期复杂的工作，必须立足现实，根据大学生诚信状况的特点，与时俱进，开拓创新，将理论与实践紧密结合，真正将大学生诚信教育落到实处。加强大学生的思想理论教育，把马列主义、毛泽东思想、邓小平理论和“三个代表”重要思想的教育同大学生的世界观、人生观和价值观教育结合起来，引导他们运用正确的立场、观点与方法去认识与解决现实问题。牢牢把握正确的方向，结合具体的事例进行诚信教育，提高大学生的理论素养，体现“两课”教学的坚定性和彻底性、时代性和现实性，提高诚信教学效果。

高校诚信教育要紧跟时代步伐，在发挥传统的教育方法基础上，充分发挥现代化教育手段优势，运用现代化的传播媒介，广泛收集大学生日常道德行为规范方面的信息，多方面、全方位地对大学生进行立体的诚信教育，积极探索创新诚信教育的新方法，力求提高大学生诚信教育的影响力和覆盖面。

（二）诚信教育与学生实践相结合

对学生进行诚信教育，要切实坚持理论与实际相结合，关注学生的思想及日常生活，将解决思想问题、开展诚信教育，渗透到大学生生活实际中。对学生所遇到的生活、学习和思想压力加重等问题，采取有步骤的诚信教育措施，了解学生的思想和生活状况，耐心细致地做思想工作，帮助大学生减轻压力，正确面对生活，保持乐观、向上、健康的精神状态，养成“言必行、行必果”的习惯，切实提高诚信教育的实效性。

1.广泛开展诚信评价，营造诚信教育氛围

部分大学生在诚信问题上是非不分、标准不明，要有效地组织大学生开展诚信评价，引导他们对社会敏感话题、国内国际局势展开讨论与评价，对各种社会要求和行为规范进行道德评价，提高大学生的自我教育、自我管理、自我服务的能力和水平，使当代大学生明确诚信教育的价值标准，了解什么是真善美，什么是假丑恶，应该提倡什么、反对什么，肯定什么、否定什么，切实营造良好的诚信教育氛围。

2.广泛开展诚信教育活动，于实践中加强诚信教育

身体力行是加强大学生诚信教育的重要措施，要在对大学生进行诚信教育的同时引导大学生参加各种社会实践活动，有组织地开展以“诚信”为主题的演讲、朗诵、辩论、报告、讲座等活动，鼓励学生走向社会，积极参加社会实践活动，开展批评和自我批评，在实践中检验自身的诚信素养，真正将诚信教育贯穿学习、生活和工作之中。

学无信不才，人无信不立，国无信不强。当代大学生要诚实守信，志存高远，胸怀宽广，在现代化建设的广阔舞台上，充分发挥自己的聪明才智，展现自己的人生价值，努力创造无愧于时代和人民的业绩。

六、发扬社团精神，营造文化氛围

作为青年组织，学生社团是培养和发展大学生兴趣爱好的广阔平台，是培养学生自我教育、自我管理、自我服务的有效形式，是构建学校团建大格局的重要组成部分，是凝聚青年、丰富校园文化、培育和传承大学精神的重要载体。目前，能否建设好高校的社团已经成为一个高校是否具有活力和是否具有良好的文化氛围的重要标准之一。学生社团在某种意义上能够丰富校园文化生活、提升校园文化品位、引领校园文化时尚，在高校思想政治教育中发挥着重要的作用。

(一)社团组织简介

学生社团作为高校校园文化的重要组成部分，是高校学生

自我教育、自我管理、自我服务的一个重要阵地,是高校第二课堂的重要组成部分，也是高校大学生思想政治教育的重要渠道。学生社团所具有的组织自发性、活动自主性等特点,为大学生提供了广阔的空间，成为他们锻炼能力和提高素质的舞台，现已逐步成为有效凝聚学生、对学生进行思想政治教育的重要载体。

潞安职业技术学院的社团组织按时间先后共设有 6 个先进社团,每个社团都有各自的特色,在校园文化中发挥着重要的引领作用。

1.金帆青年文学社

(1)社团简介

金帆青年文学社(以下简称文学社)以“以德为本提升品位、以文会友增进团结”为宗旨,通过开展多种活动,使社团成员能够提升文学素养,增长社会实践能力。

社团工作内容:主办社报,通过向学生征稿或自己投稿,展现当代大学生的风采,提高学生个人的写作能力;举办讲座、辩论会和其他业余活动,丰富课余生活;组织开展校园内外重大节日的宣传活动及与各高校的联谊活动;组织校内外的义务活动。

社员的权利:享有参与文学社组织的有关讲座和培训等活动的权利;享有向社报投稿、优先发表的权利;享有向文学社推荐文学爱好者的权利;享有向文学社推荐社外学生优秀作品的权利。

社员义务:有自觉遵守文学社纪律,严格执行文学社决议,热心本职工作,努力完成文学社交派的任务;宣传文学社、维护文学社形象;推荐文学爱好者加入文学社;按期向文学社递交个人作品、推荐优秀作品。

(2)社团活动检索

为了发扬中华民族奉献他人、奉献社会的优良传统，文学社组织全体社员在2011年4月12日举办了以"继承民族优良传统，弘扬英雄奉献精神"为主题，向英雄纪念碑敬花圈的扫墓活动。通过这次活动，让英雄的精神永驻学生的心中，实现学有所感、学有所悟。

一年之计在于春，一日之计在于晨。适量的运动有利于增强我们的体质，提高抵抗力、缓解春困，让社员们养成早睡早起的好习惯。鉴于此，文学社在2011年4月10日，组织全体社员开展晨练。

文学社是一个爱好文学的聚集体，2011年5月14日，在潞安矿业集团文联举办的文学创作表彰大会上，文学社同学带来了自己的作品。从作品中我们看到了他们的才华。

2011年5月23日，社团宣传部举行了为期三天的社团羽毛球友谊赛，通过活动增强了团队的协作意识，丰富了社员的课余生活，开阔了同学们的视野，缓解了学习压力。

文学社的主要工作是制作报纸。自创办以来，先后出版了12期报纸，报纸内容丰富，每一期所涉及的内容各不相同。第一期和第三期是以"青春"为主题的专刊，告诉我们"黄金有价，青春无价"，青春是美好的，但更是短暂的，我们应该珍惜青春。第二期是在母亲节到来之际，以"母亲节"为主题的专刊，抒发父母恩情似海，号召大家感恩父母，回报父母。第四期是以"读书与人生"为主题的专刊，强调了知识的重要性，大学是人生的一个重要时期，要懂得珍惜大学生活。第五期是"爱国主义"专刊，鼓励大学生的培养爱国主义精神，为祖国贡献自己的力量。第六期是"人生的价值"专刊，内容为每个人的价值是无限的，让我们挖掘潜能，创造人生价值。第七期是"心有多大，舞台就有多大”要开眼看世界，鼓励大学生设立远大理想，实现人生目标。第八期“做自己最美”，内容涉及每个人都是独一无二的，相信自己是最美的。第九期是“感恩”主题专刊，怀抱一颗感恩之心，感恩父母、老师、同学……第十期是“迎接新生”的主题专刊，主要介绍大学生活。第十一期是“纪念辛亥革命100周年”的主题专刊，内容主要涉及重温革命历史，缅怀革命先烈。第十二期是“学习雷锋”的主题专刊，主要赞美雷锋的无私奉献、乐于助人、勤俭节约等精神。

文学社成立以来，不断丰富着学生的课间生活，同学们工作勤奋，也换来了每个学生综合素养的提升及精神面貌的改变。

我们相信文学社的明天注定是辉煌的，因为我们有一个共同的梦想：繁荣校园文化，弘扬人文精神，为文学之崛起而努力！现在社团在发展中不断成长，在成长中不断进步，在进步中不断创新，在创新中不断完善。

2.金莺合唱团

合唱团成立于2004年9月，现有40多名成员，他们都是来自我院各个专业的学生。专业教师利用课余时间以学院大礼堂为教学基地，定期对合唱团成员进行系统辅导。专业性的学习不仅使学生提高了演唱技能，同时使这些非音乐专业的学生得到音乐艺术的滋养和熏陶，提高了他们的艺术修养，培养了他们的艺术情怀。

合唱团十分注重加强学生的实践锻炼。每年派合唱团代表学院参加潞安集团庆祝七一党的生日大型歌唱比赛的演出。特别是在2013年的演出活动中，经过一个多月的训练，合唱团荣获了集团二等奖的好成绩。参加这样的活动使合唱团成员们的演唱和表演水平得到了极大的提升。如今合唱团在诸多活动中的出色表现扩大了学院的影响力，为学院在社会上塑立了良好形象。金莺合唱团歌声飞扬，热情满怀，现已成为学院爱好音乐的学生实现歌唱梦想的舞台和心灵家园。

3.金鹿舞蹈队

舞蹈队成立于2003年，以培养和发挥学生舞蹈方面的特长为己任，致力于丰富学生的课余文化生活，学院的舞蹈队有80余人，是由学院各班级中喜欢跳舞、对舞蹈有兴趣的部分学生组成。

金鹿舞蹈队以培养学生的优美体态和提高学生对艺术的审美能力为目标。队员以扎实的基本功，通过表演一些富有情趣的舞蹈小品，提高了对艺术作品的理解力、表现力、想象力和创作力，并在实践活动中不断提炼情感，增强技艺，努力为校园文化增添光彩。专业老师开设的兴趣课堂也是有计划、有内容地组织教学，通过形式美和内容美来陶冶学生的情操，提高他们对美的认识和追求。可以说，舞蹈是美育的一个组成部分。学生在学习中通过接受这些美的感染，对美有了直观的、初步的印象，成为一个能够体验美感的人。在课上学生懂得了美的思想内容，包括心灵美、行为美、人物美、自然美以及对美的生活的赞颂，为他们树立正确的审美观、人生观奠定了良好的基础。

舞蹈队曾排练了许多校园集体舞，多次参加了省、市、国家级的舞蹈比赛，丰富了学生们的课余生活，展现了学生们的表演才能。

4.南苑爱心社团

（1）社团简介

南苑爱心社团创立于2010年1月12日，是由各系的学生组成。社团以“付出不一定有回报，但一定有收获”为宗旨，严格按照团委、学生处的社团管理规定筹办成立，不折不扣地执行社团管理规定的各项要求，本着付诸实践、服务同学、丰富文化生活，不断提高实践能力，最大限度地发挥了社团的引领作用。

(2)社团概况

社团内部分为六个部门，分别是：文学部、志愿部、专艺部、独创部、人事部、内务部，现有学生干部 60 人。工作中采取"自上而下"的工作机制，由社团委员会负责年度活动的策划，集中对各部门部长、副部长、干事进行审查与考核。此外，还建立了有效的奖惩机制，并借助学院媒体、社团网站、QQ 群、社报等媒介跟踪报道社团活动的开展情况，全面接受老师和同学的监督与评价。

社团通过举办活动、创办社报、志愿服务、外出实践、协助老师开展活动等，使社员们积累了丰富的经验，并大大提高了社员们的团队意识及综合素质。

5.艺苑书画社

艺苑书画社是依照学生处、团委的社团管理规定，于 2014 年 2 月 24 日正式成立的，严格执行社团管理规定的各项要求。虽成立不久，但已形成了独具特色的发展模式，是一个以"修德励能，崇学尚行"为中心，以"促进和谐校园建设"为宗旨的社团组织。

社团简介：本社于 2013 年 11 月正式向学院提出申请，经学院领导批准于 2014 年 2 月 24 日正式成立。社团的艺术宗旨是换种眼光看世界。社团鼓励学生树立崇高的理想，培养艺术方面的兴趣爱好，提高鉴赏艺术的能力，展现当代学生的才华；负责关于节日活动的安排、策划和宣传；定期制作海报。本社分为油画系、素描系、彩绘系、铜丝画系、剪纸系、水彩系、版画系等。社团通过定期作业，激励同学们的绘画热情，促进社团的蓬勃发展，社团秉承求真务实、勇于担当的风貌，社员们积极配合，主动参加社团各项活动,每个人都努力为社团添砖加瓦。本社充分利用社员们的课余时间，每到下午第二节课后就在活动室内进行学习,学习内容分为素描、色彩等八类。如今社团已有30多名社员,为了促进社员之间的交流与学习,社团在课余时间组织了集体创作活动,增强了团队合作意识。

本社团积极响应号召,增强学生的社会实践能力,组织开展各种实践活动,在“世界地球日”“世界水日”等节日中,社团成员们积极用自己的作品来体现实践活动的主旨,取得了良好的效果。

6.学生会

潞安职业技术学院学生会是学生处指导下的学生团体,组建于2005年。学生会受主席团(主席、副主席)直接领导,下设纪律部、文体部、学术部、生劳部、宣传部、纪检组、千羽文学社、南苑爱心社团等六部两社。各部门分别有部长、副部长,并在每年从全院新生招新成员,自成立以来,学生会要求所有成员在工作中始终以入会誓词为指南,努力践行“立德自强、全面发展”的校训,牢记“全心全意为同学服务”的工作宗旨,谨遵“团结、高效、创新、务实”的工作原则,竭诚为同学办好事、办实事,在各项工作中,本着“分工不分家”的原则,相互协调、相互合作,取得了较好成绩,充分发挥了联系学院老师与同学的纽带作用,得到了领导的好评、同学的信任,不断为开创校园新局面发挥积极作用。

“乘风破浪,融入潞安!”学生会的每一个成员就是一朵浪花,每一天都是波澜壮阔。

(二)社团文化的实践引领

社团文化作为校园文化中的一种亚文化,将“艰苦奋斗、博采众长、追求卓越”的潞安精神植根于其中,彰显出独具特色的文化底蕴。在提升学生综合素质、增强学生就业竞争能力、创新办学特色方面发挥着重要作用。近年来，社团坚持以社会主义核心价值体系为导向，以学生为主体，以建设优良的校风、教风、学风为核心，以培养德才兼备的人才为重点，探索出一条实践育人之路。以“爱国主义”“雷锋与我同行”“感恩”“中国梦”“潞安梦”“三爱”“中国特色社会主义”等推进社会主义核心价值体系的实践活动，有针对性地促进了每一个学生的成长，营造了健康向上的社团文化氛围。

1.社团实践与校园文化建设相得益彰

学生们在社团实践与校园文化主题教育活动中提高了自我可塑性、自我能动性，锻炼了意志，形成了高尚的道德情操与人格魅力，促进了学生良好思想道德素质与人文素质的养成。社团实践与校园文化建设相融合真正体现了文化为先的核心原则，打造了校园文化的新天地，同时把校园文化建设推向了更高的起点，更有利于对人才的全面培养。

2.社团实践与校园文化建设融为一体

校园文化主题教育活动已成为一种有效的德育实践方式。校园文化特有的魅力和社团实践育人的功能相辅相成，成为对大学生进行思想、政治、品德教育的有效途径，社团实践与校园文化建设融为一体，充满活力，效果卓著。

在潞安文化和企业精神的指引下，一系列社团实践教育活动的开展，为校园营造了浓厚的校园文化氛围，丰富了学生们的课余文化生活，为广大学生提供了展现自我、锻炼能力、提高素质、拓展才华的舞台，全体师生在参与活动中受到了校园文化无穷魅力的熏陶，师生间形成了强烈的情感共鸣，有力地促进了良好风气的形成。如今，社团实践育人的校园文化建设已成为学院的一大亮点。

(三)社团文化的重要作用

学生社团是大学生源于共同的兴趣爱好自发组成,具有特定目标、组织章程和活动方式的群众性学生组织。学生社团的基本任务是适应校园文化发展的需要,适应学生成长成才的需要,积极开展健康有益、丰富多彩的课外科技文化艺术活动,促进学生德、智、体、美、劳等的全面发展。

学生社团是进行思想政治教育活动的载体。学校通过学生社团这一途径,向大学生传播丰富、正确、生动的思想政治教育信息。一种方式是对学生社团的成员进行正确的思想引导,使他们树立正确的价值观念和理想目标;另一种方式是将思想政治教育的内容渗透于具体的社团活动之中,营造良好的文化氛围,对学生进行潜移默化的隐性教育。

1.教育与自我教育作用

学生社团在高校的思想政治教育中起到教育和自我教育的功能,学生社团是由学生自发组织的群体,内部容易形成宽松自由、民主平等的良好氛围,使学生在社团内部互相讨论、相互学习。一方面,学生在参与社团活动中,找到了表现和发展自己的空间和平台,看到了自身的价值,建立起了自信心和荣誉感。通过让学生策划、组织和实施具体活动,不仅锻炼了学生的实践能力,而且提高了学生的综合素质,增强了学生的责任感,对学生起到了一定的教育与自我教育的作用。另一方面,积极健康、丰富多彩的社团活动不仅是锻炼学生品质的重要途径,也有助于学生良好学风的形成。在具体的社团活动中,将德育、智育、体育、美育融入其中,在潜移默化中影响教育学生。同时,通过开展科技竞赛、学术讲座和社会实践等与专业学习紧密结合的社团活动,引导学生树立正确的学习观和成才观,对于学生形成科学的学习方法和创新的开拓精神具有积极作用。

2.社会实践作用

学生社团对学生的思想政治教育主要是通过具体的社团活动来实现的,大学生在参加社团活动的过程中,通过探讨人生与国家大事,自觉遵守社团规章制度,不仅形成了良好的社会行为规范,而且逐渐走向成熟,促进了自身的社会化。同时,在具体的社团活动中,他们提前演练了社会工作者的角色,社团成员扮演了不同的角色,做着不同的工作,有可能是领导者、管理者或追随者,通过这种工作角色的体验,增强大学生理解他人意愿的能力,而且使学生在一定程度上实现了对社会行为的模仿和认同,推进社团成员的社会化进程,培养了社团成员的社会实践能力。

3.凝聚激励作用

社团活动对学生具有凝聚的作用,在组织社团活动的过程中,将思想性、知识性和趣味性融入这一具体的活动,调动学生的兴趣和积极性,使学生真正融入社团,全身心地投入社团组织的具体活动中,形成必然的内聚力和群体意识。同时,社团活动可以激发大学生奋发向上的激情,鼓励大学生团结协作,培养大学生的团队精神和协作意识,使社团对成员形成强烈的向心力、内聚力和集体观念。高校学生社团活动,能够激发大学生的学习动力和工作热情,充分调动学生的积极性和创造性,产生一种内在的驱动力和激励力量,培养学生的竞争能力,激励学生奋发成才。

总之,学生社团在高校发展中扮演着越来越重要的角色,是高校思想政治教育和校园文化建设的重要载体,是学生培养兴趣爱好、锻炼交往能力的有效方式。学生社团对学生的知识、技能的塑造和思想道德的培养起到越来越重要的作用。因此,必须重视学生社团,积极发挥学生社团在大学生思想政治教育方面的功能，切实发挥学生社团在高校育人工作中的重要作用,使大学生社团成为高校思想政治教育的重要载体。

七、弘扬雷锋精神,引领时代风尚

雷锋精神,是以雷锋名字命名、以雷锋精神为基本内涵,在实践中不断丰富和发展的革命精神,其实质和核心都是全心全意为人民服务。他已经成为这个时代精神文明的同义语、先进文化的象征。周总理将雷锋精神全面精辟地概括为:“爱憎分明的阶级立场、言行一致的革命精神、公而忘私的共产主义风格、奋不顾身的无产阶级斗志。”雷锋精神集中体现了中华民族的优良传统，反映了社会主义和共产主义的价值观念和行为准则,凝聚着时代精神的精华。学雷锋活动,已经成为加强思想政治建设的重要内容、教育培养青年的重要途径、传播精神文明的有效形式、弘扬先进文化的生动载体。

雷锋精神可以说是对雷锋事迹表现出来的先进思想、道德观念和崇高品质的理论概括和总结，是雷锋和雷锋式先进人物崇高思想和优秀品德的结晶,内涵着热爱祖国,热爱社会主义,热爱党,坚定共产主义信仰,树立全心全意为人民服务的思想。

(一)雷锋精神的时代价值

雷锋精神的产生有其历史客观必然性,从思想来看,雷锋精神既是马列主义时代精神的体现;又是对我党我军优良传统的继承和发扬;也是对中华民族传统美德的继承和升华,具有重要的时代价值。

雷锋——中国大地上出现的平凡而伟大的英雄人物,曾在历史的回音壁上激起了强烈共鸣,尽管经历了许多不平凡的岁月,但雷锋精神却像一切属于时代、属于人民的美好事物一样,始终珍藏在我们心底。雷锋精神的含义有如下几个方面:要学习雷锋爱憎分明的政治立场,具有爱国主义、集体主义精神,热爱社会主义,继承和发扬中华民族的优秀传统和革命传统,孝敬父母、尊敬长辈以及爱身边的每一个人;要学习雷锋全心全意为人民服务和无私奉献的人生观,形成正确的世界观与价值观,具有社会责任感,努力为人民服务。雷锋说过"人做一件好事并不难,难的是一辈子做好事"。要学习雷锋火车行千里、好事一火车的做事风格,营造和谐的校园文化环境;要学习雷锋严于律己、孜孜以学的自我修养,科学严谨的学习方法和努力创新、大胆实践的精神,培养健壮的体魄和良好的心理素质,养成健康的审美情趣和生活方式;要学习雷锋的"四个对待",即对待同志要像春天般的温暖,对待工作要像夏天般的火热,对待个人主义要像秋风扫落叶一样,对待敌人要像严冬一样残酷无情。

(二)用行动续写"雷锋精神"

学院组织学生学习雷锋精神,大力开展学雷锋活动,赋予雷锋精神时代意义,针对学习雷锋精神的实践情况做广泛的宣传调查和总结思考工作,进一步提高全体学生的思想道德素质,为社会和企业培养合格的建设者和接班人。

1."雷锋与我同行"主题班会

各班级积极组织发动,班长和思想政治信息员根据各班的实际情况制定出详细的实施方案,利用班会,讲雷锋的故事,背雷锋的名言,读雷锋的日记,论雷锋的精神。通过学习,让学生充分了解雷锋精神的含义。

通过这些内容不同、形式各样的班会总结书面材料,感悟开展主题班会的实践意义。增强同学们对新时代下雷锋精神新内涵的理解,培养同学们追求理想的决心和毅力,坚定向雷锋同志学习的信念。

2.“雷锋与我同行”活动

结合“3·12”植树节,开展绿化、环保活动:爱护环境卫生,不乱扔垃圾;爱护花草树木,不随便踩踏草地;节约资源,不浪费水、电;积极参加各项有意义的绿化、环保活动;清理卫生死角并做好保洁工作。要求学生参加学雷锋社会实践活动,同时做好调查总结工作,宣传身边的好人好事,开展“献爱心”等志愿者活动。

3.雷锋精神进课堂教育活动

思政教师在课堂知识传授过程中, 利用现代化的教学手段, 向学生讲解雷锋精神。思政教师组织学生观看经典影片——《雷锋》。通过观看影片,让学生正确看待雷锋同志的一生,正确认识其个人崇高的精神境界,继而学习他无私奉献的情怀和高尚的品德。学生们通过观看经典影片及聆听思想政治理论教师对雷锋精神的课堂讲授后,从而自觉形成“向雷锋同志学习”的意识,树立发奋图强、努力学习的精神,以实际行动履行向雷锋同志学习的誓言。

4.开展“雷锋精神”的辩论赛

利用第二课堂的时间,开展以“雷锋精神是否过时”“新时代下的雷锋是否引领社会发展”“雷锋精神是否是大学生需要具备的素养”等为主题的大型辩论赛。

辩论赛由推荐选手参加,先后经过预赛、决赛,并邀请教师从辩论的正反两方面进行了深入点评、总结,以坚定的理论思想定位向学生传达辩论赛的最终目的。那就是:弘扬雷锋精神。整场辩论赛使学生在辩论中认清自己作为新知识青年的责任和使命,从而树立了正确的人生观、价值观。

5.“雷锋与我同行”征稿活动

向各级学生征集以“雷锋与我同行”为主题的稿件,教师本着公平、公正的态度先后对所有类别的学生稿件进行认真评比，从中发现许多优秀稿件。这些稿件形式各异、内容真实，能够表达学生对雷锋精神的感悟与赞扬，充分展示他们积极、乐观、向上的热烈情怀。

开展以“雷锋与我同行”为主题的教育活动，可以实现对学生的思想教育，提高学生的思想觉悟及广大团员的政治素养，收到了良好的教育效果。

（三）以实际行动传承弘扬雷锋精神

传承弘扬雷锋精神是当今社会主义精神文明建设的必然要求，对于大学生个性品质的形成起着重要作用，必须在实践中践行，进行形式多样的实践和调查活动。

从思想上提高对学雷锋活动的认识。积极收集相关材料以及新时代下各类先进人物的事迹，特别要结合学院、班级以及发生在身边人的故事来进行广泛的宣传和学习。

从行动上丰富学雷锋活动的内涵。积极组织学生开展学雷锋活动，发挥每个同学的能动性。在学院和学院周边大兴学雷锋、做好事活动之风。

从方式上改进学雷锋活动的方法，将学雷锋活动与学生的校园生活实践相结合，赋予雷锋精神时代的意义。活动中要进行广泛的调查、思考，最后写出一份质量高、具有行动力和思考力的调查报告或者实践报告。

新时期下，德育主题教育活动已经成为学校教育工作的重点，并越来越显示出它的无穷魅力，深刻影响着学生的成长与思想的建立，具有很强的针对性，必须不断加强这一工作并努力扎实做好做实，做出特色，为社会培养更多的优秀建设者和接班人。

第十一章　提高学生的精神境界

——“道德讲堂”的精神滋养站

为深入贯彻落实党的十八大精神，加强社会主义核心价值体系建设，全面提高学院师生思想道德修养和文明素质，提升校园文明程度，根据山西省精神文明建设指导委员会及山西省高等院校工作委员会印发的《关于推进全省“道德讲堂”建设工作的实施意见》的通知要求，学院在全校范围内开展了“道德讲堂”建设活动，旨在积极引导广大师生投身道德实践，自觉做好美好道德的传播者和践行者，弘扬传统文化、普及道德规范、宣传道德楷模、引领道德风尚，促进文明校园、书香校园、人文校园、平安校园、和谐校园的建设进程。

一、“道德讲堂”的主题

开展“道德讲堂”的建设工作，是切实加强社会主义核心价值体系建设的一个必要举措，也是全面提高师生思想道德修养和文明素质的一个有效途径，是现在和今后应持续开展的以追求高尚道德为主旋律的一项系统工程。

以党的十八大精神为指导，深入贯彻落实科学发展观，扎实推进社会主义核心价值体系建设，重点落实社会公德、职业道德、家庭美德和个人品德建设，营造健康向上、文明和谐的校园氛围，不断提升师生的道德素养和文明程度，为教育强校提供强大的精神动力、思想保证、道德支撑和人文环境。

深刻理解关于“道德讲堂”建设工作的重要意义，全面而系统地领会开展“道德讲堂”的实质目的，使广大师生了解开展“道德讲堂”就是要歌颂道德故事、弘扬道德精神、展示道德力量。

以开展道德讲堂建设工作为主题，进一步激励广大师生积极投身到道德实践中去，为树立良好的道德风尚而努力，同时在实践中加强“四德”建设和宣传弘扬“五类”道德楷模精神，最大限度地发挥道德讲堂建设工作的实效性。

二、“道德讲堂”的内容

结合学院教育发展实际，以提升师生思想道德修养和文明素质为根本，以加强“社会公德、职业道德、家庭美德、个人品德”建设为重点，把“四德”建设作为大学生思想政治教育的重要载体，把“知行合一、奋发向上、文明和谐、诚信友爱”的高尚品格作为大学生自我教育的行为准则，倡导“在家中为长辈尽孝心，在学校为同学送关心，在社会为他人献爱心”的道德风尚。

通过“道德讲堂”建设，在全院范围内开展有针对性的道德教育活动，引导广大师生自觉提高思想道德水平，努力达到立德竞先、崇技尚能、学以致用、理实相融的目标。

根据“道德讲堂”建设工作实施要求，定期举办和开展以下系列活动：

（一）开展“道德讲堂”随堂听课——听

每周五 16:00 组织学生参加潞安“道德讲堂”讲座。聆听感人故事，学习道德楷模，启发心灵感悟。参加“道德讲堂”讲座的学生都要做好讲堂签到和活动记录，确保有感想、有启发、有思考，取得实效。

（二）组织开展道德人物事迹展播——看

利用课堂和社会实践时间，组织学生在课堂、在校园观看道德模范和感动人物的影视报道，使典型人物的事迹和品质活生生地展示在学生面前，更形象化、具体化，更加可信可学。学生通过参与其中直观地体验到道德人物的精神品质，了解到道德人物所处的精神背景，更能体会道德人物身上折射出的无私精神。

(三)建设"道德讲堂"活动阵地——建

我院建立"道德讲堂"，有固定的场所、标准的放映设备、音响设备、一定数量的桌椅座位。设有规范的"道德讲堂"背景、弘扬道德品质的警句格言等。

学院每学期举办两次"道德讲堂"，活动以倡导"四德""五类"道德楷模精神、"三心教育"为主要内容。"四德"，即"社会公德、职业道德、家庭美德、个人品德"；"五类"道德楷模精神，即"助人为乐、见义勇为、诚实守信、敬业奉献、孝老爱亲"；"三心教育"，即"在家中为长辈尽孝心、在学校为同学送关心、在社会为他人献爱心"。讲同学自己的事、讲同学身边模范的事、讲发生在校园里的道德故事，活动按照五个流程来进行。

一是"唱道德歌曲"(唱歌曲)：开场时同唱《爱的奉献》。

二是"诵读经典"(诵经典)：由主持人领读一段中华传统经典名句或道德格言，感受传统道德文化和道德的力量，启发道德心。

三是"讲道德故事"或"看道德短片"(学模范)：可邀请身边的道德模范来"道德讲堂"讲述自身事迹，也可组织学校的优秀学生讲述自己的事迹。观看道德模范视频短片，可选择一些反映道德建设、宣传道德模范的影视片、专题片，力求引发大家深思。

四是"发心灵感悟"(发善心)：主持人对所讲道德事迹的精神实质进行点评；学生们可根据自身情况主动谈感受，并做出道德承诺，如："做一个勤劳人，做一个善良的人"，提升每一个人的道德境界。

五是“送一份吉祥”(送吉祥):主持人向大家送上一句含有吉祥如意寓意的美好祝福,增强学生参与讲堂活动的印象。

(四)将道德讲堂建设的内容融入思想政治理论课堂——讲

思政部要组织思想政治理论教师，充分利用现代化的多媒体教学,将“道德讲堂”的“四德”“五类”道德楷模精神、“道德讲堂的核心”等相关知识,通过思想政治理论课进行贯穿教育,可以结合案例对学生渗透道德品质教育。在生动的课堂教学中师生共同探讨德育内容,形成思想上的共鸣、行动上的正确引导。

(五)开展道德讲堂建设主题班会教育活动——议

围绕“道德讲堂”主题,让“四德”精神和“五类”道德楷模精神进课堂,并组织开展好相关主题班会。精心组织和策划开展“弘扬雷锋精神,做有道德的人”研讨会、 开展“学身边同学,做有志青年”道德点评活动、开展“道德讲堂”班会总结活动,通过这些形式不同的活动内容,达到挖掘精神实质、升华自身道德境界的目的。更好地培养学生、凝聚学生、激励学生,塑造其高尚的道德情操。

(六)培育选树学院先进典型——选

学院各相关部门要高度重视先进典型的培育选树工作,抓好用好典型,表彰和宣传一批热爱祖国、践行梦想、事迹突出的教职员工和学生先进典型。激励我院全体师生形成学习先进、崇尚先进、争当先进的良好院风,努力成为能负重任的栋梁之材,促进学院的校风校貌建设。

(七)开展道德讲堂建设的主题实践活动——行

学院相关部门及时宣传和安排以“崇尚高尚道德品质、争做优秀文明青年”为主题的社会实践活动。通过丰富多彩的实践活动,让广大师生感悟道德的巨大魅力,以实际行动去落实好做人、做事所应遵守的道德品质。

利用下午课余活动时间组织学生走出学校，到集团社区参观学习、到集团医院义务服务、到社区孤寡老人家中义务服务等，精心组织开展学生“献爱心”社会实践活动，并撰写好人好事宣传稿、实践体会，鼓励大家利用手机把身边的好人好事、文明新风、校园文化拍录下来并利用学院橱窗、学院学报、校园广播、集团新闻媒体等进行宣传报道，通过一系列的实践活动把主题活动推向高潮。

学院还充分调动学院学生社团的主导作用，利用南苑爱心社团和金帆文学社的平台，就一些道德模范的先进事迹在全院进行专题宣传。鼓励学生围绕“助人为乐、见义勇为、诚实守信、敬业奉献、孝老爱亲”等内容办学生社团自己的社报、搞学生自己喜欢的活动，这样可以充分提高学生对道德讲堂建设的实践和认知，让学生更加深刻地理解道德的含义。

三、“道德讲堂”建设的实践模式

学院结合潞安集团“艰苦奋斗、博采众长、追求卓越”的精神以及“以德治企、厚德感恩”的理念，不断践行潞安集团党委提出的“涵养善良、勤俭、感恩三种美德，培养诚信、实干、担当三种品德”，在广大师生中达成共识，掀起一股学习潞安精神的热潮。在这种氛围之下，许多师生对于精神生活、道德文明提出了更高的期盼。学院党委积极主动顺应师生需求，在总结多年来道德建设经验的基础上，提出了以“道德讲堂”为载体的德育模式，于 2013 年 11 月正式创建了以宣传优秀道德品质与弘扬社会主义核心价值体系为主题的“道德讲堂”。随着试点的成功，“道德讲堂”2014 年 3 月在全院得到普遍推广，2014 年 9 月又提出了深化“道德讲堂”建设工作的实施意见。通过一年多的实践探索，形成了潞安职业技术学院“道德讲堂”建设的基本实践模式。

（一）强化价值观引领

潞安职业技术学院“道德讲堂”是以倡导“四德”“五类”道德楷模精神和“三心教育”为主要内容。在宣传“三心教育”内容时，“道德讲堂” 结合当前学生道德建设中存在的爱心缺失、诚心缺乏、道德失范等突出问题，提出了重点内容，形成了“三心教育”特色：即在家中为长辈尽孝心强调“感恩”，突出对长辈的爱心；在学校为同学送关心强调“诚心”，突出诚挚待人；在社会为他人献爱心强调“和谐”，突出执着奉献。

（二）构筑“道德讲堂”主阵地

2013 年 11 月，学院开设了道德讲堂，主要对象是在校学生。围绕立德树人的根本任务，深入挖掘展示学生勤俭节约、诚实守信、助人为乐、见义勇为、自强创新、志愿奉献、敬老爱亲等道德事迹，寻找校内的道德实践榜样，培育和践行社会主义核心价值观，传播道德正能量，形成奋发向上、崇德向善的校园力量，营造积极健康的育人氛围，提高学生素质，为企业后续发展储蓄潜力。

为充分发挥主阵地的教育效能，出台了开展“道德讲堂”建设工作的实施方案，从组织机构、参与对象、主要内容、机制管理等多个方面，制定了“道德讲堂”建设与考核的标准。截至目前，共开展 10 余次道德讲堂，反响热烈，引起全院师生的强烈共鸣。

（三）采取多样化的宣传方式

“道德讲堂”通过将“六个一”的规范流程和多个宣传舆论阵地相结合的方式来宣传先进的价值理念。“六个一”的流程，即在每一场讲堂实施中：唱一首道德主题歌，看一部道德建设先进人物事迹的短片，诵一段中华传统经典语录，讲一个发生在学生身边的体现优秀品德与时代精神的典型故事，由学生就身边感人的故事谈一番感悟，最后赠送一份宣传道德品质的纪念品。"道德讲堂"充分利用集体教育的形式来增强学生的价值观认同感。学生参与其中，升华自身境界。与此同时，利用学院学报、学院社团报纸、广播站、宣传栏等多个宣传舆论阵地做好对道德讲堂的宣传工作。将"道德讲堂"醒目的名称、明确的主题、简洁的流程、模范的事迹、道德的感言等多种道德元素融入各个环节当中，营造出宣传先进价值观的良好氛围。

（四）建立系统化的保障措施

潞安职业技术学院"道德讲堂"的系统化保障措施主要体现在：一是制度保障。建立了"道德讲堂"组织机构，出台了"道德讲堂"的相关工作制度，定期研究、部署、督促、检查"道德讲堂"建设工作。二是队伍保障。以"自身素养强、道德素质高"为标准，组建了"道德讲堂"的建设团队，团队主要负责培训学生主持人、培训参与宣讲的先进模范学生及制作课件、负责影音等具体事宜。三是制定了考核机制。将"道德讲堂"的建设情况列入考核范畴，每学期定期总结道德讲堂的开设情况，及时解决问题，弥补不足。

四、"道德讲堂"建设的实践特点和经验

"道德讲堂"建设的实践模式是一个逐渐发展的动态过程，随着思想道德教育工作在全院的进一步推进，"道德讲堂"建设的实践也将在不断地改进与完善。在这个实践过程中，"道德讲堂"呈现出以下的特点与经验。

（一）发动学生、引导学生，尊重学生的首创精神

对以"四德""五类"道德楷模精神和"三心教育"为主要内

容的先进事例怎样讲、由谁来讲，在“道德讲堂”刚刚试点的时候，还比较茫然。在实践中我们也是逐步去摸索。从事思想道德教育的教师用心在具体的操作流程中充分挖掘学生，鼓励学生走上讲台，讲身边的故事，谈自己的感想，说内心的期盼等。新鲜、活泼的“讲堂”形式渐渐地吸引了学生，极大地调动了学生参与的热情，受到学生的热烈欢迎。于是，就这样，一个由学生首创的“讲堂”形式，在思想道德教育的课外实践中得到推广，后逐渐发展成为今天大家普遍认可的“身边学生讲身边事，身边学生讲自己事，身边事教身边学生”的有效实践方式。

（二）导向明确、榜样示范，凸显先进价值观的引领

当前，在价值观多元化的形势下，“道德讲堂”大力宣传中华民族的传统美德，深入普及以讲“爱心”、讲“诚心”、讲“感恩心”为核心的价值观，适时推出学生身边具有优秀道德品质的同学，大力宣传他们身上所展现出来的时代精神与中华民族的传统美德，为师生树立了具有正确的人生观、价值观与道德观的标杆，使学生学起来有榜样、有目标，凸显了核心价值观的引领作用。“道德讲堂”对于榜样代表，不要求“惊天动地的壮举”，只要是善行，只要是体现了大学生践行核心价值观的内容，不论事大事小，都坚定不移地予以宣传推广，让师生感到“榜样”就在身边，真实、可学，激发了师生争做“榜样”的动力，充分发挥了“道德讲堂”的正能量效应。

（三）注重学习、总结经验，提升理论指导

在开展“道德讲堂”之前，潞安职业技术学院组织师生参加了潞安集团“道德讲堂”。了解创建“道德讲堂”具体内容和流程后，结合学院的实际，编制了“唱歌曲、学模范、讲故事、诵经典、谈感悟、送吉祥”六个环节，每个环节都紧密联系学生。比如，“学模范”环节，选取了“感动中国2012年度人物孟佩杰”的故

事，讲述了她带着母亲上学的故事，励志感人。“送吉祥”环节，送上了学院的校训——“自强不息、止于至善”。通过这些与学生有关的故事、格言，营造了学习模范的良好氛围。

学院“道德讲堂”的主持人完全由学生担任，这使学生在聆听讲堂时，倍感亲切，感觉到这就是他们自己的讲堂，更乐于参与其中。为了能提高主持人的主持水平，达到更好的主持效果，学院组织这些学生参加了潞安集团“道德讲堂”主持人培训班，在电视台专业主持人的指导下，学生们学习情绪控制、主持词解说等专业的知识，力争完善主持细节，提高主持水平，使学院道德讲堂更正规化、专业化，更具影响力。

在选取典型先进事迹过程中注重体现学生的优秀精神品质。通过课堂交流，学生推荐，选取故事主人公：有的学生经历了家庭变故，体会到亲情可贵；有的学生打工和学业兼顾，成就事业；有的学生家境贫寒，但却自强不息。其中 13 级机电一体化班牛渊同学的故事，令人印象深刻。他曾经因为父母对自己的打骂而憎恨他们，后因父亲得了重病，体会到了父母的不易，变得理解、关心父母。他讲了自己独自去北京看望生病的父亲，见到平日爱漂亮的母亲变得憔悴，内心悲伤却面带微笑，只为给母亲坚强的支持。看到父亲消失的黑发、不能动弹的半个身子、曾经背过自己的肩膀，他哽咽了，开始理解父母，父母对自己的打骂是因为他们不知道该如何教育孩子，但他们对孩子的爱是无私的。他用打工赚来的钱，为爸爸过生日，每天还会给家里打电话。“树欲静而风不止，子欲养而亲不在”，他倡议大家及时尽孝心，不需要多么隆重、正式，平时生活中的一句话、一个动作就足够了。他的故事诚挚动人、催人泪下。

这些不寻常的经历、感人的故事打动了听众，震撼了每个学生的心灵，更加深了同学之间的联系。让学生通过身边的经历，净化心灵，滋养精神，传播道德。

五、“道德讲堂”建设工作小结

学院倡导育人为本、德育为根的办学理念，道德讲堂以此为基，通过聆听同学的感人故事和特殊经历，培养学生向善、向前的内心力量，传递积极向上的正能量，感悟人生，净化心灵，很好地践行潞安“以德治企、厚德感恩”的企业理念，为学院打造一流培训基地、锻造精品高职教育提供了强大精神动力，为企业发展培养了专业知识和道德素质都过硬的新型人才。

（一）道德讲堂深入人心，效果明显

中华民族的传统美德，是国家丰富的文化宝藏之一，数千年来，她一直是华夏儿女精神世界的支柱。道德讲堂以此为主要内容，通过身边看得见、学得到的感人故事，宣传助人为乐、见义勇为、诚实守信、无私奉献和孝老爱亲的道德品质。用身边学生讲身边事，身边学生说自己事，身边事教身边学生，不断提升我们的道德素养，弘扬高尚的道德品质。

在 2014 年全国大学生思想政治教育工作测评和山西省职教学会德育工作委员会 2014 年工作会议期间，学院曾邀请与会代表聆听学院的道德讲堂，与会代表对道德讲堂印象深刻，一致给予好评，学生社团每年开展献爱心活动，涌现出许多拾金不昧、爱心捐助的行为，这都说明“道德讲堂”在学院取得了实效，道德的力量已经像火种一样传播开来。学院的道德讲堂开设至今已经成为思想道德建设工作的一大亮点。

“道德讲堂”通过一年多的实践探索，已覆盖全院上下各个领域，通过这个平台，已使 1000 多人次的学生接受了教育，已发掘 10 余名身边好学生，使学生的道德品质发生了明显变化：“学生之间的沟通深了，关系近了；对父母长辈的关心多了，爱心浓了;教师的素质高了,形象美了。”

(二)“道德讲堂”提高了学生的思想境界

依据山西省教育厅和潞安集团党委的要求,结合学院教育发展实际,以提升师生思想道德修养和文明素质为根本,以加强“社会公德、职业道德、家庭美德、个人品德”建设为重点,把“四德”建设作为大学生思想政治教育的重要载体,把“知行合一、奋发向上、文明和谐、诚信友爱”的高尚品格作为大学生自我教育的行为准则,倡导“在家中为长辈尽孝心,在学校为同学送关心,在社会为他人献爱心”的道德风尚。不断完善潞安集团党委提出的“涵养善良、勤俭、感恩三种美德,培养诚信、实干、担当三种品德”的道德体系。学院开展的“道德讲堂”建设工作产生的影响力是巨大的,给予了每个师生思想行为上的正确指引。

“道德讲堂”引导了广大师生自觉提高思想道德水平,达到立德竞先、崇技尚能、学以致用、理实相融的目标;教会了每一个参与人真正感悟人生,净化心灵,成长心智;传递了积极向上的正能量。“道德讲堂”已经成为学院师生的精神滋养站。

第十二章　以德为本学做人　以能为本学做事

——实现使命管理和价值引领

学院高度重视德育工作，近几年来，以各种德育主题教育活动为手段的课外德育实践模式，成为学院德育实践工作的一大亮点。学院开展了一系列主题教育系列活动，积极与潞安企业文化融合，培养企业欢迎的各类人才，基本形成了以德为本学做人、以能为本学做事的总体工作思路。

德育教育是一项浩大的工程，同时它又需要精雕细刻、注重细节。随着改革开放和社会主义市场经济的深入发展，以及在此过程中暴露出的道德教育的误区逐渐增加，全社会对加强道德教育的重要性和紧迫性有了全新的认识。在21世纪初，国家领导人就明确提出了“以德治国”的目标和理念，这对于高职院校来说很有现实意义。因为“只有全民族的思想道德素质提高了，社会主义才能从根本上得到巩固和发展，才能长治久安，才能立于不败之地。”

不可否认，过去各级院校在德育教育方面已取得了有目共睹的成绩，师生的思想政治、道德品质、价值取向等在总体上是积极向上的，主流是好的，但是，在新的形势下，学校的德育工作也面临着许多新情况和新问题。例如：把一次次德育活动过程的完成视为整个目标的实现，热衷于追求热闹的活动形式而全然不顾活动效果，在一系列教育过程中，制定制度、实施细则、检查评比等德育工作均由教师来组织，忽视了学生的主体地位，教育的方法比较单一，只是简单地讲解，说服而忽视师生间的情感交流，无视学生的道德认识和实践能力的培养，强制学生服从，等等。那么，在新的形势下，学校的德育之路该如何走呢？

一、牢固树立“以德治校”的思想

学校的工作应该以德育为首，这已是无可争议的定论。而学校德育工作要“以育人为中心，以学生为主体”，充分体现“以人为本”的教育思想。也就是说，学校在德育活动和德育管理中，一切工作都要紧紧围绕培养学生做人这一核心，依据社会发展的需要和中学生自身发展的要求，从学校的实际出发，务实求真，教育学生明白自己应该做什么样的人，应该怎样做人，初步具有社会所倡导的有公德心、关心他人等良好品质，初步形成公众所认可的良好的行为习惯。按照这一思想，学校在各种日常工作中时时处处渗透德育，重点培养学生的基本的政治方向和基础文明道德。给学生上党课、团课、开主题班会，组织学生赴革命圣地参观；开展以爱国为主题的演讲会；等等。当然德育工作不能搞花架子，也不能像猴子掰包谷，要以培养良好的行为习惯出发，提高学生的文明能力，在德育管理中，要步步为营，丝丝紧扣，通过严格执行规章制度，强化日常管理，组织多种活动适时适度奖惩，并配合心理疏导，修养指导，个别教育，启发内动力，特别是用“集体”规范“个体”等多种多样的教育形式，力争在学生身上留下一个个教育的印迹。

二、充分发挥思想政治理论课的导向功能

思想政治理论课以知识为载体，对学生系统全面地进行中国化马克思主义的常识教育，在帮助学生确立正确的政治方向，树立科学的世界观、人生观和价值观，形成良好的道德品质方面发挥着德育主渠道的作用。因此，学校必须高度重视思想政治理论课的教学工作。当然，思想政治理论课是一个系统的教学活动，从教师方面来说。是一个“传道、授业、解惑”的过程；从学生方面来说，是一个感知、理解、运用的过程。所以，在教学中应该实现知识性、思想性、教育性和实践性的统一。因为知识是载体，思想性寓于知识性之中。这样，无论是揭示知识本身所包含的教育内容，还是联系实际印证和理解马克思主义的基本观点，都应该把思想政治理论课课的德育功能与日常思想教育的功能既联系起来，又区别开来。

三、构建“五个课堂”的德育网络体系

把德育贯穿到育人的全过程，逐步形成“五个课堂”：以理论教育为主体的基本课堂；以党团活动为主体的辅导课堂；以以专业教育为主体的渗透课堂；以校风建设为主体的熏陶课堂；班级工作为主体的主导课堂。

在具体运作上，坚守“活动育人”的途径和载体，发挥各部门和相关职能人员的作用，做好组织、引导和具体的实施工作，确保德育活动的实效性。活动是德育工作的重要途径，活动中有价值的体验和收获更容易在学生的记忆中留下痕迹，成为生命的一部分。紧紧围绕安全、感恩、爱国、读书、中国梦、社会主义核心价值观等内容，推行各类德育主题活动，力求“内容更整合，主题更鲜明，教育性更强”。每一项活动都不流于形式，真正起到活动中育人的成效。

学校建立以校长负责制为核心的“一组三线”的教育运行机制。“一组”就是以校长为首，由学校党政领导、系部主任和各团

组织负责人等参加的学校德育领导小组。“三线”包括由党支部、学管处、共青团、学生会、班主任和校警组成的一线，主要负责对学生进行日常的思想品德教育；二线由教务处、思政部、心理咨询中心等教师组成、主要负责抓学科德育渗透；三线由后勤处、学校行政部门人员、校办食堂及勤杂工等组成，主要负责优化育人环境。这样，就建立起管理育人、教学育人、服务育人、环境育人的学校德育系统网络，实现了各环节德育工作的有机衔接。

四、德育为本、道德渗透的校企融合文化育人模式

学院坚持立足潞安、面向煤企、适应时代、服务社会的办学理念，以社会主义核心价值体系为主导，以学生为主体，以建设优良的校风、教风、学风为核心，以校企结合为手段，将“为人至诚，为业至精”的潞安核心理念以及“以阳光的心开采光明，以感恩的心回报社会”的潞安核心价值等植根于校园文化建设之中，注重以德治校，实践引领，形成了以德育主题活动、课外文化活动、道德讲堂为载体的校园文化阵地，完善内容覆盖课堂教学、课外活动以及社会实践的校园文化建设体系，凸显校企一体的校园文化建设特色。

(一)德育工作是校园文化建设的核心

通过把学生德育工作贯穿到人才培养的全过程，探索一条在校企一体化前提下强调德育为主的文化育人之路。

1.爱国主义主题教育坚定学生理想

坚持以社会主义核心价值体系为主导，充分发挥文化引导人、教育人、塑造人的作用，开展新时期爱国主义、延安精神进校园，“三爱教育”“中国特色社会主义理论” 等主题教育活动；开展党史知识竞赛、纪念辛亥革命、纪念毛泽东诞辰、“同铸复兴路，共圆中国梦”校园歌手大赛、“铸高尚师德师风”教职工演

讲赛、“放飞青春志，践行中国梦”学生演讲比赛等各类德育活动，有针对性地对学生进行爱党爱国、爱社会主义理想信念的教育，充分发挥德育实践引领的文化育人作用。

2.每年一届“感恩”教育培养学生素养

开展每年一届的感恩主题教育活动。注重感恩教育的实践性，用丰富的主题活动来传递感恩文化。通过开展“学会感恩、与爱同行”“知恩、感恩、报恩”等感恩主题的系列活动，提高学生素养，强化学生感恩意识，培养同学们的集体意识和班级团队观念，形成积极向上、团结进取的班风，促进和带动全院良好学风、教风和院风建设，提高学生的思想道德素质，汇聚强大的德育合力。

3.“中国梦”主题教育放飞学生梦想

深入学习贯彻党的十八大精神，积极落实“中国梦”的学习宣传教育工作，宣传以爱国主义为核心的民族精神和以科学发展、改革创新为核心的时代精神的宣讲和学习，鼓舞全体学生的斗志，用社会主义核心价值观引领校园风尚；广泛开展以讲、论、谈、说、画、演、行为主要形式的“中国梦”主题教育活动，积极开展围绕爱国、诚信、责任、担当为主题，以拍摄、论坛、朗诵、征文等为形式“中国梦”主题教育活动。营造学习和践行中国梦的浓厚氛围，激发和点燃了学生们的梦想，增添实现“中国梦”的强大正能量。

4.丰富多彩的专题课堂是德育工作的重要阵地

重视各类主题活动内容的教育教学工作，通过开展各种专题教育，凸显课堂教学在育人中的主渠道作用。充分发扬“勤奋、进取、严谨、高效”的校风和“垂范、科学、传道、授业”的教风，以教促学，以学促研，收到了良好的育人效果。教学中我们开发的“党员时政讲坛”实践项目通过学校领导讲党课、党员教师进行专题报告讲座、各支部开展党课教育以及班主任辅导员开主题班会、学生社团开办专题类的学生社报等环节开阔了师生的视野和眼光，释放了广大师生的担当意识和主人翁精神。

(二)校企深度融合彰显育人特色

校园文化是学校精神的载体。我院深层挖掘潞安精神，推动校园文化的建设工作，继续通过丰富多彩的实践教育活动引领全校师生对潞安精神进行积极的践行，凸显学院的校园文化特色。将“艰苦奋斗、博采众长、追求卓越”的潞安精神融入学生的日常教育，注重学生职业素质提升，培养了一支能在高危行业、艰苦行业工作，具有吃苦耐劳精神、奉献精神，纪律性强、特别能战斗的企业后备军。

1.校企一体彰显办学实力

结合立足潞安、服务社会的办学理念，充分发挥企业办学的优势，实现校企融合，订单培养、顶岗实习、学训结合校企双赢，为企业订单培养了思想过硬、技术专业的煤炭类主体专业技能人才。潞安集团先进的技术和企业文化理念为学院的专业体系构建、专业特色形成提供了可靠的保证。学院能充分利用这一优势，积极探索实施“校企结合、订单培养、学训结合、工学结合”的人才培养模式。

校企一体的办学模式为学院的专业建设提供了天然优势。学院与集团的石圪节煤业、常村煤业、王庄煤业、五阳煤业、漳村煤业、余吾煤业、高河煤业、司马煤业、潞安机械制造厂等煤矿企业合作，建立了合作稳定、运行良好、有保障机制的校外实训基地；学院已建成煤矿开采技术和焊接技术及自动化两个山西省高等职业教育示范基地、山西省高技能人才培训基地以及中央财政支持的高等职业学校提升专业服务产业能力矿山机电专业项目和煤矿开采技术专业、矿井通风与安全专业三个职业教育实训基地项目共计6个省级以上的煤炭类专业实训基地项目，是学院人才培养的强大保障。此外，学院要不断进行文化体验和实践，从整体上推进校企双方在文化和实习实训等多方面的深度合作与融合，提升学院的办学实力和办学效果。

2.企业精神对接校园文化

学院按照以德育建设为引领，校企文化相融合的理念，将潞安精神植根于校园文化建设之中，弘扬“为人至诚，为业至精”的潞安核心理念，实施文化育人工程；积极践行“以阳光的心开采光明，以感恩的心回报社会，以真诚的心造福员工”的潞安核心价值，开展潞安企业文化的专题教学活动，推行潞安集团倡导的感恩教育、弟子规教育以及二十四孝教育等学习活动；深刻学习全国一面红旗的潞安“石圪节精神”，开展“我为潞安添光彩”“潞安梦·我的梦”等主题教育活动，有针对性地对学生进行企业文化教育；继续开展“手机TV”征集活动，倡导学生用手机记录生活的瞬间和感动，用自己的心感悟身边的人和事，积极用“手机TV”的方法弘扬正思维，传播正能量。

3.“道德讲堂”提高学生精神境界

按照山西省教育厅和潞安集团党委的要求，结合学院教育发展实际，以提升师生思想道德修养和文明素质为根本，我院以加强“社会公德、职业道德、家庭美德、个人品德”建设为重点，把“四德”建设作为大学生思想政治教育的重要载体，把“知行合一、奋发向上、文明和谐、诚信友爱”的高尚品格作为大学生自我教育的行为准则，倡导“在家中为长辈尽孝心，在学校为同学送关心，在社会为他人献爱心”的道德风尚。

通过“道德讲堂”建设，在全院范围内开展有针对性的道德教育活动，引导广大师生自觉提高思想道德水平，努力达到立德竞先、崇技尚能、学以致用、理实相融的目标。通过让学生聆听同学的感人故事和特殊经历,感悟人生,净化心灵,培养学生的爱心、孝心和诚心,践行潞安"以德治企、厚德感恩"的理念,传递积极向上的正能量,为学院师生提供丰富的精神盛宴。

(三)各类文化艺术活动提升育人效果

组织实施融专业性、学术性、趣味性为一体的校园文化活动,使学生们的理想信念坚定,思想觉悟提高。使学生能够钻研各种技能,文明修身,知恩感恩,积极上进。工作中要党政齐抓共管,各部门密切配合、师生共同参与,齐心协力,凝聚人心,使全院的校园文化建设工作不断推向深入。

1.参加各类省内外比赛,提升学生综合素质

按照德育为先、专业为主、全面提升学生素质的培养目标,学院积极鼓励学生参加省内外各类比赛活动,通过参加全省全国范围的英语风采大赛、职业院校技能大赛、文明风采大赛、数学建模比赛以及职业信息化比赛等赛事活动,提高了学生的团队合作意识以及专业技能,也为学生展现自我、锻炼能力、提高素质、拓展才华提供了更大的舞台。

2.加强人文法制、就业健康教育,提高学生综合素养

开展创业报告会以及职业能力培养的教育活动,加强学生就业和创业能力的培养,利用"顶岗实习"和实习实训环节提升学生的专业技能和职业素养,不断完善就业服务体系,积极探索学生自主创业和灵活就业的工作机制, 有效地利用各种资源,拓宽就业渠道。结合时代发展对学生身体和心理素质的要求,在学生中开展健身操、太极拳等体育健身活动并普及心理健康教育,引导学生更好地认识自我、调整自我、发展自我,达到强身健体和塑造健康心灵、构建和谐校园的目的。此外,学院要继续开展以人文素养、形势政策、军事国防知识、法制题等为

内容的教育活动,从整体上多方面、全方位提高学生的综合素养。

3.加强学生社团建设,提供学生拓展平台

学生社团是繁荣校园文化、浓厚学术氛围的有效载体。要积极引导学院的学生会、南苑爱心社团、金帆青年文学社团、金鹰广播站、金燕舞蹈队、金鹿运动队、艺苑书画社开展多种活动。带领和引导学生深入社区、医院、养老院进行志愿服务,举行团日活动、献爱心、文艺会演等各类文明创建活动。继续指导学生社团利用业余时间办好社报,围绕学院开展的各种活动制作社报专刊,体现和关注感恩、母爱、青春、爱国主义、雷锋精神、党的十八大、延安精神、中国特色社会主义理论体系等内容,锻炼和提高学生的整体素质和能力,丰富学院的校园文化。要通过召开社团工作经验交流会、座谈会等形式进行鼓励和引导,对社团组织以及学生的典型事迹进行表彰总结和及时宣传报道,为学生社团的发展提供良好的环境和平台。

4.开展各类文化艺术活动,展示学生风采

按照上级主管部门的有关规定,结合本校的学生特点开展一系列有声有色的校园文艺活动, 一年一度的元旦文艺晚会、五四校园风采大赛成为培养学生艺术素养的固定平台;围绕各种主题举办书法展、手抄报展览、演讲赛、知识大赛、辩论赛等教育活动。通过开展各种文艺活动,提升活动的感染力,展示学生的才能,激发学生的学习热情。

党的十八大把文化建设作为"五位一体"总体布局的一个重要方面,明确提出要扎实推进社会主义文化强国建设,凸显了文化建设的重要性。党的十八届三中全会明确提出了推进文化创新的要求。我们会继续坚持贯彻"育人为本、德育为先"的工作方针,全员、全过程、全方位提升师生对践行美丽中国梦和美好人生的追求，不断加强校企一体的校园文化建设，突出抓好德育引领的文化育人工程，立说立行，行胜于言，按照潞安集团党委提出的“树立正思维，汇聚正能量，产生正效应，实现正精进”的工作思路，为企业和社会培养更多社会主义的合格建设者和可靠接班人。我们会与时俱进，不断创新，在行业高职领域的思想文化建设中开辟价值引领和实践高地。在深化教育教学改革、创新实践的学生德育工作中，相互学习、相互吸引，共同畅想我们的美好未来！

五、放眼世界，与时俱进，借鉴和吸收一切先进经验

我国历史悠久，几千年来积淀了许多光辉的思想道德，有些已构成了我们的民族之魂。例如：“天下兴亡，匹夫有责”的爱国主义精神，“天下为公”“修齐治平”的集体主义精神，“先天下之忧而忧，后天下之乐二乐”的先人后已精神，等等，这些都需要发扬光大，需要我们很好地继承和创新。但是，长期以来，我们将德育工作放在了一个相对封闭的环境中进行，追求一种纯中国式的德育工作模式，而对海外的某些思想、观念置之不理，既不介绍也不引导。而一旦外国的一些观念冲破国界进入国内，我们平时苦心经营的德育工作便受到学生的怀疑甚至否定。因此，新时期的道德教育必须着眼于世界。西方的“自我教育模式”，主张摒弃灌输，重在发展学生的自主性和道德能力，特别是道德判断能力，强调通过学校、家庭、社会共同创造良好氛围，广泛开展各种教育活动，使学生主动取得进步。再如“新道德教育模式”主张教育既要传授某些规范美德，又要培养学生自主性和判断力，在教育实施过程中，主张既要开设一定的道德课程，又要广泛联系社会生活，全面进行道德教育，这些都可以被我们借鉴和吸收。

综上所述，学校要坚持社会主义核心价值体系，不断提升德育工作水平，实现思想政治工作在全院师生员工头脑中的价值引领作用，为培养新时期的合格人才提供政治保障和动力支持。具体来讲要围绕以下几个方面开展具体的工作：

在坚持以党建工作绩效管理为主线，以“德、新、梦”建设为主要内容的党建工作要求的基础上，要认真落实集团党委、山西省高校工委的新要求，学院党委要巩固党的群众路线教育实践活动成果，好的制度和措施要形成长效机制，努力提高党建工作科学化水平。继续加强党建研究，积极申报研究课题，特别是要贯彻中共十八届三中全会关于“培育和践行社会主义核心价值观，巩固马克思主义在意识形态领域的指导地位，巩固全党全国各族人民团结奋斗的共同思想基础”的文件精神。坚持以学生思想政治工作为中心的工作导向，坚持把德育放在首位，激发全体师生的创造活力，引导学生牢固树立正确的人生观、世界观和价值观。

进一步加强群团工作。在党委的统一领导下，充分发挥群团组织工作的主动性、积极性与创造力，大力开展健康有益的活动，提振师生精神，营造积极向上的校园氛围，为建设平安校园、和谐校园、文明校园、魅力校园而努力。

我们要以中共十八大和三中全会精神为指针，按照2014年潞安集团党委关于“1234”党建科学化新模式的具体要求，以“德、新、梦”为主线，紧密结合培养培训工作的实际，探索符合和体现学院特点的党建工作新方法，努力提高党建工作的科学化水平。

（一）深入贯彻学习习总书记的系列讲话精神

以党委中心组和支部学习为主要形式，深入学习贯彻党的十八大和十八届三中全会精神、习总书记的系列讲话以及集团党委的精神，利用好我院“党员时政讲坛”的平台，促进党员干部带头进行理论学习和研究实践；我们要继续深入开展德育主题教育活动，以立德树人为根本，推进社会主义核心价值观以及形势与政策的学习和教育工作；要根据集团党委的安排，积极搞好一年一度的矿处级干部培训工作，为集团的生产经营以及我们学院的教学和培训工作提供精神动力和智力支持。学院党委要按照“抓好班子，带好队伍，夯实基础，促进学院培养和培训质量不断提高”的工作思路，凝心聚力，在教育改革与发展中卓有成效地开展工作，求真务实，团结干事，立足本职求发展，在党的组织建设、学校班子建设、队伍建设、廉政建设、教育综合改革等方面发挥好引领和带头作用。

(二)进一步加强领导班子和干部队伍建设

当前我们企业正处于严峻挑战的关键时期，更加需要加强和改进学院党的建设，充分调动全体党员和广大师生员工的积极性和创造性，树立勇于担当的责任感、使命感，增强大局意识、忧患意识，将全体员工的智慧和力量凝聚到发展上来，形成团结干事的强大合力。

加强班子建设是学院党建工作的关键，我们要按照集团公司关于建设学习型、活力型、创新型、和谐型、廉洁型领导班子的要求进行多方面的努力，加强领导班子和党员干部队伍的理论修养以及执行力建设，为学院的整体工作提供组织和队伍保障。

加强党员干部的学习和能力转化。坚持和完善学习制度，创新学习的方式和载体，积极搭建和创新学习培训的平台，拓宽学习渠道，把学习作为提高政治修养、开阔视野心胸的重要手段，把学习作为一种生活方式、工作状态和精神追求。激发党员参加学习活动的主动性和自觉性，发挥和利用好学校教学资源的优势，使党员干部的学习效果转化为教育学生的成果，形成“一名党员一面旗”的良好局面，将学院的党员干部培养成为一支德才兼备、表现突出的队伍。

提高党员干部的工作执行力建设。班子成员要围绕大局，按党性原则、政策法律和制度程序办事。强化监督检查，督促制度落实，继续实行综合考评组的巡查制度，采用日常督查和专项检查等方式，及时发现和解决问题；提高制度执行和管理工作的执行力，继续开好每月一次的党委绩效管理综合考评听证会，对制度执行和管理不力的情况进行责任追究。

进一步加强党员干部队伍建设。党员干部的一举一动、一言一行都起着重要的示范和引导作用。强化责任感，调动工作积极性，突出责任机制。坚持正确的用人导向，按照“好人+能人”的选人用人理念，进一步明确德能勤绩的选拔和考核方向，把德才兼备、年富力强、有发展潜力的同志充实到干部队伍中来，培养和造就一批想干事、能干事、干成事的干部队伍，形成“心齐、气顺、风正、劲足”的良好局面。

（三）进一步加强党支部建设，扎实做好固本强基工作

充分调动全体党员的工作积极性、主动性与创造性，积极发挥党支部的战斗堡垒作用、党员的先锋模范作用，将党支部工作重点定位在政治、思想、组织、作风建设上，做到宏观把握、整体一致、局部搞活、上下联动，不断开创党建工作新局面。巩固党的群众路线教育实践活动成果，加强制度建设，加强对党员的管理和民主评议工作，坚持党务公开，完善党内民主管理；慎重做好发展党员工作，注重对青年教师的发展和培养，推动师资队伍建设；通过加强党支部的建设，特别是加强对支部书记和支委的学习和培训工作，提高支部成员在工作中的执行能力，扎实做好固本强基工作。

（四）推进精神文明建设，构建和谐校园

各支部、各职能部门以及各系部要关心师生的工作、生活、学习，做他们的贴心人，为他们排忧解难，为他们办实事；要注重德育引领、校企融合的校园文化建设；把握正确的舆论导向，加强宣传阵地建设，提高学院报纸、学报、广播站、网站、宣传栏以及学生社报的水平和质量，进一步加强信息管理和对外宣传工作，充分重视正能量的发挥，为学院发展营造良好的舆论环境；要优化校园环境，开展文明宿舍、文明教室、文明食堂的文明活动竞赛，建设美丽校园；做好学院的稳定工作，把维护稳定、确保安全放在一切工作的重中之重，把突发事件的危害性消灭在萌芽状态，确保校园的政治稳定，做好治安、消防、食品卫生、交通安全等宣传教育和督促检查，加强实战演练，确保在突发事件发生时，能够及时得到有效控制。

（五）充分发挥学院的资源和教育优势，突出抓好人才的培养和培育工作

推进人才培养模式创新，推广教师团队化教学、学生合作式学习。推广项目教学、案例教学、工作过程导向教学等教学模式。加大实习实训在教学中的比重，创新顶岗实习形式，强化以育人为目标的实习实训考核评价。发挥好党校的资源优势，为基层单位提供培训的人力和智力支持，继续做好培训下基层、到现场的师资服务，逐步提高和显现学院的人才优势；以"高职教育人才培养水平在省内优先，培训水平和实力在全省领先"为目标，围绕国家和地方的重大战略布局，综合学校总体发展规划制定学校的人才发展规划，进一步营造人才培养的良好环境；重视和坚持培养高素质的技能人才，通过"课赛结合、以赛促教"的课程改革以及各项技能和素养大赛提高教学质量和学生解决实际问题的能力，提升学生在就业和职场的竞争力；深

入开展学生思想政治教育的各类活动，以学生社团、团支部为载体开展好团建工作，切实促进社团建设健康发展，引导广大学生适应社会，促进学生的成长成才；按照集团职代会的精神，探索“干部能上能下、员工能进能出、收入能增能减”的制度改革，完善人才培养工作的体制机制，为学院的整体科学发展提供人才和队伍保障。

（六）进一步加强党风廉政建设，持续抓好作风建设

加强廉政建设，引深廉洁文化建设，增强干部的自律意识；加强党务院务公开的平台建设，实现党风廉政建设工作的闭合管理；重点加强对“三重一大”以及收费、招生、财务管理、物资采购、基建项目的规范运作，强化过程监督；加强党风廉政建设责任制，明确党委的主体责任和纪委的监督责任；加强作风建设，深入基层，调查研究；发扬艰苦奋斗的精神，厉行节约，杜绝浪费和公款消费，在学院内形成勤俭办教育的良好氛围。

（七）引导和依靠群团组织在学院改革发展中的作用

发挥好工会和职代会的各项职能，围绕学院的中心工作，组织和开展好各项群众性活动，关心群众，做好关心人帮助人等送温暖工作；加强共青团建设，充分发挥共青团作为党的助手和后备军的作用，落实“党建带团建”，建立团委和学管协调统一的工作机制；通过校园文化活动、学生志愿者服务活动以及各类学生社团活动，大力弘扬习总书记提出和要求的理想信念教育以及爱学习、爱劳动、爱祖国的“三爱”教育，大力支持学院团委、学生处、思政部等部门围绕重大事件、重大节日开展形式多样的主题活动；提高广大教职员工的素质，增强教职员工的主人翁意识，自觉在深入师生中锻炼作风，在改进服务中提升能力，在促进事业发展中体现价值，积极为师生办实事、办好事，努力在提高群众工作能力、密切党群干群关系、全心全意为

师生服务上取得成效。

总之，新形势下，学院的德育工作，责任重大、意义深远。学院进一步增强责任感和使命感，锐意创新、扎实工作，切实将党的组织资源、组织优势和组织活力转化为学校的科学发展资源、科学发展优势和科学发展动力，在党的十八大和十八届三中全会精神的指引下，继续解放思想，凝心聚力，建设高水平有特色的高职院校。

回首往昔，我们一路艰辛勇开拓，放眼今朝，我们与时俱进谱新章，极目未来，我们志存高远创辉煌。在未来，我们将更加团结一致、锐意进取，用真心、热心、恒心、责任心凝聚成无坚不摧的力量，为全面推进高水平有特色的高职院校而努力奋斗！我坚信："潞安黄埔"的明天将会更加辉煌！